Geschäftsführung ohne Auftrag und Geschäftsanmaßung im Mehrpersonenverhältnis

Europäische Hochschulschriften
Publications Universitaires Européennes
European University Studies

Reihe II
Rechtswissenschaft

Série II Series II
Droit
Law

Bd./Vol. 4407

PETER LANG
Frankfurt am Main · Berlin · Bern · Bruxelles · New York · Oxford · Wien

Sebastian Bönschen

Geschäftsführung ohne Auftrag und Geschäftsanmaßung im Mehrpersonenverhältnis

PETER LANG
Europäischer Verlag der Wissenschaften

Bibliografische Information Der Deutschen Bibliothek
Die Deutsche Bibliothek verzeichnet diese Publikation in der Deutschen Nationalbibliografie; detaillierte bibliografische Daten sind im Internet über <http://dnb.ddb.de> abrufbar.

Zugl.: Marburg, Univ., Diss., 2006

D 4
ISSN 0531-7312
ISBN 3-631-55322-6

www.peterlang.de

Vorwort

Die vorliegende Arbeit ist vom Fachbereich Rechtswissenschaften der Philipps-Universität zu Marburg im Wintersemester 2005/2006 als Dissertation angenommen worden. Die mündliche Prüfung erfolgte am 8. Februar 2006. Literatur und Rechtsprechung sind auf dem Stand von Juni 2005.

Danken möchte ich meinem Doktorvater, Professor Dr. Ralph Backhaus, für die Betreuung der Arbeit und die hilfreichen Anregungen. Ferner möchte ich Professor Dr. Stephan Buchholz für die zügige Erstellung des Zweitgutachtens danken.

Mein besonderer Dank gilt an dieser Stelle meinen Eltern, die mir dies ermöglicht haben, sowie Mayleen Becker für ihre Geduld und stetige Unterstützung.

Darmstadt, im April 2006 Sebastian Bönschen

Inhaltsverzeichnis

Abkürzungen

aA	anderer Ansicht
a.a.O.	am (zuvor) angegebenen Ort
AcP	Archiv für die civilistische Praxis, Band und Seite
a.E.	am Ende
a.F.	alte Fassung
Anm. (Verf.)	Anmerkung (des Verfassers)
Az.	Aktenzeichen
f. / ff.	folgende
FS	Festschrift
GRUR	Gewerblicher Rechtsschutz und Urheberrecht, Jahr und Seite
GS	Gedächtnisschrift
JA	Juristische Arbeitsblätter, Jahr und Seite
Jherings Jahrbücher	Jherings Jahrbücher der Dogmatik des Bürgerlichen Rechts, Band und Seite
JR	Juristische Rundschau, Jahr und Seite
JuS	Juristische Schulung, Jahr und Seite
JZ	Juristen-Zeitung, Jahr und Seite
LZ	Leipziger Zeitschrift für Deutsches Recht, Band und Seite
MüKo	Münchener Kommentar, siehe Literaturverzeichnis
m.w.N.	mit weiteren Nachweisen
n.F.	neue Fassung
NJW	Neue Juristische Wochenschrift, Jahr und Seite
Rdnr. / Rn.	Randnummer
RGZ	Entscheidungen des Reichsgerichts in Zivilsachen, Band und Seite
s./S.	siehe/Seite
SZ	Zeitschrift der Savigny-Stiftung für Rechtsgeschichte, Romanistische Abteilung, Band, Jahr und Seite
u.a.	und andere / unter anderem
vgl.	vergleiche

Literaturverzeichnis

Arndts von Arnesberg, Karl Ludwig — Lehrbuch der Pandekten, Eilfte Auflage, nach des Verfassers Tode besorgt von L. Pfaff und F. Hoffmann, Stuttgart 1883

Bar, Christian von — Gemeineuropäisches Deliktsrecht, Erster Band, Die Kernbereiche des Deliktsrechts, seine Angleichung in Europa und seine Einbettung in die Gesamtrechtsordnung, München 1996
zitiert: von Bar, Gemeineuropäisches Deliktsrecht

ders. — Deliktsrecht in Europa, Systematische Einführungen, Gesetzestexte, Übersetzungen, herausgegeben von Christian v. Bar unter Mitwirkung von Helmut Grothe und Andreas Spickhoff, Köln / Berlin / Bonn / München 1994
zitiert: von Bar, Deliktsrecht in Europa

Baron, Julius — Pandekten, 9. Auflage, Leipzig 1896

Batsch, Karl Ludwig — Aufwendungsersatzanspruch und Schadensersatzpflicht des Geschäftsführers im Falle berechtigter und unberechtigter Geschäftsführung ohne Auftrag, AcP 171 (1971), S. 218 – 233

Baumbach, Adolf / Hefermehl, Wolfgang — Wettbewerbsrecht, Gesetz gegen den unlauteren Wettbewerb, Preisangabenverordnung, kommentiert von Helmut Köhler und Joachim Bornkamm, 23., neu bearbeitete Auflage des von Adolf Baumbach begründeten und von Wolfgang Hefermehl bis zur 22. Auflage bearbeiteten Werkes, München 2004
zitiert: Baumbach/Hefermehl

dies. — Wettbewerbsrecht, Gesetz gegen den unlauteren Wettbewerb, Zugabeverordnung, Rabattgesetz und Nebengesetze, begründet von Adolf Baumbach, 17. Auflage, München 1993
zitiert: Baumbach/Hefermehl (17.)

Baumbach Adolf / Lauterbach, Wolfgang / Albers, Jan / Hartmann, Peter	Zivilprozeßordnung mit Gerichtsverfassungsgesetz und anderen Nebengesetzen, begründet von Adolf Baumbach, fortgeführt von Wolfgang Lauterbach, nunmehr verfaßt von Jan Albers und Peter Hartmann, 54., neubearbeitete Auflage, München 1996; zitiert: Baumbach/Lauterbach
Baur, Fritz	Lehrbuch des Sachenrechts, 8., neubearbeitete Auflage, München 1975
ders.	Dogmatische Einordnung der Haftung für Verrichtungsgehilfen, Karlsruher Forum, Beiheft zu Versicherungsrecht 1962, 14 – 16
Behrends, Okko / Knütel, Rolf / Kupisch, Berthold / Seiler, Hans Hermann (Hrsg.)	Corpus Juris Civilis, Text und Übersetzung, Band I, Institutionen, Heidelberg 1997
dies.	Corpus Juris Civilis, Text und Übersetzung, Band II, Digesten 1-10, Heidelberg 1995
dies.	Corpus Juris Civilis, Text und Übersetzung, Band III, Digesten 11-20, Heidelberg 1999
Berg, Hans	Der Praktische Fall – Die unbefugte Untervermietung JuS 1971, 310 – 314
Birk, Ludwig	Bösgläubiger Besitzdiener – gutgläubiger Besitzherr?, JZ 1963, 354 – 358
Brinz, Alois	Lehrbuch der Pandekten, Zweiter Band, Zweite Abtheilung, Zweite, veränderte Auflage, Erlangen 1882
Brox, Hans	Allgemeiner Teil des Bürgerlichen Gesetzbuchs, 19., verbesserte Auflage 1995 zitiert: Brox, BGB AT
ders.	Allgemeines Schuldrecht, 22. Auflage 1995 zitiert: Brox, Allgemeines Schuldrecht

Bundesminister der Justiz (Hrsg.)	Abschlußbericht der Kommission zur Überarbeitung des Schuldrecht, herausgegeben vom Bundesminister der Justiz, Bundesanzeiger 1992
Buschmann, Arno	Das Sächsische Bürgerliche Gesetzbuch von 1863/65 – Vorläufer und Meister des BGB, JuS 1980, 553 – 559
Caemmerer, Ernst von	Bereicherung und unerlaubte Handlung, in: Festschrift für Rabel, Band II – Rechtsvergleichung und Internationales Privatrecht, herausgegeben von Hans Dölle, Max Rheinstein und Konrad Zweigert, Tübingen 1954, S. 333 – 401
ders.	Anmerkung zu BGH, Urteil vom 8. Januar 1959 (BGHZ 29, 157), JR 1959, 462 – 464
Caemmerer, Ernst von / Friesenhahn, Ernst / Lange, Richard	Hundert Jahre deutsches Rechtsleben, Festschrift zum hundertjährigen Bestehen des Deutschen Juristentages 1860 – 1960, im Auftrage der ständigen Deputation des Deutschen Juristentages herausgegeben von Ernst von Caemmerer, Ernst Friesenhahn und Richard Lange, Band II, Karlsruhe 1960 zitiert: FS 100 Jahre Juristentag
Chrestin, Otto Heinrich	Unechte Geschäftsführung – BGB § 687 Abs. 2, Schwerin 1931
Däubler, Wolfgang	Anspruch auf Lizenzgebühr und Herausgabe des Verletzergewinns – Atypische Formen des Schadensersatzes, JuS 1969, S. 49 – 54
Dankwardt, H.	Die Negotiorum Gestio, 1855
Dernburg, Heinrich	Pandekten, Zweiter Band Obligationenrecht, Sechste, verbesserte Auflage, unter der Mitwirkung von Johannes Biermann, Berlin 1900
Dilcher, Gerhard	Zu Begriff und Funktion der Gesamtschuld, JZ 1967, 110 – 116

ders.	Zum Gesamtschuldausgleich in Schadensersatzfällen – Bemerkungen zum Urteil des BGH vom 29. Juni 1972, JZ 1973, 199 – 202
Dorn, Horst	Die Übernahme der Geschäftsführung ohne Auftrag : Zugleich ein Versuch, den Anwendungsbereich der §§ 677 ff. BGB zu erweitern, Erlangen 1961
Dulckeit, Gerhard / Schwarz, Fritz / Waldstein, Wolfgang	Römische Rechtsgeschichte – Ein Studienbuch, begründet von Dulckeit und Schwarz, neu bearbeitet von Waldstein, Neunte, neu bearbeitete Auflage mit 6 Tafeln und einer Übersichtskarte, München 1995
Ebbecke, Julius	Unechte Geschäftsführung ohne Auftrag, Das Recht 25 (1921), 100 – 104
Ebert, Bertram	Die Geschäftsanmaßung: Zur Funktion des § 687 Abs. 2 BGB im privatrechtlichen Anspruchssystem, Berlin 2000
Emmerich, Volker	Besprechung von BGH, Urteil vom 26. Mai 2000, JuS 2001, 80 – 81
ders.	Unlauterer Wettbewerb, Ein Studienbuch, 6. Auflage, München 2002
Engisch, Karl	Einführung in das juristische Denken, 8. Auflage 1983
Enneccerus, Ludwig / Lehmann, Heinrich	Recht der Schuldverhältnisse : ein Lehrbuch, 15. Bearbeitung, Tübingen 1958
Erman, Walter	Bürgerliches Gesetzbuch, Handkommentar mit AGBG, EGBGB, ErbbauVO, HausratsVO, HausTWG, ProdHaftG, SachenRBerG, SchuldR-AnpG, VerbrKrG, herausgegeben von Harm Peter Westermann, bearbeitet von Lutz Adenhold, Robert Battes, Detlev Belling u.a., Band I, §§ 1 – 853, 10., neubearbeitete Auflage, Münster/Köln 2000

Esser, Josef / Weyers, Hans-Leo	Schuldrecht Band II, Besonderer Teil, Teilband 2, Gesetzliche Schuldverhältnisse, Ein Lehrbuch, begründet von Josef Esser, fortgeführt von Hans-Leo Weyers, 8., völlig neubearbeitete Auflage, Heidelberg 2000
Fikentscher, Wolfgang	Schuldrecht, 8., neubearbeitete Auflage, Berlin / New York 1992
Gloy, Wolfgang (Hrsg.)	Handbuch des Wettbewerbsrechts, herausgegeben von Wolfgang Gloy, bearbeitet von Hans-Jürgen Ahrens, Matthias Eck, Wolfgang Gloy, Hansgeorg Greuner u.a., 2. Auflage, München 1997
Goldmann, E. / Lilienthal, L.	Das Bürgerliche Gesetzbuch, Systematisch dargestellt von E. Goldmann und L. Lilienthal, Erster Band, Allgemeiner Theil und Recht der Schuldverhältnisse, Zweite (nach dem System des BGB bearbeitete) Auflage, Berlin 1903
Gursky, Karl-Heinz	Der Tatbestand der Geschäftsführung ohne Auftrag, AcP 185 (1985), S. 13 – 45
ders.	20 Probleme aus dem BGB – Das Eigentümer-Besitzer-Verhältnis, 6., neubearbeitete Auflage, Neuwied 2001
Hedemann, Justus Wilhelm	Der Dresdner Entwurf von 1866 : Ein Schritt auf dem Wege zur deutschen Rechtseinheit, Berlin 1935
Hoffmann, Hans-Joachim	Arglist des Unternehmers aus der Sicht für ihn tätiger Personen, JR 1969, 372 – 374
Hüffer, Uwe	Aktiengesetz, erläutert von Uwe Hüffer, 6., neubearbeitete Auflage, München 2004

Jacobi, Leonhard	Der Rechtsbegriff der Bereicherung mit dem Schaden eines Anderen und seine Bedeutung auf den Gebieten des Eigenthums, der Verträge und der einseitigen Rechtsgeschäfte, Jherings Jahrbücher 4 (1861), 159 – 320
Jakobs, Horst Heinrich	Eingriffserwerb und Vermögensverschiebung in der Lehre von der ungerechtfertigten Bereicherung, Bonn 1964 (Bonner Rechtswissenschaftliche Abhandlungen, herausgegeben von der Rechts- und Staatswissenschaftlichen Fakultät der Universität Bonn, Band 62)
Jakob, Horst Heinrich / Schubert, Werner	Die Beratung des Bürgerlichen Gesetzbuches in systematischer Zusammenstellung der unveröffentlichten Quellen, herausgegeben von Horst Heinrich Jakobs und Werner Schubert, Recht der Schuldverhältnisse III, §§ 652 - 853, Berlin/New York 1983
Jörs, Paul / Kunkel, Wolfgang / Wenger, Leopold	Römisches Privatrecht auf Grund des Werkes von Paul Jörs, in zweiter Auflage neu bearbeitet von Wolfgang Kunkel, mit Abriß des römischen Zivilprozeßrechts von Leopold Wenger, dritte Auflage, Berlin/Göttingen/Heidelberg 1949
Kallwass, Wolfgang	Privatrecht - Ein Basisbuch, 14. Auflage, Köln 1992
Kaser, Max	Das Römische Privatrecht, Abschnitt 1, Das altrömische, das vorklassische und das klassische Recht, 2., neubearbeitete Auflage, München 1971 zitiert: Das römische Privatrecht 1
ders.	Das Römische Privatrecht, Abschnitt 2, Die nachklassischen Entwicklungen, 2., neubearbeitete Auflage mit Nachtrag zum 1. Abschnitt, München 1975 zitiert: Das römische Privatrecht 2

ders. — Römisches Privatrecht : ein Studienbuch, 13., verb. Auflage, München 1983
zitiert: Römisches Privatrecht

Kaser, Max / Hackl, Karl — Das Römische Zivilprozeßrecht, 2. Auflage, neubearbeitet von Karl Hackl, München 1996

Keller, Friedrich Ludwig von / Lewis, William — Pandekten – Vorlesungen von Friedrich Ludwig von Keller, Zweite Auflage besorgt von William Lewis, Zweiter Band, Leipzig 1866

Klingmüller, Fritz — Unechte Gesamtschuldverhältnisse, Jherings Jahrbücher 64 (1914), 31 – 113

Köhler, Helmut — Das neue UWG, NJW 2004, S. 2121 – 2127

ders. — Die Haftung des Betriebsinhabers für Wettbewerbsverstöße seiner Angestellten und Beauftragten (§ 13 IV UWG), GRUR 1991, 344 – 353

Kritz, Paul Ludolph — Das Pandectenrecht aus den Rechtsbüchern Justinians nach den Erfordernissen einer zweckmäßigen Gesetzgebung dargestellt und mit vergleichenden Hinweisungen auf das Französische, Oestereichische und Preussische Recht, Ersten Theiles Erster Band, Meissen 1835

Küttner, Wolfdieter — Personalbuch 2004, Arbeitsrecht, Lohnsteuer-recht, Sozialversicherungsrecht, herausgegeben von Wolfdieter Küttner, bearbeitet von Dietmar Bauer, Hans Eisemann, Thomas Griese u.a., 11., vollständig neubearbeitete Auflage, München 2004

Kupisch, Berthold — Die Versionsklage – Ihre Entwicklung von der gemeinrechtlichen Theorie des 17. Jahrhunderts bis zum österreichischen Allgemeinen Bürgerlichen Gesetzbuch, Heidelberg 1965

ders. — Die Haftung für Verrichtungsgehilfen (§ 831 BGB), JuS 1984, 250 – 256

Larenz, Karl / Canaris, Claus-Wilhelm — Lehrbuch des Schuldrechts, Zweiter Band, Besonderer Teil, 2. Halbband, begründet von Karl Larenz, fortgeführt von Claus-Wilhelm Canaris, Dreizehnte, völlig neuverfaßte Auflage, München 1994
zitiert: Larenz/Canaris, Schuldrecht

dies. — Methodenlehre der Rechtswissenschaft, Dritte, neu bearbeitete Auflage, Berlin / Heidelberg 1995
zitiert: Larenz/Canaris, Methodenlehre

Larenz, Karl — Lehrbuch des Schuldrechts, Erster Band, Allgemeiner Teil, Elfte, neubearbeitete Auflage, München 1976
zitiert: Larenz, Schuldrecht I

Lenel, Otto — Palingenesia iuris civilis – Iuris consultatorum Reliquiae quae Iustiniani digestis continentur ceteraque iurisprudentiae civilis fragmenta minora, secundum auctores et libros disposnit Otto Lenel, in 2 voluminibus, Volumen 1, 2. Neudruck der Ausgabe Leipig 1889, vermehrt um ein Supplement von Lorenz E. Sierl, Graz 1960, Aalen 2000
zitiert: Lenel, Palingenesia I

ders. — Palingenesia iuris civilis – Iuris consultatorum Reliquiae quae Iustiniani digestis continentur ceteraque iurisprudentiae civilis fragmenta minora, secundum auctores et libros disposnit Otto Lenel, in 2 voluminibus, Volumen 1, 2. Neudruck der Ausgabe Leipig 1889, vermehrt um ein Supplement von Lorenz E. Sierl, Graz 1960, Aalen 2000
zitiert: Lenel, Palingenesia II

Lent, Friedrich — Der Begriff der auftraglosen Geschäftsführung, Leipzig 1909

Lieb, Manfred — Das Bereicherungsrecht de lege ferenda, NJW 1982, 2034 – 2040

Liebs, Detlef	Römisches Recht, 4. Auflage, Göttingen 1993
Lobe, Adolf	Die Bekämpfung des unlauteren Wettbewerbs, Band 1, Der unlautere Wettbewerb als Rechtsverletzung nach dem Bürgerlichen Gesetzbuch und den Nebengesetzen, Leipzig 1907
Mayer-Maly, Theo	Probleme der negotiorum gestio, SZ 86 (1969), S. 416 – 435
Medicus, Dieter	Grundwissen zum Bürgerlichen Recht – Ein Basisbuch zu den Anspruchsgrundlagen, 3., neubearbeitete Auflage, 1997 zitiert: Medicus, Grundwissen
ders.	Bürgerliches Recht – Eine nach Anspruchsgrundlagen geordnete Darstellung zur Examensvorbereitung, 17., neu-bearbeitete Auflage, 1996 zitiert: Medicus, BR
ders.	Schuldrecht I – Allgemeiner Teil, Ein Studienbuch, 9. Auflage, München 1996 zitiert: Medicus, Schuldrecht I
ders.	Schuldrecht II – Besonderer Teil, Ein Studienbuch, 7. Auflage, München 1995 zitiert: Medicus, Schuldrecht II
Melullis, Klaus-Jürgen	Das Verhältnis von Geschäftsführung ohne Auftrag und ungerechtfertigter Bereicherung – Zugleich ein Beitrag zur Lehre vom sachlichen Geltungsbereich beider Institute, Hamburg 1971
Möller, Hans	Verantwortlichkeit des Versicherungsnehmers für das Verhalten Dritter, Berlin 1939
Monroy, Ernst von	Die vollmachtslose Ausübung fremder Vermögensrechte : Civilistische Abhandlung, Rostock 1878, Nachdruck Frankfurt am Main 1970

Motive II — Motive zu dem Entwurf eines bürgerlichen Gesetzbuches für das Deutsche Reich, Amtliche Ausgabe, Band 2, Recht der Schuldverhältnisse, Berlin / Leipzig 1888

Mugdan, Bruno — Die gesammelten Materialien zum Bürgerlichen Gesetzbuch für das Deutsche Reich, herausgegeben und bearbeitet von Bruno Mugdan, I. Band, Einführungsgesetz und Allgemeiner Theil, Berlin 1899
zitiert: Mugdan I

ders. — Die gesammelten Materialien zum Bürgerlichen Gesetzbuch für das Deutsche Reich, herausgegeben und bearbeitet von Bruno Mugdan, II. Band, Recht der Schuldverhältnisse, Berlin 1899
zitiert: Mugdan II

Müller-Erzbach, Rudolf — Gefährdungshaftung und Gefahrtragung, AcP 106 (1910), S. 309 – 476

Münchener Kommentar — Münchener Kommentar zum Bürgerlichen Gesetzbuch, herausgegeben von Kurt Rebmann, Franz Jürgen Säcker und Roland Rixecker, Band 2a, Schuldrecht, Allgemeiner Teil, §§ 241 – 432, bearbeitet von Jürgen Basedow, Volker Emmerich, Wolfgang Ernst u.a., 4. Auflage, München 2003
zitiert: MüKo

Münchener Kommentar — Münchener Kommentar zum Bürgerlichen Gesetzbuch, herausgegeben von Kurt Rebmann, Franz Jürgen Säcker und Roland Rixecker, Band 4, Schuldrecht, Besonderer Teil II, §§ 607 – 704, bearbeitet von Uwe Hüffer, Martin Lorenz, Rudi Müller-Glöge u.a., 3. Auflage, München 1997
zitiert: MüKo (3.)

Münchener Kommentar — Münchener Kommentar zum Bürgerlichen Gesetzbuch, herausgegeben von Kurt Rebmann, Franz Jürgen Säcker und Roland Rixecker, Band 5, Schuldrecht, Besonderer Teil III, §§ 705 – 853,

	PartGG, Produkthaftungsgesetz, bearbeitet von Mathias Habersack, Uwe Hüffer, Manfred Lieb u.a., 4. Auflage, München 2004 zitiert: MüKo
Münchener Kommentar	Münchener Kommentar zum Bürgerlichen Gesetzbuch, herausgegeben von Kurt Rebmann, Franz Jürgen Säcker und Roland Rixecker, Band 5, Schuldrecht, Besonderer Teil III, §§ 705 – 853, PartGG, Produkthaftungsgesetz, bearbeitet von Andreas Cahn, Mathias Habersack, Uwe Hüffer u.a., 3. Auflage, München 1997 zitiert: MüKo (3.)
Münchener Kommentar ZPO	Münchener Kommentar zur Zivilprozeßordnung mit Gerichtsverfassungsgesetz und Nebengesetzen, Band 1, §§ 1 – 354, herausgegeben von Gerhard Lüke und Alfred Waldshöfer, München 1992 zitiert: MüKo ZPO
Niederländer, Hubert	Die Bereicherungshaftung im klassischen römischen Recht – Der Ursprung der Haftungsbefreiung durch Wegfall der Bereicherung, Weimar 1953
Oertmann, Paul	Kommentar zum Bürgerlichen Gesetzbuch und seinen Nebengesetzen, Bürgerliches Gesetzbuch, Zweites Buch, Recht der Schuldverhältnisse, Dritte und vierte umgearbeitete Auflage, Berlin 1910
ders.	Scheingeschäft und Kollusion, Das Recht 27 (1923), S. 74 – 76
Oppermann, Bernd H.	Konstruktion und Rechtspraxis der Geschäftsführung ohne Auftrag – Zur Transformation eines bürgerlich-rechtlichen Instituts in das Wettbewerbsrecht, AcP 193 (1993), S. 497 – 528
Otto, Carl Eduard / Schilling, Bruno / Sintenis, Carl Friedrich Ferdinand (Hrsg.)	Das Corpus Juris Civilis, Erster Band, Leipzig 1839

Pagenstecher, Ernst — Pandekten-Praktikum zu Puchta's Pandekten und Girtanner's Rechtsfällen, mit Hinweisung auf die Lehrbücher von Arndts und v. Vangerow, Heidelberg 1860

Palandt, Otto — Bürgerliches Gesetzbuch, bearbeitet von Peter Bassenge, Gerd Brudermüller u.a., 61., neubearbeitete Auflage, München 2002
zitiert: Palandt

ders. — Gesetz zur Modernisierung des Schuldrechts, Ergänzungsband zu Palandt, Bürgerliches Gesetzbuch, 61. Auflage, bearbeitet von Peter Bassenge, Gerd Brudermüller u.a., München 2002
zitiert: Palandt, Ergänzungsband

ders. — Bürgerliches Gesetzbuch, bearbeitet von Peter Bassenge, Uwe Diederichsen u.a., 54., neubearbeitete Auflage, München 1995
zitiert: Palandt (54.)

ders. — Bürgerliches Gesetzbuch, bearbeitet von Bernhard Danckelmann, Max Degenhart u.a., 29., neubearbeitete Auflage, München 1970
zitiert: Palandt (29.)

Pauly, August F. — Der neue Pauly, Enzyklopädie der Antike, herausgegeben von Hubert Cancik und Helmuth Schneider, Altertum, Stuttgart/Weimar
Band 1, A – Ari, 1996
Band 2, Ark – Ci, 1997
Band 5, Gru – Iug, 1998
Band 6, Iul – Lee, 1999
Band 9, Or – Poi, 2000
Band 12/1, Tam – Vel, 2002
zitiert: Pauly, Band, Spaltenzahl

Planck, B.	Bürgerliches Gesetzbuch nebst Einführungsgesetz, erläutert von B. Planck, in Verbindung mit A. Achilles, F. André, M. Greiff u.a., Zweiter Band, Recht der Schuldverhältnisse, Dritte, vermehrte und verbesserte Auflage, Berlin 1907
Prölss, Erich R. / Martin, Anton	Versicherungsvertragsgesetz, Kommentar zum VVG und EGVVG sowie Kommentierung wichtiger Versicherungsbedingungen unter Berücksichtigung des ÖVVG und österreichischer Rechtsprechung von Ulrich Knappmann, Jürgen Prölss, Helmut Kollhosser, Wolfgang Voit, 26., völlig neubearbeitete Auflage des von Erich R. Prölss begründeten und in 7 Auflagen u.a. von Anton Martin fortgeführten Werks, München 1998
Protokolle II	Protokolle der Kommission für die zweite Lesung des Entwurfs des Bürgerlichen Gesetzbuchs, Im Auftrag des Reichsjustizamts bearbeitet von Dr. Achilles, Dr. Gebhard und Dr. Spahn, Band II, Recht der Schuldverhältnisse, Abschnitt II, Titel 2-20, Abschnitt III, IV, Berlin 1898
Puchta, Georg Friedrich	Pandekten, 12., auf Grund der früheren A. F. Rudorff'schen Bearbeitung sorgfältig revidirte und vermehrte Auflage von Theodor Schirmer, Leipzig 1877
Raiser, Ludwig	Anmerkung zu BGH, Urteil vom 9. Februar 1960, JZ 1961, 26 – 27
Reeb, Hartmut	Der Ausgleich bei Doppelbefriedigung des bestohlenen Eigentümers durch den Dieb und Abnehmer des Diebes – BGHZ 52, 39, JuS 1970, 214 – 218
Reichard, Ingo	Negotium alienum und ungerechtfertigte Bereicherung – Zur Entbehrlichkeit des § 687 Abs. 2 BGB, AcP 193 (1993), S. 567 – 602

Reinhardt, Rudolf — Die Haftung der Bank bei Hereinnahme von Inhaberschecks von Nichtberechtigen, in: Aktuelle Fragen aus modernem Recht und Rechtsgeschichte, Gedächtnisschrift für Rudolf Schmidt, im Auftrag der Rechtswissenschaftlichen Fakultät der Universität zu Köln herausgegeben von Erwin Seidl, Berlin 1966, S. 115 – 133

RGRK — Das Bürgerliche Gesetzbuch, mit besonderer Berücksichtigung der Rechtsprechung des Reichsgerichts und des Bundesgerichtshofs, Kommentar, herausgegeben von den Mitgliedern des Bundesgerichtshofs, , Band II, 4. Teil, §§ 631 – 811, bearbeitet von Walter Dehner, Otto-Friedrich Freiherr von Gamm, Roderick Glanzmann u.a., 12., neubearbeitete Auflage, Berlin / New York 1978

Richardi, Reinhard — Die Wissensvertretung, AcP 169 (1969), S. 385 – 403

Schaub, Günter — Arbeitsrechts-Handbuch, systematische Darstellung und Nachschlagewerk für die Praxis, 8., überarbeitete Auflage, München 1996

Schmelzeisen, Gustav Klemens — Die Relativität des Besitzbegriffs, AcP 136 (1932), S. 129 – 168

Schroeder, Klaus-Peter — Gottlieb Planck (1825 – 1910) – „Ziehvater“ des BGB, JuS 2000, 1046 – 1051

Schubert, Werner (Hrsg.) — Die Vorlagen der Redaktoren für die erste Kommission zur Ausarbeitung des Entwurfs eines Bürgerlichen Gesetzbuches, herausgegeben von Werner Schubert, Allgemeiner Teil, Teil 2, Verfasser: Albert Gebhard, Berlin / New York 1981
zitiert: Vorentwürfe Redaktoren, AT 2

ders. — Die Vorlagen der Redaktoren für die erste Kommission zur Ausarbeitung des Entwurfs eines Bürgerlichen Gesetzbuches, herausgegeben von Werner Schubert, Recht der Schuldverhältnisse, Teil 1,

	Allgemeiner Teil, Verfasser: Franz Philipp von Kübel, Berlin / New York 1980 zitiert: Vorentwürfe Redaktoren, Schuldrecht 1
ders.	Die Vorlagen der Redaktoren für die erste Kommission zur Ausarbeitung des Entwurfs eines Bürgerlichen Gesetzbuches, herausgegeben von Werner Schubert, Recht der Schuldverhältnisse, Teil 2, Besonderer Teil, Verfasser: Franz Philipp von Kübel, Berlin / New York 1980 zitiert: Vorentwürfe Redaktoren, Schuldrecht 2
Schulz, Fritz	System der Rechte auf den Eingriffserwerb, AcP 105 (1909), S. 1 – 488
Schwab, Karl Heinz / Prütting, Hanns	Sachenrecht – Ein Studienbuch, 27., neubearbeitete Auflage des von Friedrich Lent begründeten Werkes, München 1997
Schwerdtner, Peter	Geschäftsführung ohne Auftrag, Jura 1982, 642 – 648
Seiler, Hans Hermann	Die deliktische Gehilfenhaftung in historischer Sicht, JZ 1967, 525 – 529
ders.	Der Tatbestand der Negotiorum gestio im Römischen Recht, Köln/Graz 1968 zitiert: Seiler, Tatbestand der negotiorum gestio
Selb, Walter	Entstehungsgeschichte und Tragweite des § 255 BGB, S. 517 – 548, in: Festschrift für Karl Larenz zum 70. Geburtstag, herausgegeben von Gotthard Paulus, Uwe Diederichsen und Claus-Wilhelm Canaris, München 1973 zitiert: FS Larenz
Seuffert, Johann Adam	Praktisches Pandektenrecht, Zweiter Band, Dritte vermehrte und verbesserte Auflage, Würzburg 1852

Siber, Heinrich — Grundriß des Deutschen bürgerlichen Rechts, Band 2, Schuldrecht, Leipzig 1931

Soergel, Hans Theodor — Bürgerliches Gesetzbuch mit Einführungsgesetz und Nebengesetzen, begründet von Hans Theodor Soergel, neu herausgegeben von Wolfgang Siebert, Band 1, Allgemeiner Teil (§§ 1 – 240), Haustür-WiderrufG, bearbeitet von Jürgen F. Baur, Volker Beuthien, Jürgen Damrau u.a., Zwölfte neubearbeitete Auflage, Stuttgart / Berlin / Köln 1988

ders. — Bürgerliches Gesetzbuch mit Einführungsgesetz und Nebengesetzen, begründet von Hans Theodor Soergel, neu herausgegeben von Wolfgang Siebert, Band 2, Allgemeiner Teil 2 (§§ 104 – 240), bearbeitet von Jürgen F. Baur, Volker Beuthien, Jürgen Damrau u.a., Dreizehnte neubearbeitete Auflage, Stuttgart / Berlin / Köln 1999

ders. — Bürgerliches Gesetzbuch mit Einführungsgesetz und Nebengesetzen, begründet von Hans Theodor Soergel, neu herausgegeben von Wolfgang Siebert, Band 4/2, Schuldrecht III/2 (§§ 651a – 704), bearbeitet von Jürgen F. Baur, Volker Beuthien, Jürgen Damrau u.a., Zwölfte neubearbeitete Auflage, Stuttgart / Berlin / Köln 1999

ders. — Bürgerliches Gesetzbuch mit Einführungsgesetz und Nebengesetzen, begründet von Hans Theodor Soergel, neu herausgegeben von Wolfgang Siebert, Band 4, Schuldrecht III (§§ 705 – 853), bearbeitet von Hans Jürgen Abraham, Otto Mühl u.a., Elfte neubearbeitete Auflage, Stuttgart / Berlin / Köln 1985
zitiert: Soergel (11.)

ders. — Bürgerliches Gesetzbuch mit Einführungsgesetz und Nebengesetzen, begründet von Hans Theodor Soergel, neu herausgegeben von Wolfgang Siebert, Band 5/2, Schuldrecht IV/2 (§§ 823 – 853), Produkthaftungsgesetz, Unwelthaftungsgesetz, bear-

	beitet von Jürgen F. Baur, Volker Beuthien, Jürgen Damrau u.a., Zwölfte neubearbeitete Auflage, Stuttgart / Berlin / Köln 1999
Staudinger, Julius von	Kommentar zum Bürgerlichen Gesetzbuch mit Einführungsgesetz und Nebengesetzen, Zweites Buch, Recht der Schuldverhältnisse, §§ 652 – 704, Dreizehnte Bearbeitung 1995 von Michael Martinek, Dieter Reuter, Olaf Werner und Roland Wittmann, Redaktor Dieter Reuter, Berlin 1995
ders.	Kommentar zum Bürgerlichen Gesetzbuch mit Einführungsgesetz und Nebengesetzen, Zweites Buch, Recht der Schuldverhältnisse, §§ 812 – 822, Neubearbeitung 1999 von Werner Lorenz, Redaktor Norbert Horn, Berlin 1999
ders.	Kommentar zum Bürgerlichen Gesetzbuch mit Einführungsgesetz und Nebengesetzen, Zweites Buch, Recht der Schuldverhältnisse, §§ 830 – 838, Neubearbeitung 2002 von Detlev W. Belling und Christina Eberl-Borges, Redaktor Norbert Horn, Berlin 2002
ders.	Kommentar zum Bürgerlichen Gesetzbuch mit Einführungsgesetz und Nebengesetzen, Band 2, Recht der Schuldverhältnisse, §§ 611 – 704, erläutert von Hans C. Nipperdey u.a., 11., neubearbeitete Auflage, Berlin 1958 zitiert: Staudinger (11.)
Thibaut, Anton Friedrich Justus	Civilistische Abhandlungen, Heidelberg 1814
ders.	System des Pandekten-Rechts, 9. Ausgabe, nach des Verfassers Tode besorgt durch Alexander August von Buchholz, Erster Band, Jena 1846
Thiele, Wolfgang	Gedanken zur Vorteilsausgleichung, AcP 167 (1967), S. 191 – 240

Thomas, Heinz / Putzo, Hans	Zivilprozessordnung mit Gerichtsverfassungsgesetz, den Einführungsgesetzen und europarechtlichen Vorschriften, Kommentar von Heinz Thomas, Hans Putzo, Klaus Reichold und Rainer Hüßtege, 24., neubearbeitete Auflage, München 2002
Tuhr, Andreas von	Actio de in rem verso – zugleich ein Beitrag zur Lehre von der Geschäftsführung, Freiburg i. B. und Leipzig 1893
Waltermann, Raimund	Zur Wissenszurechnung – am Beispiel der juristischen Personen des privaten und öffentlichen Rechts, AcP 192 (1992), S. 181 – 226
Wenckstern, Manfred	Die Geschäftsanmaßung als Delikt – Eine Rück und Neubesinnung, AcP 200 (2000), S. 240 – 270
Wenger, Leopold	Die Quellen des römischen Rechts, Wien 1953
Wengler, Friedrich Albert / Brachmann, H. A.	Das Bürgerliche Gesetzbuch für das Königreich Sachsen nach den hierzu ergangenen Entscheidungen der Spruchbehörden, Erläutert und unter Berücksichtigung der neueren Gesetzgebung herausgegeben von F. A. Wengler und H. A. Brachmann. Erster Band, Leipzig 1878
Westermann, Harry	Haftung für fremdes Verschulden, JuS 1961, 333 – 343
Windscheid, Bernhard	Lehrbuch des Pandektenrechts, Zweiter Band, Sechste verbesserte und vermehrte Auflage, Frankfurt am Main 1887 zitiert: Windscheid (6.)
ders.	Lehrbuch des Pandektenrechts, Zweiter Band, Siebte durchgesehene und vermehrte Auflage, Frankfurt am Main 1891 zitiert: Windscheid
Wohlfarth	Zur Auslegung des § 687 Abs. 2 BGB, LZ 26 (1932), 448 – 451

Wolf, B. — Das Bürgerliche Gesetzbuch unter Berücksichtigung der gesamten Rechtsprechung der oberen Gerichte des Deutschen Reichs, Hand-Kommentar, in Verbindung mit C. Neukirch u.a. herausgegeben von B. Wolf, Halle a.S. 1908

Wollschläger, Christian — Grundzüge der Geschäftsführung ohne Auftrag (3. Teil), JA 1979, 182 – 185

Zöller, Richard — Zivilprozeßordnung mit Gerichtsverfassungsgesetz und den Einführungsgesetzen, mit Internationalem Zivilprozeßrecht, EG-Verord-nungen, Kostenanmerkungen, Kommentar, be-gründet von Richard Zöller, bearbeitet von Rein-hold Geimer, Kurt Herget u.a., 23. neubearbeitete Auflage, Köln 2002

A. Einführung

I. Allgemeines

In dem heutigen, auf Arbeitsteilung ausgerichteten Wirtschaftsleben[1] mag es durchaus vorkommen, daß eine Person, die ein fremdes Geschäft besorgt, dies nicht in ihrem eigenen Namen, insbesondere nicht für sich selbst durchführt, sondern im Namen eines Dritten. Dies kann sowohl für die Geschäftsführung ohne Auftrag nach § 677 BGB gelten wie auch für die Geschäftsanmaßung nach § 687 Abs. 2 BGB.

Bei der Geschäftsführung ohne Auftrag kann z.B. der eigentlich Handelnde lediglich als Hilfsperson des letztendlich als solchen bezeichneten Geschäftsführers angesehen werden. So ist es anerkannt, daß sich der Geschäftsführer bei der Ausführung des fremden Geschäfts auch seiner Leute oder Dritter bedienen darf.[2] Die Wirkungen der Geschäftsführung ohne Auftrag treten dann gegenüber dem Geschäftsführer ein, der selbst nicht gehandelt hat, sondern dessen Leute tätig geworden sind. Eine nähere Begründung dazu erfolgt jedoch regelmäßig nicht.

Auch im Rahmen einer Geschäftsanmaßung kann z.B. ein Angestellter für seinen Arbeitgeber handeln, also nicht – wie im „typischen" Fall des § 687 Abs. 2 BGB – für sich. Der Vorteil aus der Handlung fließt dann einem anderen zu, der seinerseits die Handlung nicht vorgenommen hat. In der Regel werden hier trotzdem und auch relativ unproblematisch Ansprüche des geschädigten Ge-

---

[1] Vgl. zu dieser Problematik *Westermann*, JuS 1961, 333 f. *Westermann* führt bereits die stetige und immer weiter verfeinerte Arbeitsteilung sowie die Entwicklung von Großorganisationen als ein Problem des Haftungsrechts an. Das Bedürfnis nach einer erweiterten Haftung sei stark gewachsen. Bereits die Römer erkannten zudem mit der Entwicklung des weitläufigen, die damalige Welt umspannenden Handels, daß die vorgesehenen Haftungs- und vor allem Vertretungsmöglichkeiten nur unzureichend sind, und behalfen sich insbesondere auch mit einer erweiterten Anwendungen der Geschäftsführung ohne Auftrag. Dies wird später noch auszuführen sein. Deutlich sind die Unterschiede auch hinsichtlich § 831 BGB, der ursprünglich auf kleinere Betriebsverhältnisse zugeschnitten war, sowie hinsichtlich der deliktischen Haftung für Gehilfen, welche aufgrund der gesteigerten Komplexität der Verhältnisse nunmehr durch den dezentralisierten Entlastungsbeweis und Organisationspflichten erweitert wurde, vgl. z.B. *Birk*, JZ 1963, 354 (357). Vgl. auch das Urteil des BGH vom 14. Mai 2004, Az. V ZR 120/03, abrufbar unter www.bundesgerichtshof.de, wonach es einen Zurechnungsgrund der arbeitsteiligen Organisation gibt.

[2] Vgl. BGH, Urteil vom 25. November 1976, BGHZ 67, 368 (371) = NJW 1977, 530; *Sprau* in: Palandt, § 677 Rdnr. 3.

schäftsherrn gegen diesen anderen, nicht mit dem Handelnden Identischen aus § 687 Abs. 2 BGB angenommen.[3]

Darin liegt aber das eigentliche Problem: Bei der Geschäftsführung ohne Auftrag sollen nicht zwischen dem Handelnden und dem Geschäftsherrn Ansprüche entstehen, sondern zwischen dem Geschäftsherrn und der hinter dem Handelnden stehenden dritten Person, welche regelmäßig als Geschäftsführer bezeichnet wird. Warum sollen die Ansprüche nur in diesem Verhältnis entstehen? Lassen sich diese in der Einfachheit begründen, mit welcher sie regelmäßig angenommen werden?

Bei der Geschäftsanmaßung wurde die Besorgung des fremden Geschäfts nicht von demjenigen begangen, den man letztendlich belangt, sondern vom Handelnden selbst. Dieser hat für den anderen gehandelt, eventuell sogar ohne dessen Wissen oder Einverständnis. Warum haftet der andere, der regelmäßig als Geschäftsführer bezeichnet wird, also für den Handelnden?

Sicherlich ist ein wirksamer Schutz von Rechten des Geschäftsherrn notwendig. Dies gilt insbesondere, wenn der Geschäftsführer in Immaterialgüterrechte des Geschäftsherrn eingreift, was heutzutage einen erheblichen Teil der Fälle des § 687 Abs. 2 BGB ausmachen dürfte.[4] Ein solcher Eingriff läßt sich nur schwer bis gar nicht verhindern, und die Verletzung solcher Rechte ist auch nur schwer feststellbar. Zudem kommt hier der Präventionsgedanke ins Spiel, wonach sich wissentliche Verletzungen nicht lohnen sollen.[5] Insofern sind auch (neben spezialgesetzlichen Vorschriften) Ansprüche aus § 687 Abs. 2 BGB rechtspolitisch einfach zu begründen[6], wobei § 687 Abs. 2 BGB hier meist nur analog bzw. mit seinen Rechtsfolgen angewandt wird[7]. Schwerer fällt die Begründung jedoch bei der dogmatischen Einordnung dieser Ansprüche. In der Regel werden sie als gewohnheitsrechtlich entstandene Schadensersatzansprüche bezeichnet. Jedoch fehlt auch bei ihnen eine eindeutige Einordnung der Drittwirkung, obwohl dieses Problem auch von einiger praktischer Relevanz

---

[3] Vgl. z.B. *Chrestin*, S. 53; *Nipperdey* in: Staudinger (11. Aufl.),§ 687, Rdnr. 9; ferner auch *Lent*, Der Begriff der auftraglosen Geschäftsführung, Leipzig 1909, S. 147 f., 158 f. (nach *Ebert*, S. 159, Fn. 446 und *Wohlfarth*, LZ 26 (1932), 449 f.); *Ebert*, S. 158 ff.

[4] Vgl. schon *Helm* in: BMJ-Gutachten III, S. 360.

[5] Dazu und zu den vorherigen Gesichtspunkten vgl. BGH, Urteil vom 17. Juni 1992, NJW 1992, 2753 (2756); Urteil vom 16. Februar 1973, BGHZ 60, 206 (209); Urteil vom 8. Oktober 1971, BGHZ 57, 116 (118), m.w.N.; *Wenckstern*, AcP 200 (2000), 240 (260), m.w.N.; ähnlich ferner *Seiler* in: MüKo (3.), § 687 Rdnr. 22, m.w.N.

[6] Vgl. *Seiler* in: MüKo (3.), § 687 Rdnr. 22.

[7] Vgl. BGH, Urteil vom 24. Februar 1961, BGHZ 34, 320 (323 f.); *Seiler* in: MüKo (3.), § 687 Rdnr. 22, m.w.N. zur Rechtsprechung.

ist. Obwohl für Eingriffe in Immaterialgüterrechte aber meistens auch Spezialvorschriften greifen, wird in dieser Arbeit hauptsächlich die Regelung des BGB untersucht werden. Auch bei § 677 BGB ist eine klare Bestimmung der Rechte und Pflichten aus einer Geschäftsführung ohne Auftrag notwendig. Geschäftsherr und Geschäftsführer müssen wissen, wer ihr jeweiliger Anspruchsgegner ist.

Die vorhandene Literatur zu diesem Thema ist nicht sehr ergiebig. Bei § 677 BGB wird regelmäßig nur auf die bereits zitierte Entscheidung des BGH vom 25.11.1976[8] verwiesen.[9] Im Rahmen des § 687 Abs. 2 BGB wird diese Problematik nicht angesprochen; auf die Frage der Zurechnung wird regelmäßig kein Bezug genommen. Aus den Kommentaren lassen sich dazu keine Erkenntnisse entnehmen. Auch Monographien speziell für dieses Thema sind nicht vorhanden; es existieren lediglich Abhandlungen zur Geschäftsführung ohne Auftrag oder zur Geschäftsanmaßung allgemein. Teilweise finden sich kurze Bemerkungen z.B. in Fußnoten, die aber schon ob ihrer Kürze keinen Aufschluß über die Lösung des Problems geben können.

Das Problem und Thema dieser Arbeit ist somit die Zurechnung der Tätigkeiten des Handelnden auf den Geschäftsführer bei der Geschäftsführung ohne Auftrag bzw. auf die hinter dem Dritten stehende Person bei der Geschäftsanmaßung. Hauptsächlich wird die Frage geklärt, warum der als solcher bezeichnete Geschäftsführer für die Ausführung der Geschäftsführung ohne Auftrag oder der Geschäftsanmaßung durch den Handelnden (den Dritten) haften soll. Auch die Folgen einer eventuellen Haftung sollen näher betrachtet werden.

---

[8] BGHZ 67, 368.

[9] Vgl. *Sprau* in: Palandt, § 677 Rdnr. 2; bei anderen Kommentaren finden sich keine weiteren Nachweise.

II. Überblick

Nach der Einführung wird zuerst die Geschichte der Geschäftsführung ohne Auftrag und der Geschäftsanmaßung dargestellt. In einem Teil wird die Rechtsnatur der Geschäftsführung ohne Auftrag und des § 687 Abs. 2 BGB festgestellt, wobei der Schwerpunkt der Untersuchung auf der Geschäftsanmaßung liegen soll. Hier werden neben quasideliktischen Lösungen auch quasivertragliche und die Einordnung der Geschäftsanmaßung in die Eingriffskondiktionen oder das Eigentümer-Besitzer-Verhältnis genannt. Ein weiterer Teil macht die eigentliche Untersuchung aus und befaßt sich mit den Zurechnungsmöglichkeiten. Die möglichen Zurechnungsnormen müssen dabei jeweils ebenfalls in Geschichte, Rechtsnatur sowie Sinn und Zweck untersucht werden. In einem weiteren Teil werden die Rechtsfolgen dargestellt, insbesondere auch die Frage einer gesamtschuldnerischen Haftung. Am Ende wird ein kurzer Bezug zu spezialgesetzlichen Regelungen zum Schutze von Immaterialgüterrechten hergestellt.

III. Betroffene Sachverhalte

1. Bei der Geschäftsführung ohne Auftrag

Bei der Geschäftsführung ohne Auftrag lassen sich verschiedene Fälle denken. Grundfall wird jedoch sein, daß der Geschäftsführer selbst nicht tätig wird, sondern daß vielmehr einer seiner Leute/Gehilfen, z.B. ein Angestellter, das Geschäft besorgt. Anspruchsteller oder Anspruchsgegner soll dann regelmäßig der Geschäftsführer selbst sein. So lag auch der Fall des BGH in BGHZ 67, 368: Ein Kapitän ist einem in Seenot geratenen Schiff zur Hilfe geeilt, ohne daß der Reeder hiervon wußte oder den Kapitän sogar dazu aufgefordert zu haben. Der Reeder (hier als anspruchstellender Geschäftsführer) machte später Bergungskosten gegenüber dem Reeder des in Seenot geratenen Schiffes geltend, welche bei der Rettungsaktion entstanden waren.

Als Varianten sind hier verschiedene Fälle vorstellbar. So kann der eigentlich Handelnde vom Geschäftsführer dazu veranlaßt worden sein. Der Handelnde kann aber auch ohne Wissen des Geschäftsführers gehandelt haben. Zudem kann auch die Beziehung des Handelnden zum Geschäftsführer unterschiedlich und damit auch unterschiedlich zu betrachten sein.

Bei der Geschäftsführung ohne Auftrag stellt sich die Frage, warum der Geschäftsführer die Ansprüche aus der Geschäftsführung ohne Auftrag geltend machen kann, obwohl er selbst nicht gehandelt hat. Andererseits muß auch begründet werden, warum er selbst Ansprüchen des Geschäftsherrn ausgesetzt sein soll.

2. Bei der Geschäftsanmaßung

Bei der Geschäftsanmaßung entspricht der Grundfall im wesentlichen dem bei der Geschäftsführung ohne Auftrag: Der Handelnde führt ein Geschäft des Geschäftsherrn, verkauft z.B. eine Sache des Geschäftsherrn. Den Erlös der Sache läßt er einem anderen, dem Geschäftsführer, zukommen. Der Geschäftsherr verlangt nun von dem Geschäftsführer Herausgabe des Erlangten aus §§ 687 Abs. 2, 681 Satz 2, 667 BGB.[10]

Hier stellt sich nun die Frage, warum der Geschäftsführer das Erlangte herausgeben soll. Er hat zwar den Vorteil aus der Geschäftsanmaßung erlangt, aber schließlich hat der Dritte als Handelnder in Rechte des Geschäftsherrn einge-

---

[10] In Betracht kommen hier sicherlich auch andere Ansprüche, z.B. aus §§ 816, 822 BGB. Diese sollen jedoch nicht im Vordergrund der Untersuchung stehen und gegebenenfalls an späterer Stelle angesprochen werden. Vgl. hierzu unten, B. I. 2. sowie B. V. 2. b) bb) und cc).

griffen und nicht der Geschäftsführer. Die Handlung des Dritten muß dem Geschäftsführer somit irgendwie zugerechnet werden können, wenn der Geschäftsherr einen Anspruch aus § 687 Abs. 2 BGB haben möchte.

Dieser Fall läßt sich grundsätzlich auch mit einem Eingriff in Immaterialgüterrechte durchspielen. Neben dem Verkauf fremder Sachen kommt als Geschäftsanmaßung auch die Ausnutzung fremder Immaterialgüterrechte in Betracht: So könnte der Dritte z.B. ein Urheberrecht des Geschäftsherrn verletzen und der Erlös, der aus dem Geschäft mit Kunden stammt, kommt dem Geschäftsführer zugute.

Zu diesen Fällen lassen sich ebenfalls mehrere Varianten denken. So kann der Geschäftsführer zum einen den Dritten zu dieser Handlung beauftragt haben. Andererseits kann er aber auch einfach nur davon wissen, ohne den Dritten beauftragt zu haben. Möglich ist aber auch, daß zwischen Geschäftsführer und Drittem nur ein z.B. Angestelltenverhältnis besteht und der Geschäftsführer nicht von der Handlung des Dritten Kenntnis hat. Und schließlich kann es auch sein, daß zwischen dem Geschäftsführer und dem Dritten überhaupt kein Verhältnis besteht, der Dritte also im Hinblick auf den Geschäftsführer „altruistisch" handelt. Letztendlich wird der Dritte immer aus einem bestimmten Grund handeln, der ihm auch einen Vorteil verschafft oder zumindest einer Person, der er verbunden ist. Es ließen sich hier aber auch noch weitere Varianten denken, insbesondere auch nach der Eigenart der betreffenden Person.

IV. Terminologie

Zuerst erscheint es aber angebracht, die verwendete Terminologie festzulegen. Hierbei soll allerdings keine Diskussion darüber geführt werden, welcher Begriff jeweils der beste sei.[11] Vielmehr soll nur dargestellt werden, welche Begriffe in dieser Arbeit wofür stehen sollen.

So soll der derjenige, dessen Geschäft besorgt oder in dessen Rechte eingegriffen wird, als Geschäftsherr bezeichnet werden. Dies erscheint grundsätzlich wenig problematisch.

Problematischer erscheint die Bezeichnung der übrigen Beteiligten. Geschäftsführer bei der Geschäftsführung ohne Auftrag ist z.B. nach der Rechtsprechung derjenige, der letztendlich die Ansprüche geltend macht, ohne aber selbst gehandelt zu haben.[12] Dieser könnte aber zugleich auch als Dritter bezeichnet werden, denn Geschäftsführer könnte auch derjenige sein, der das Geschäft letztendlich besorgt, also der Handelnde selbst. Dies ist z.B. der Fall in der älteren Gesetzgebung wie bei § 760 des Ersten Entwurfs zum BGB.[13] Auch in der Literatur, z.B. durch *Steffen* im RGRK, wird die Terminologie in dieser Weise verwendet.[14] Entscheidend soll aber sein, daß die Rechtsprechung als Dritten regelmäßig den Handelnden bezeichnet. Es erscheint daher sinnvoll, auch vorliegend den Handelnden als Dritten zu bezeichnen und den angenommen Gläubiger und/oder Schuldner des Anspruchs als Geschäftsführer. In diesem Sinne soll daher der Handelnde als Dritter bezeichnet werden. Derjenige, dem die Vorteile der Handlung zufließen und der schließlich Anspruchsgegner sein soll, wird als Geschäftsführer bezeichnet.

Die von § 687 Abs. 2 BGB umfaßte Handlung, bei der jemand ein fremdes Geschäft bewußt als eigenes führt, hat bereits verschiedene Bezeichnungen erhalten. So wird sie als unechte Geschäftsführung ohne Auftrag oder auch als angemaßte Eigengeschäftsführung bezeichnet. Im Folgenden soll sie aber vereinfachend als Geschäftsanmaßung bezeichnet werden.

Eine drittwirkende Geschäftsführung ohne Auftrag liegt mithin vor, wenn der Dritte für einen Geschäftsführer ein Geschäft des Geschäftsherrn besorgt. Der Geschäftsführer macht dann aufgrund der Handlungen des Dritten die Ansprü-

---

[11] Vgl. dazu beispielhaft die Ausführungen bei *Ebert*, S. 25, m.w.N.
[12] Vgl. BGH, Urteil vom 25. November 1976, BGHZ 67, 368.
[13] Vgl. unten, B. III. 1. c) cc) und B. III. 2. c) cc) (2).
[14] Vgl. *Steffen* in: RGRK, § 687 Rdnr. 35; vgl. auch unten, B. V. 2. a) aa) (1).

che aus der Geschäftsführung ohne Auftrag geltend oder ist solchen Ansprüchen durch den Geschäftsherrn ausgesetzt.
Eine drittwirkende Geschäftsanmaßung liegt demnach vor, wenn der Dritte als Handelnder zugunsten desjenigen, der den Vorteil erlangt und mit ihm nicht identisch ist, also des als solchen bezeichneten Geschäftsführers, in Rechte des Geschäftsherrn eingreift.

B. Die Untersuchung

Im Folgenden soll nun eine allgemeine Lösung für alle Fallgruppen gefunden werden. Ob eine solche einheitliche Lösung möglich ist, wird im Folgenden zu untersuchen sein. Dabei wird der Fall der Geschäftsführung ohne Auftrag mit Drittbezug zuerst untersucht. Danach erfolgt die Prüfung der drittwirkenden Geschäftsanmaßung.

Für die Geschäftsführung ohne Auftrag und auch die Geschäftsanmaßung können jedoch die Geschichte und die Rechtsnatur der §§ 677 ff., 687 Abs. 2 BGB gemeinsam untersucht werden. Dies soll hier im Folgenden nun geschehen. Vorher sind jedoch bezüglich der Geschäftsanmaßung noch zwei Punkte zu klären: Zum einen die Frage, ob § 687 Abs. 2 BGB in Fällen der vorliegenden Art nicht von vornherein von anderen Vorschriften verdrängt wird (I.), und zum anderen, ob durch die drittwirkende Geschäftsanmaßung eine Fallgestaltung in das System des BGB eingeführt werden könnte, die vom Gesetzgeber abgelehnt wurde (II.).

Bei der Geschäftsführung ohne Auftrag stellen sich Konkurrenzprobleme grundsätzlich nicht, da bei Vorliegen der Voraussetzungen der Geschäftsführung ohne Auftrag regelmäßig keine verdrängende Konkurrenz in Betracht kommt.[15] Die Versionsklage wird aber auch hier zu prüfen sein.

[15] Vgl. nur *Sprau* in: Palandt, Einf v § 677 Rdnr. 8-12.

I. Konkurrenzen zu § 687 Abs. 2 BGB

Zuvörderst soll klargestellt werden, daß § 687 Abs. 2 BGB bei der drittwirkenden Geschäftsanmaßung nicht von anderen Ansprüchen verdrängt wird.

1. Eigentümer-Besitzer-Verhältnis

So verdrängen insbesondere die Vorschriften über das Eigentümer-Besitzer-Verhältnis nicht die Ansprüche aus § 687 Abs. 2 BGB.[16] § 687 Abs. 2 BGB wird hier allgemein für anwendbar gehalten, soweit es sich um einen unredlichen Besitzer handelt, was bei § 687 Abs. 2 BGB regelmäßig der Fall sein wird.[17] Zwischen Ansprüchen aus Geschäftsführung ohne Auftrag und dem Eigentümer-Besitzer-Verhältnis besteht dann Anspruchs-konkurrenz.[18]

Allerdings soll nach teilweiser Ansicht § 687 Abs. 2 BGB als Sonderverbindung immer Vorrang vor den §§ 987 ff. BGB haben[19], da „mit den §§ 677 ff. eine umfassende Sonderverbindung“ bereitstehe, „die - wie auch sonst - den §§ 987 ff. vorgeht“.[20] In der Rechtsprechung wird dagegen Anspruchskonkurrenz angenommen.[21] So oder so ist eine Anwendung des § 687 Abs. 2 BGB möglich.

Wollschläger nimmt einen Vorrang der Vorschriften über das Eigentümer-Besitzer-Verhältnis als Spezialregelung an.[22] Die Vorschriften der §§ 987 ff. BGB sähen mit den Ansprüchen des Eigentümers auf Nutzungsherausgabe und denen des Besitzers auf Verwendungsersatz eine ähnliche Gegenrechnung vor wie zwischen Geschäftsherr und Geschäftsführer. Zur Strafe für den bösgläubigen Besitzer sei jedoch dessen Verwendungsersatzanspruch gemäß den §§ 994, 996 BGB beschränkt. Nur notwendige, d.h. substanzerhaltende Maßnahmen würden ihm erstattet. Dies ergebe sich aus dem in § 994 BGB enthaltenen Zweck, das Eigentum durch eine Verfallstrafe besonders stark zu schützen.[23] *Wollschläger* nimmt Bezug auf ein Urteil des BGH von 1963[24]. In der dortigen Entscheidung hat der BGH es jedoch ausdrücklich offengelassen, ob Ansprüche aus Geschäftsführung ohne Auftrag neben den Vorschriften der §§ 987 ff. BGB

---

[16] *Bassenge* in: Palandt, vor § 987 Rdnr. 17, 22; *Sprau* in: Palandt, vor § 677 Rdnr. 12.

[17] Vgl. BGH, Urteil vom 25. März 1963, BGHZ 39, 186 (188); *Esser/Weyers*, § 46 V., S. 413, m.w.N.

[18] *Fikentscher*, § 83 IV. 1., S. 589 Rdnr. 947; *Berg*, JuS 1971, 310 (312).

[19] *Seiler* in: MüKo, vor § 677 Rdnr. 18, m.w.N.

[20] *Seiler* in: MüKo, vor § 677 Rdnr. 18.

[21] Siehe die Nachweise bei *Seiler* in: MüKo, vor § 677 Rdnr. 18.

[22] Vgl. *Wollschläger*, JA 1979, 182 (185).

[23] *Wollschläger*, JA 1979, 182 (185).

[24] BGH, Urteil vom 25. März 1963, BGHZ 39, 186.

Platz greifen.[25] Dort war die Anwendung vielmehr schon daran gescheitert, daß der Kläger, dem die Beklagte Verwendungsersatzansprüche entgegensetzen wollte, keine Ansprüche aus §§ 677, 678, 681, 682 BGB geltend gemacht hat. Ein Verwendungsersatzanspruch nach § 687 Abs. 2 in Verbindung mit § 684 S. 1 BGB kann jedoch nur bestehen, wenn der Geschäftsherr seinerseits einen Anspruch aus Geschäftsführung ohne Auftrag geltend macht.[26]

Aus den Ausführungen *Wollschlägers* und der Bezugnahme auf das Urteil des BGH wird deutlich, daß er hauptsächlich Bedenken hinsichtlich der Verwendungsersatzansprüche hat und hier dem Besitzer im Einklang mit dem Zweck der §§ 994, 996 BGB keine Ansprüche zugestehen möchte. Es ist jedoch anerkannt, daß zu Lasten des Geschäftsführers die Vorschriften der §§ 987 ff. BGB anwendbar bleiben.[27] Jedenfalls möglich ist somit ein Anspruch des Geschäftsherrn aus § 687 Abs. 2 BGB, da in diesen Fällen die Wertungen der §§ 987 ff. BGB berücksichtigt werden.

Bei unberechtigter Geschäftsführung ohne Auftrag sollen die §§ 987 ff. BGB eine andere Vorschriften verdrängende Sonderregelung sein.[28] Jedoch wird zumindest in der Literatur davon ausgegangen, daß Ansprüche aus § 687 Abs. 2 BGB „von diesem Vorrang unberührt bleiben".[29] Vom BGH ist dies in einer Entscheidung vom 25. März 1963[30] noch offengelassen worden.

Das OLG Dresden geht in einer neueren Entscheidung[31] davon aus, daß bei einer Eigengeschäftsführung § 687 Abs. 2 BGB neben den §§ 987 ff. BGB anwendbar bleibt. Dagegen sollen bei einer unberechtigten Fremdgeschäftsführung nur die §§ 987 ff. BGB als abschließende Sonderregelung[32] anwendbar sein.

---

[25] BGH, Urteil vom 25. März 1963, BGHZ 39, 186, 188.
[26] *Sprau* in: Palandt, § 687 Rdnr. 4, unter Hinweis auf BGHZ 39, 186.
[27] *Schwab/Prütting*, Rdnr. 569.
[28] BGH, Urteil vom 26. Februar 1964, BGHZ 41, 157 (158 f.), m.w.N.; *Beuthien* in: Soergel (12.), vor § 677 Rdnr. 10, Fn. 9.
[29] Vgl. *Beuthien* in: Soergel (12.), vor § 677 Rdnr. 10, m.w.N.; ein Gegensatz zu *Seiler*, wie in der Fußnote 11 behauptet, ist jedoch nicht zu erkennen. *Seiler* ist vielmehr für einen Vorrang der Vorschriften über die Geschäftsführung ohne Auftrag, vgl. *Seiler*, in: MüKo, vor § 677, Rdnr. 18; *Bassenge* in: Palandt (54.), vor § 987 Rdnr. 12.
[30] BGHZ 39, 186 (188).
[31] Urteil vom 10. März 1999, VIZ 2000, 418 (423).
[32] So die allgemeine Ansicht zumindest im Bezug auf das Bereicherungsrecht; vgl. BGH, Urteil vom 26. Februar 1964, BGHZ 41, 157 (158), m.w.N.

Der Zeitpunkt der Besitzerlangung ist für die Frage der Anwendbarkeit und der Konkurrenz nicht von Bedeutung.[33] Soweit die §§ 987 ff. BGB nicht anwendbar sein sollen, kann § 687 Abs. 2 BGB in jedem Fall anwendbar sein, soweit die Voraussetzungen vorliegen. Dies gilt insbesondere bei der Herausgabe von erlangtem Erlös, was mit den §§ 987 ff. BGB nicht geregelt ist. Im übrigen besteht Anspruchskonkurrenz.

So wird man letztendlich zumindest in den hier interessierenden Fällen der Geschäftsanmaßung Anspruchskonkurrenz zwischen § 687 Abs. 2 BGB und §§ 987 ff. BGB annehmen können.[34]

2. Bereicherungsrecht

Auch die Vorschriften über die ungerechtfertigte Bereicherung verdrängen die Vorschriften über die Geschäftsführung ohne Auftrag nicht, insbesondere nicht die Geschäftsanmaßung.[35] Es ist zwar streitig, ob Bereicherungsansprüche und Ansprüche aus Geschäftsführung ohne Auftrag des Geschäftsherrn nebeneinander bestehen können.[36] Der Streit ist jedoch zumindest hier irrelevant, da sich die eine Ansicht für ein Nebeneinander ausspricht und die andere die Bereicherungsvorschriften für verdrängt hält.[37] Letztendlich bleiben die Vorschriften über die Geschäftsführung ohne Auftrag also immer anwendbar.[38] Der Geschäftsherr kann die Ansprüche aus Bereicherung und § 687 Abs. 2 BGB daher nebeneinander verfolgen;[39] auch hier besteht - zumindest - Anspruchskonkurrenz.[40] Nach der Rechtsprechung des BGH ergibt sich aus § 687 Abs. 2 BGB

---

[33] Vgl. hierzu allgemein BGH, Urteil vom 29. Oktober 1959, BGHZ 31, 129 und *Bassenge* in: Palandt (54.), Vorbem v § 987 Rdnr. 9, sowie nunmehr *Bassenge* in: Palandt, Vorb v § 987 Rdnr. 13 und (aA) *Schwab/Prütting*, Rdnr. 540 a.E.

[34] Vgl. *Beuthien* in: Soergel (12.), § 687 Rdnr. 19, m.w.N. auch aus der Rechtsprechung.

[35] Vgl. *Fikentscher*, § 83 IV. 1., S. 588 Rdnr. 947; *Thomas* in: Palandt, vor § 812 Rdnr. 13; *Wollschläger*, JA 1979, 182 (185); offengelassen in BGH, Urteil vom 25. März 1963, BGHZ 39, 186 (188).

[36] Vgl. *Mühl* in: Soergel (11.), vor § 812 Rdnr. 11. Dies gilt insbesondere auch für das Verhältnis Geschäftsführung ohne Auftrag zum Bereicherungsrecht bei der Abwicklung nichtiger Verträge. Während bei Kenntnis vom Fehlen der eigenen Verpflichtung nach allgemeiner Ansicht die Vorschriften der Geschäftsführung ohne Auftrag Anwendung finden, werden von der Literatur im Gegensatz zur Rechtsprechung bei irriger Annahme einer Verpflichtung nur die Vorschriften des Bereicherungsrechts angewendet. Da vorliegend jedoch nur die Geschäftsanmaßung zu prüfen ist, sei diesbezüglich nur verwiesen auf *Sprau* in: Palandt, § 677 Rdnr. 11, m.w.N.

[37] Vgl. *Mühl* in: Soergel (11.), vor § 812 Rdnr. 11; siehe auch *Seiler* in: MüKo (3.), vor § 677 Rdnr. 15.

[38] Vgl. auch *Esser/Weyers*, § 46 V., S. 26.

[39] *Oppermann*, AcP 193 (1993), 497 (508).

[40] Ausführlich *Melullis*, S. 136 ff., insbesondere S. 140 f.

zudem ein Rechtsgrund, so daß die Vorschrift des § 812 BGB ausgeschlossen ist.[41]

Anspruchskonkurrenz gilt auch für das Verhältnis zur Eingriffskondiktion[42]. Diese Art von Ansprüchen können neben einem Anspruch aus Geschäftsanmaßung geltend gemacht werden. § 687 Abs. 2 BGB ist insofern gegenüber dem Bereicherungsrecht vorteilhafter, da ein Wegfall der Bereicherung[43] regelmäßig nicht in Betracht kommt.[44] Im Bereicherungsrecht ist ein Wegfall der Bereicherung nur über §§ 818 Abs. 4, 819 BGB ausgeschlossen. Keine Auswirkungen bezüglich § 687 Abs. 2 BGB ergeben sich, wenn der Berechtigte die Verfügung des Nichtberechtigten gemäß § 816 Abs. 1 Satz 1 BGB genehmigt. Insofern erstreckt sich die Genehmigung grundsätzlich nur so weit, wie dies zur Verfolgung der Interessen des Berechtigten geboten ist.[45] Deliktische Ansprüche aufgrund der unberechtigten Verfügung werden hierdurch nicht ausgeschlossen, sondern bleiben vielmehr erhalten.[46]

3. Deliktische Ansprüche

Anspruchskonkurrenz besteht schließlich auch zu Ansprüchen aus Deliktsrecht.[47] Dies ist ebenfalls unstreitig.

4. Vertragliche Ansprüche

Problematischer ist das Konkurrenzverhältnis zu den vertraglichen Ansprüchen. Eine eindeutige Lösung ist hierfür nicht vorhanden.[48] Vielfach wird nur die Frage erörtert, ob z.B. bei Verstößen gegen Vertragsabreden Ansprüche aus § 687 Abs. 2 BGB entstehen.[49] Im Schrifttum wird eine solche Ansicht teilweise

---

[41] BGH, Urteil vom 25. März 1963, BGHZ 39, 186 (189).

[42] *Melullis*, S. 140 f. *Schwerdtner*, Jura 1982, 642 (647), m.w.N.; vgl. auch *Nipperdey* in: Staudinger (11.), Vorbem. §§ 677 ff. Rdnr. 43; *Thomas* in: Palandt, § 816 Rdnr. 5; *Beuthien* in: Soergel (12.), § 687 Rdnr. 19, m.w.N.

[43] Vgl. *Spree* in: Palandt, § 816 Rdnr. 25 und § 822 Rdnr. 10.

[44] *Lorenz* in: Staudinger (13.), § 816 Rdnr. 2 f., sieht die §§ 687 Abs. 2, 816 Abs. 1 BGB in einem nicht zu übersehenden Zusammenhang. § 816 BGB habe jedoch den Nachteil, daß er hinsichtlich der Rechtsfolgen nur ein Minus darstelle.

[45] BGH, Urteil vom 6. November 1990, NJW 1991, 695 (696), m.w.N.

[46] BGH, Urteil vom 6. November 1990, NJW 1991, 695 (696), m.w.N.; *Sprau* in: Palandt, § 816 Rdnr. 9. m.w.N.

[47] *Oppermann*, AcP 193 (1993), 497 (508); *Schwerdtner*, Jura 1982, 642 (647), m.w.N.; *Wollschläger*, JA 1979, 182 (185); vgl. auch *Seiler* in: MüKo (3.), vor § 677 Rdnr. 16, m.w.N.; *Nipperdey* in: Staudinger (11.), Vorbem. §§ 677 ff. Rdnr. 43; dies wurde noch angezweifelt von *Ebbecke*, Das Recht 25 (1921), 100 (103 f.), der eine unerlaubte Handlung nicht für ein Geschäft im Sinne des § 687 Abs. 2 BGB hielt.

[48] So *Seiler* in: MüKo (3.), § 687 Rdnr. 20.

[49] Siehe m.w.N. *Seiler* in: MüKo (3.), § 687 Rdnr. 20.

vertreten[50], hat sich jedoch nicht durchgesetzt[51]. Diskutiert wird dies auch bei der Frage der unberechtigten Untervermietung durch den Mieter.[52] Die Rechtsprechung lehnt überwiegend eine Anwendung des § 687 Abs. 2 BGB ab[53], ebenso eine Ansicht im Schrifttum.[54] Begründet wird dies vor allem mit dem Vertragsverhältnis, welches als Sonderbeziehung Vorrang vor anderen Schuldverhältnissen habe, und mit dem bewußten Verzicht des Gesetzgebers auf die generelle Anwendung deliktischer Vorschriften bei Vertragsverletzungen.[55]

Im Fall des Verstoßes gegen Vertragsabreden wird es häufig bereits an einem fremden Geschäft mangeln. Zwischen den Parteien, die eine solche Vertragsabrede schließen, besteht selbst keine weitergehende Geschäftsbeziehung. Insbesondere aber werden Dritte nicht unmittelbar erfaßt. Solange keine Vetragsbeziehungen zwischen dem Dritten und dem (vermeintlichen) Geschäftsherrn bestehen, kann der Geschäftsführer mit dem Dritten Geschäfte tätigen, ohne damit ein fremdes Geschäft zu führen. Mögliche Geschäfte zwischen dem Geschäftsherrn und dem Dritten bleiben bloße Chancen, die durch eine Vertragsabrede bzw. ein Wettbewerbsverbot bloß verstärkt werden.[56] Der Geschäftsherr kann in solchen Fällen Ansprüche aus der Vertragsverletzung geltend machen, jedoch nicht aus § 687 Abs. 2 BGB. Ein Anspruch aus § 687 Abs. 2 BGB kann somit nur bestehen, wenn der Geschäftsführer in ein absolutes Recht, eine gleichzustellende Rechtsposition oder ein durch Gesetz oder Verordnung begründetes Recht eingreift.[57] In den Fällen, in denen der Geschäftsherr das Geschäft selbst nicht durchführen kann, ist § 687 Abs. 2 BGB jedenfalls nicht anwendbar.[58]

Auch ein geschäftsführender Gesellschafter einer OHG setzt sich nicht Ansprüchen aus § 687 Abs. 2 BGB aus, wenn er seine Geschäftsführungsbefugnis

---

[50] Siehe m.w.N. *Seiler* in: MüKo (3.), § 687 Rdnr. 20 und Fn. 48 und 49.
[51] So *Beuthien* in: Soergel (12.), § 687 Rdnr. 12, m.w.N.; vgl. auch BGH, Urteil vom 23. März 1988, NJW 1988, 3018 (3018), m.w.N.
[52] Vgl. BGH, Urteil vom 13. Dezember 1995, NJW 1996, 838 (840), m.w.N.; *Beuthien* in: Soergel (12.), § 687 Rdnr. 11, m.w.N.
[53] So *Seiler* in: MüKo (3.), § 687 Rdnr. 20, m.w.N. in Fn. 46 und 47.; vgl. BGH, Urteil vom 12. Juni 1989, NJW-RR 1989, 1255 (1256 f.), m.w.N.; Urteil vom 23. März 1988, NJW 1988, 3018 (3018); Urteil vom 9. Februar 1984, NJW 1984, 2411 (2411).
[54] Vgl. *Seiler* in: MüKo (3.), § 687 Rdnr. 20; *Wittmann* in: Staudinger (13.), § 687 Rdnr. 7, m.w.N.; *Beuthien* in: Soergel (12.), § 687 Rdnr. 12, m.w.N.
[55] *Wittmann* in: Staudinger (13.), § 687 Rdnr. 7, m.w.N.
[56] Vgl. BGH, Urteil vom 23. märz 1988, NJW 1988, 3018 (3018).
[57] Vgl. BGH, Urteil vom 12. Juni 1989, NJW-RR 1989, 1255 (1256); Urteil vom 23. März 1988, NJW 1988, 3018 (3018).
[58] BGH, Urteil vom 23. März 1988, NJW 1988, 3018 (3018).

überschreitet. In solchen Fällen, in denen § 687 Abs. 2 BGB allenfalls subsidiär herangezogen werden könnte[59], verletzt der Handelnde zwar seine vertraglichen Verpflichtungen, führt aber dennoch kein fremdes Geschäft aus, da er im Rahmen seiner Tätigkeit handelt.[60] Bei der Überschreitung der Geschäftsführungsbefugnis handelt es sich zwar nicht um eine Erfüllung vertraglicher Pflichten, aber es ergibt sich hieraus auch keine außervertragliche oder quasi-vertragliche Haftung, da der Verstoß in der Verletzung einer vertraglichen Pflicht besteht.[61] Gleiches gilt daher auch für die Geschäftsanmaßung.[62]

Im Fall der unberechtigten Untervermietung wird ebenfalls bereits das Vorliegen eines objektiv fremden Geschäfts fehlen, da der Vermieter nicht vermieten und gleichzeitig untervermieten kann.[63] Zumindest geht auch hier das vertragliche Leistungsstörungsrecht vor.[64]

Dieser Vorrang der vertraglichen Beziehungen als Sonderbeziehungen ist nachvollziehbar. Dies ergibt sich schon dann, wenn Voraussetzungen fehlen, um eine Geschäftsanmaßung anzunehmen. In solchen Fällen kann nur auf Vorschriften des Leistungsstörungsrechts zurückgegriffen werden. Von daher handelt es sich auch nicht um einen Ausschluß der Vorschriften über die Geschäftsanmaßung, sondern um eine Konstellation, in der die Vorschriften über die Geschäftsanmaßung mangels Vorliegens der Tatbestandsvoraussetzungen nicht anwendbar sind. Regelmäßig geht es bei dieser Problematik um Fälle, in denen die eine Vertragspartei vertraglich vereinbarte Pflichten verletzt, z.B. indem sie entgegen einer Vereinbarung handelt.

Jedoch liegt bei den Fällen der Geschäftsanmaßung gerade keine Verletzung vertraglicher Abreden vor, sondern vielmehr eine Verletzung allgemeiner Pflichten. Nicht ausgeschlossen ist, daß die Geschäftsanmaßung zugleich eine Verletzung vertraglicher Abreden darstellt, so daß Ansprüche aus Vertrag und Geschäftsanmaßung nebeneinander entstehen können. Gleichwohl bestehen bei

---

[59] Vgl. BGH, Urteil vom 9. Februar 1984, NJW 1984, 2411 (2411).
[60] BGH, Urteil vom 12. Juni 1989, NJW-RR 1989, 1255 (1255 f.).
[61] BGH, Urteil vom 11. Januar 1988, NJW-RR 1988, 995 (996); siehe auch Reichsgericht, Urteil vom 22. Oktober 1938, RGZ 158, 302 (313) (der geschäftsführende Gesellschafter, der ein außergewöhnliches Geschäft ohne die erforderliche Zustimmung der Mitgesellschafter vornimmt, handele als Geschäftsführer ohne Auftrag) und BAG, Urteil vom 14. Juli 1961, NJW 1961, 2036 (die Vergabe von Aufträgen gegen Schmiergeld sei ein Fall der Geschäftsanmaßung mit der Folge, daß das Schmiergeld herauszugeben sei).
[62] BGH, Urteil vom 12. Juni 1989, NJW-RR 1989, 1255 (1255 f.).
[63] *Beuthien* in: Soergel (12.), § 687 Rdnr. 12, m.w.N.; *Berg*, JuS 1971, 310 (312), m.w.N.; vgl. auch BGH, Urteil vom 13. Dezember 1995, NJW 1996, 838 (839 und 840), m.w.N.
[64] *Seiler* in: MüKo (3.), § 687 Rdnr. 19.

vertraglichen Abreden Vereinbarungen, die nicht eingehalten werden; bei deliktischen Handlungen dagegen wird allgemein gegen die Pflicht, fremde Güter nicht zu schädigen, verstoßen. So ist z.B. der Verkauf und damit der Entzug einer Sache des Geschäftsherrn ein fremdes Geschäft und eine unerlaubte Handlung, auch wenn keine vertragliche Abrede dahingehend besteht.

Die Vorschriften über die Geschäftsanmaßung können jedoch auch dann angewendet werden, wenn der Geschäftsführer und der Geschäftsherr schon in einer vertraglichen Beziehung zueinander standen. In einem solchen Fall ist der Schutzzweck des § 687 Abs. 2 BGB ebenfalls einschlägig, sofern der Geschäftsführer wissentlich und eigenmächtig in Geschäfte des Geschäftsherrn eingreift und ein fremdes Geschäft ausführt. Bei solchen Handlungen soll nach § 687 Abs. 2 BGB ein Anspruch auf Herausgabe des dadurch Erlangten erfolgen, was hier auch anzunehmen wäre. Jedoch besteht ein Unterschied zu den Fällen, für die § 687 Abs. 2 BGB geschaffen wurde. So ging der Gesetzgeber von Fällen aus, bei denen gerade keine Beziehung zwischen Geschäftsherr und Geschäftsführer bestand. Dies ist auch schon deutlich an der Stellung des § 687 Abs. 2 BGB bei den Vorschriften über die Geschäftsführung ohne Auftrag zu sehen. Erfaßt werden sollten Fälle, in denen der Geschäftsführer, ohne vorher schon in einer Beziehung zu dem Geschäftsherrn gestanden zu haben - sonst würde es sich nicht um eine Geschäftsführung *ohne* Auftrag handeln können -, Geschäfte tätigt, zu denen er keine Erlaubnis hatte. Die Handlung der Geschäftsanmaßung stellt eine wissentliche, eigennützige Geschäftsführung ohne Auftrag dar. Nur diese Fälle sollten von der Geschäftsanmaßung erfaßt werden. Jedoch wird man davon ausgehen können, daß auch bei einer Geschäftsbeziehung, z.B. einem Leihvertrag, ein Verkauf der verliehenen Sache ein unzulässiges Geschäft darstellt. Es handelt sich dabei um ein Geschäft, welches nur dem Geschäftsherrn erlaubt war, nicht aber dem Geschäftsführer. Verkauft z.B. der Geschäftsführer nun eine geliehene Sache, so liegt eine Geschäftsanmaßung vor. Von daher ist hier eine Haftung wegen Geschäftsanmaßung möglich.[65] Dafür spricht auch die Tatsache, daß deliktische Ansprüche neben vertraglichen Ansprüchen geltend gemacht werden können.[66] Eine Haftung aus Vertrag und gleichzeitig aus Delikt ist dabei möglich. Von daher erscheint es auch nicht richtig, hier eine Haftung wegen Geschäftsanmaßung auszuschließen.

---

[65] Was sich auch aus der Rechtsnatur der Geschäftsanmaßung ergibt, welche nachfolgend behandelt wird.

[66] Vgl. *Thomas* in: Palandt (29.), Einf. vor § 823, Anm. 2 a).

Die Ansprüche aus § 687 Abs. 2 BGB werden somit nicht ausgeschlossen, wenn vertragliche Abreden verletzt werden.[67] Hier greift zwar vorrangig das vertragliche Leistungsstörungsrecht ein, insbesondere die Positive Vertragsverletzung[68], nunmehr allgemein geregelt in § 280 BGB n.F. Bei vertraglichen Beziehungen und allgemeinen Pflichtverletzungen, die eine unerlaubte Handlung darstellen, besteht jedoch zwischen dem vertraglichen Leistungsstörungsrecht und den Vorschriften über die Geschäftsanmaßung Anspruchskonkurrenz, sofern die Voraussetzungen der Geschäftsanmaßung vorliegen. Dies mag z.B. der Fall sein, wenn der Mieter eine Sache des Vermieters verkauft, weil er dann ein fremdes Geschäft führt. Dagegen kann eine Haftung nach § 687 Abs. 2 BGB ausgeschlossen sein, wenn der Mieter eine Sache des Vermieters unberechtigt untervermietet, da hier kein Geschäft des Vermieters geführt wird. Hier kämen allenfalls vertragliche Ansprüche in Betracht.

Durch andere Vorschriften wird die Geschäftsanmaßung ebenfalls nicht ausgeschlossen.

---

[67] Vgl. dazu auch den Fall von *Berg*, JuS 1971, 310 (312). In dem dortigen Fall aus dem Mietrecht konnte allerdings zwischen Vermieter/Eigentümer und Mieter kein Anspruch aus § 687 Abs. 2 BGB angenommen werden, da der Vermieter gerade nicht gleichzeitig vermieten und untervermieten kann. Im dortigen Fall kam nur eine Haftung des aufgeklärten Untermieters in Betracht.

[68] BGH, Urteil vom 9. Februar 1984, NJW 1984, 2411 (2411), m.w.N.; *Beuthien* in: Soergel (12.), § 687 Rdnr. 11.

II. Zur Möglichkeit einer drittwirkenden Geschäftsführung ohne Auftrag und Geschäftsanmaßung

Gleich zu Beginn der Arbeit erscheint es ferner notwendig, sich gegen einen möglicherweise zu erhebenden Vorwurf zu wehren: Daß mittels der drittwirkenden Geschäftsführung ohne Auftrag oder der drittwirkenden Geschäftsanmaßung versucht werde, die an sich vom Gesetzgeber abgelehnte[69] Versionsklage einzuführen.

Die Versionsklage (actio de in rem verso) stammt aus dem römischen Recht.[70] Das römische Recht kannte keine direkte Stellvertretung[71]; Verpflichtungen aus Rechtsgeschäften trafen immer nur denjenigen, der sie vorgenommen hatte[72]. Dennoch bestand durch den wirtschaftlichen Aufschwung das Bedürfnis, auch den Haussöhnen und Sklaven die wirtschaftliche Betätigung für den Gewalthaber zu erlauben und auch den Gewalthaber haftbar zu machen.[73] Zu diesem Grund wurden von den Prätoren die adjektizischen Klagen geschaffen.[74] Bei diesen Klagen stand der Schuldner zu einem Dritten in einem Gewalt- oder Abhängigkeitsverhältnis; der Gläubiger erhielt dann die Klage gegen den Dritten.[75] Zu diesen Klagen gehörte auch die Versionsklage; der Gewalthaber haftete dafür, daß ihm durch den Gewaltunterworfenen ein Vermögensvorteil zugewendet wurde.[76] Diese Haftung bestand neben der Haftung des Gewaltunterworfenen.[77] Die Versionsklage betraf Fälle, in denen der spätere Kläger Geschäfte mit gewaltunterworfenen Personen eingegangen war[78] und „der Gewaltunterworfene das, was er aus dem Verpflichtungsgeschäft mit dem Gläubiger erlangt hat, zur Bereicherung des Vermögens seines Gewalthabers verwendet hat“[79]. Unter Justinian wurde die Klage auch auf die Haftung aus dem Han-

---

[69] Vgl. Motive II., S. 871 ff.; ferner *Lorenz* in: Staudinger (13.), § 822 Rdnr. 1.
[70] D. 15.3. de in rem verso.
[71] *Kaser*, Das Römische Privatrecht 1, § 141 I. 1., S. 605; *ders.*, Das Römische Privatrecht 2, § 204 I. 1., S. 99 f.; *Mühl* in: Soergel (11.), vor § 812 Rdnr. 5.
[72] *Kaser*, Römisches Privatrecht, § 11 II. 1. b), S. 65.
[73] *Kaser*, Das Römische Privatrecht 1, § 141 I. 1., S. 605; *ders.*, Römisches Privatrecht, § 49 I., S. 223; *Mühl* in: Soergel (11.), vor § 812 Rdnr. 5.
[74] *Kaser*, Das Römische Privatrecht 1, § 141 I. 1., S. 605; *ders.*, Römisches Privatrecht, § 49 I., S. 223.
[75] *Kaser/Hackl*, Das Römische Zivilprozeßrecht, § 49 I. 1., S. 341.
[76] *Kaser*, Römisches Privatrecht, § 11 II. 2., S. 65.
[77] *Kaser*, Römisches Privatrecht, § 11 II. 2., S. 65.
[78] *Mühl* in: Soergel (11.), vor § 812 Rdnr. 5.
[79] *Kaser*, Römisches Privatrecht, § 49 II. 1. b), S. 225; siehe auch *ders.*, Das Römische Privatrecht 1, § 141 II. 2., S. 607.

deln Gewaltfreier erweitert.[80] In dieser Form wurde die Versionsklage als Klage wegen nützlicher Verwendung in das gemeine Recht, das preußische Allgemeine Landrecht (ALR) und das österreichische ABGB übernommen.[81] Die Versionsklage wurde sodann in Preußen in eine Bereicherungsklage weiterentwickelt, die untechnische Versionsklage – bei einem Rechtsverhältnis nur zwischen zwei Personen, in welchem die Leistung direkt an den Beklagten erfolgt[82] – ging in der Geschäftsführung ohne Auftrag auf.[83]

Der Gesetzgeber des BGB beurteilte die Versionsklage folglich vom Kondiktionsrecht her und kam daher zu dem Ergebnis, alle Fälle auszuschließen, in denen die Mittelsperson im eigenen Namen gehandelt hatte, in welchen also sowohl im Verhältnis zum Versionskläger als auch zum Versionsbeklagten eine rechtswirksame causa vorlag.[84] Er lehnte die Versionsklage daher ab und begründete dies ferner damit, es entstehe „ein äußerst verwickeltes und unklares Verhältnis, ohne daß für den Dritten eine vollkommene Hülfe erreicht würde. Jede positive Vorschrift müßte hiernach unzweckmäßig und unzureichend ausfallen."[85] Ferner wäre die Einräumung eines solchen Anspruches „eine Anomalie, welche schon wegen der Seltenheit der betreffenden Fälle bedenklich wäre."[86] Als adjektizischer Anspruch ist heute nur der § 485 HGB zu nennen. Hier haftet der Reeder neben seinen Gehilfen für deren Handlungen.[87] Als Ersatz für die Ablehnung der Versionsklage sollen die Vorschriften über die Geschäftsführung ohne Auftrag (!) und Vorschriften über die ungerechtfertigte Bereicherung dienen.[88] Dies ergibt sich auch aus den Motiven. So heißt es im Rahmen der Besprechung des Bereicherungsrechts, in Fällen der condictio sine causa greife im preußischen Recht die Versionsklage.[89] Auch in den Vorbemerkungen zum Bereicherungsrecht wird auf die Ähnlichkeit der Versionsklage zum Bereicherungsrecht hingewiesen.[90] Zudem ist zu bedenken, daß es wegen der Vertretungsvorschriften nicht zwingend einer Versionsklage bedarf.

---

[80] *Kaser*, Römisches Privatrecht, § 49 II. 1. b), S. 225; C. 4.26.7.3., a.E. itp.
[81] Vgl. Motive II., S. 871; *Mühl* in: Soergel (11.), vor § 812 Rdnr. 5; *Kaser*, Römisches Privatrecht, § 49 II. 1. b), S. 225.
[82] Vgl. *Kupisch*, § 26, S. 124; ferner *Dernburg*, § 14, S. 40: „Die Versionsklage wurde utiliter ausgedehnt auf Fälle, in welchen man mit Gewaltfreien kontrahierte"; m.w.N.
[83] Vgl. *Kupisch*, § 26, S. 126.
[84] *Kupisch*, § 25, S. 116, m.w.N.
[85] Motive II., S. 872.
[86] Motive II., S. 873.
[87] *Belling/Eberl-Borges* in: Staudinger, § 831 Rdnr. 44, 55.
[88] So *Nipperdey* in: Staudinger (11.), Vorbem. §§ 677 ff. Rdnr. 63, m.w.N.
[89] Motive II., S. 851, Fußnote 3.
[90] Motive II., S. 829.

Diese Wertung des Gesetzgebers wird regelmäßig berücksichtigt[91] und soll auch hier nicht konterkariert werden. Deswegen soll hier jetzt aufgezeigt werden, daß obiger Fall kein Fall der Versionsklage ist.

1. Auf den ersten Blick entsprechen die Handlungen bei der Geschäftsführung ohne Auftrag mit Drittbezug im Wesentlichen den Handlungen aus der Versionsklage. So entsprachen bei den Römern die Voraussetzungen der Versionsklage in der Regel den Voraussetzungen bei der Geschäftsführungsklage.[92] Ein Unterschied ist allerdings sogleich darin zu sehen, daß der Geschäftsherr bei der Versionsklage grundsätzlich durch eine eigene Handlung etwas in das Vermögen des Geschäftsführers geben muß.[93] Die Versionsklage betrifft in der Regel ein Geschäft, welches der Geschäftsherr mit dem anderen ausführt. Bei der Geschäftsführung ohne Auftrag wird jedoch in der Regel ein Geschäft für den Geschäftsherrn geführt, aber ohne den Geschäftsherrn selbst. Unabhängig von dem äußeren Verhalten ergeben sich hieraus auch unterschiedliche Willensrichtungen: Bei der Geschäftsführung ohne Auftrag wird das Geschäft für den Geschäftsherrn geführt, aber nicht mit ihm. Schließlich sei erwähnt, daß – wie bereits ausgeführt – schon der Gesetzgeber die Versionsklage abgelehnt hat; als Ersatz sollten neben den Vorschriften über die ungerechtfertigte Bereicherung vor allem die Vorschriften über die Geschäftsführung ohne Auftrag dienen.[94] Dies zeigt, daß auch der Gesetzgeber die Geschäftsführung ohne Auftrag nicht durch die (abgelehnte) Versionsklage verdrängt sah. Allerdings liegen konkrete Aussagen zur Möglichkeit einer drittwirkenden Geschäftsanmaßung nicht vor, da dieses Problem nicht erörtert wurde. Es wird daher nachfolgend zu untersuchen sein, ob die drittwirkende Geschäftsanmaßung einen

---

[91] Vgl. BGH, Urteil vom 25. Juli 1971, BGHZ 56, 228 (241); OLG Saarbrücken, Urteil vom 7. Mai 1997, NJW 1998, 828 (829); LG Köln, Urteil vom 11. Juli 1990, NJW 1^991, 2354; *Lorenz* in: Staudinger (13.), § 822 Rdnr. 1; *Medicus*, BR, Rdnr. 414, m.w.N.; *Ehmann* in: Erman, Vor § 677, Rdnr. 16, m.w.N.; *Martinek*, http://martinek.jura.uni-sb.de/Lehre/Apauschu3.htm, III. 5. (20. November 2000); *von Caemmerer*, FS Rabel, S. 371 f., m.w.N.; weitere Nachweise bei *Mühl* in: Soergel (11.), vor § 812 Rdnr. 5 und § 812 Rdnr. 38.

[92] Vgl. D.15.3.3.2: Et regulariter dicimus totiens de in rem verso esse actionem, quibus casibus procurator mandati vel qui negotia gessit negotiorum gestorum haberet actionem quotiensque aliquid consumpsit servus, ut aut meliorem rem dominus habuerit aut non deteriorem. Übersetzung nach *Behrends/Knütel/Kupisch/Seiler*: „Und wir formulieren als Regel, daß die Klage wegen Zuwendung in das Vermögen immer dann gegeben ist, wenn ein Verwalter die Auftragsklage oder ein Geschäftsführer die Geschäftsführungsklage hätte, und immer dann, wenn der Sklave etwas so verwendet hat, dass die Vermögenslage des Eigentümers verbessert oder [jedenfalls] nicht verschlechtert ist."

[93] *Kupisch*, § 27, S. 125.

[94] So *Nipperdey* in: Staudinger (11.), Vorbem. §§ 677 ff. Rdnr. 63, m.w.N.

der Versionsklage vergleichbaren Sachverhalt betrifft und daher nach dem Willen des Gesetzgebers ausgeschlossen sein sollte.

2. Das Anwendungsgebiet der Versionsklage ist im Vergleich zur Geschäftsanmaßung unterschiedlich: Schon im römischen Recht betraf die Versionsklage nur Fälle, in denen der Gewaltunterworfene das, was er *aus einem Verpflichtungsgeschäft* mit dem Gläubiger/Kläger erlangt hat, zur Bereicherung des Gewalthabers verwendet.[95] Die adjektizischen Klagen waren nur „Abwandlungen der regelmäßigen Klagen aus contractus im weiteren Sinn“[96]. *Von Tuhr* nennt als Normalfall der actio de in rem verso, daß der Sklave etwas für den Herrn kauft und nicht bezahlt und beruft sich dabei auf die – bereits zitierte – Digestenstelle D.15.3.3.2 (Ulpian): Wenn also ein Sklave das, was er *aus einem Geschäft* vom Gläubiger erhalten hat, in das Vermögen seines Herrn verwendet, so haftet letzterer mit der actio de in rem verso.[97] In seinem Werk[98] zählt er zudem unter § 8 „Rechtsgeschäfte (!), aus welchen die Versionsklage entstehen kann“, auf.[99]

Dazu gehören im Wesentlichen folgende Fälle:

- Der Sohn übernimmt eines Schuld des Vaters und befreit ihn hiermit;[100]
- der Sohn übernimmt eine Klage, die den Vater allein angeht;[101]
- der Sohn übernimmt als defensor eine actio de peculio;[102]
- jemand bzw. der Sohn zahlt als Bürge;[103]
- Bezahlung einer fremden Schuld;[104]
- Geschäfte des Sklaven: Darlehensaufnahme für den Herrn, Kauf einer Sache für den Herrn, Verkauf einer Sache des Herrn;[105]
- Auftrag des Sklaven an einen Dritten zur Führung eines Geschäfts des Herrn;[106]

---

95 *Kaser*, Das Römische Privatrecht 1, § 141 II. 2., S. 607; *ders.* Römisches Privatrecht, § 49 II. 1. b), S. 225; Hervorhebung vom Verfasser.
96 *Kaser*, Das Römische Privatrecht 1, § 141 I. 3., S. 606.
97 *von Tuhr*, S. 1; Hervorhebung vom Verfasser.
98 Actio de in rem verso, 1895.
99 Jeweils mit Digestenstelle.
100 *von Tuhr*, S. 143.
101 *von Tuhr*, S. 145.
102 *von Tuhr*, S. 145.
103 *von Tuhr*, S. 148 f., wobei es sich hier nach *von Tuhr* entweder um ein Problem des Darlehens zur Befriedigung handelt oder die Stelle interpoliert ist, denn schließlich seien alle Ansprüche befriedigt.
104 *von Tuhr*, S. 149 f.
105 *von Tuhr*, S. 152.
106 *von Tuhr*, S. 156.

- Empfang der Mitgift (dos);[107]
- Verpflichtung zur Restitution bei Erlangung eines Wertes bei Bedingungseintritt bzw. Anfechtbarkeit; dies gilt nur, wenn der Wert in den Nutzen des Herrn verwendet wird.[108]

Nur diese Fälle sind nach *von Tuhr* Fälle der römischen Versionsklage gewesen. Nicht vorgesehen ist jedoch eine Versionsklage, „wenn der Sklave eine fremde Sache, welche er in das Vermögen seines Herrn verwendet, nicht durch Rechtsgeschäft, sondern durch ein Delikt, z.B. Diebstahl, erlangt hat“[109]. Die Römer bedienten sich dazu vielmehr der condictio ex causa furtiva.[110] Eine Versionsklausel wird nicht erwähnt.[111] Außerdem gab es die Noxalhaftung des Gewalthabers für Delikte der Gewaltunterworfenen wie Hauskinder und Sklaven. Es entstand eine persönliche Haftung des Gewalthabers, welche mit der actio noxalis verfolgt werden konnte.[112] Der Gewalthaber konnte den Geschädigten sodann durch Bußzahlung oder Auslieferung des Tätters (noxae deditio) befriedigen.[113] Unter Justinian wurde die Noxalhaftung aus Delikten der Hauskinder abgeschafft.[114]

Als „Erfordernisse der actio de in rem verso“ bezeichnet *von Tuhr* folgende Punkte:

1. „animus negotia gerendi“; „der Sklave muß die Absicht haben, durch Eingehung seiner Verpflichtung das Interesse des Herrn zu fördern“.[115]
2. „animus obligandi“; der Sklave darf nicht in der Absicht handeln, seinem Herrn etwas zu schenken.[116]
3. Die vom Sklaven vorgenommene Handlung muß auf Umständen beruhen, welche die Haftung des Herrn rechtfertigen. Dies können sein die Zustimmung des Herrn oder auch utilitas negotii.[117]

---

[107] *von Tuhr*, S. 156.
[108] *von Tuhr*, S. 158 ff.
[109] *von Tuhr*, S. 161.
[110] *von Tuhr*, S. 162; D. 15.1.3.12. (Labeo).
[111] *von Tuhr*, S. 166.
[112] Vgl. *Kaser*, Das Römische Privatrecht 1, § 147, I. 1., S. 631 und I. 2., S. 631 f.
[113] *Kaser*, Das Römische Privatrecht 1, § 147, I. 1., S. 631.
[114] *Kaser*, Das Römische Privatrecht 1, § 147, S. 630, Fußnote 1.
[115] *von Tuhr*, S. 169.
[116] Vgl. *von Tuhr*, S. 171.
[117] *von Tuhr*, S. 171.

Dernburg[118] zählt folgende Voraussetzungen auf:

1. ein Geschäft des Versionsklägers mit dem Hausuntergebenen;
2. Bereicherung des Hausvaters;
3. Bereicherung als Folge des Geschäfts mit dem Hausuntergebenen.

Die Handlung muß im Interesse des Hausherrn erfolgen; wäre der Hausuntergebene ein Gewaltfreier, würden die Geschäftsführungsklagen anwendbar sein.[119] Die Versionsklage selbst ist eine actio adjecticiae qualitatis. Sie findet nicht statt, wenn der Kläger etwas unmittelbar in das Vermögen des Beklagten verwendet hat oder wenn dieser etwas durch Zufall erhalten hat. Hier wäre eine Kondiktion gegeben.[120]

Hier zeigt sich schon ein deutlicher Unterschied zur Geschäftsanmaßung: Bei dieser geht der Geschäftsführer keine Geschäftsbeziehung mit dem Geschäftsherrn ein. Eine solche Beziehung ist aber Voraussetzung für die Versionsklage. Damit fehlt bereits das erste Erfordernis der actio de in rem verso. Aber auch das Fehlen einer Schenkungsabsicht oder die Zustimmung (im Vergleich zum Herrn im römischen Recht) darf nicht einfach unterstellt werden.

Im gemeinen Recht wurde später eine untechnische, nur zweigliedrige Versionsklage geschaffen, nach der ein Verwendungsanspruch auch ohne das Handeln einer Mittelsperson entstehen konnte.[121] Durch die allgemeine Versionsklage konnte somit ein Ersatzanspruch gegen einen dritten Nutznießer geltend gemacht werden.[122] Notwendig war aber auch immer, daß der Kläger die Sache selbst hingegeben hat.[123]

Im ALR und im ABGB, welche als Fixierung des damals gültigen gemeinen Rechts aufgefaßt werden können[124], war zumindest eine Tätigkeit des Klägers notwendig.[125] Allein der Zugriff des Beklagten, wodurch ihm ein Vorteil entstanden ist, war nach dem Sinn des ABGB keine nützliche Verwendung.[126]

---

[118] § 14, S. 39.
[119] *Dernburg*, § 14, S. 39 f.; die Versionsklage ist später auf das Handeln Gewaltfreier ausgedehnt worden, vgl. oben und ferner auch *Windscheid* (6.), § 483, S. 867 ff., insbesondere S. 868 f. und Fußnote 5.
[120] *Dernburg*, § 14, S. 39, Fußnote 9.
[121] *Kupisch*, § 24, S. 113; *ders.*, § 27, S. 124; vgl. *Dernburg*, § 14, S. 40; *von Tuhr*, § 19, S. 293 ff.
[122] *Martinek*, http://martinek.jura.uni-sb.de/Lehre/Apauschu3.htm, III. 5. (20.11.2000).
[123] *Kupisch*, § 27, S. 125.
[124] So *Kupisch*, § 25, S. 114.
[125] *Kupisch*, § 24, S. 113; *ders.*, § 27, S. 125 f.
[126] *Kupisch*, § 24, S. 113; *ders.*, § 27, S. 126.

Auch von den Pandektenlehrern wurde die actio de in rem verso nur gegeben, wenn die Bereicherung *aus einem Rechtsgeschäft* des Handelnden (i.d.R des Gewaltunterworfenen) stammt.[127] Hier wurde ferner, unter Berufung auf eine Verfälschung des römischen Rechts durch das gemeine Recht, die untechnische Versionsklage als Tatbestand der römischen Versionsklage abgelehnt.[128]

Letztendlich läßt sich festhalten, daß, zumindest nach römischem Recht, immer ein Rechtsgeschäft zwischen Versionskläger und Mittelsperson notwendig ist und eine deliktische Handlung der Mittelsperson nicht ausreicht. Auch nach gemeinem Recht, welches zu einem Versionsanspruch auch ohne Einbeziehung einer Mittelsperson gelangte, war zumindest der Eingriff in fremde Rechte kein Fall der Versionsklage. Notwendig war vielmehr immer eine Handlung des Versionsklägers. Anders gewendet besagt dies, daß die Versionsklage an eine durch Leistung bewirkte Bereicherung anknüpft, während bei der Geschäftsanmaßung mit Drittbezug ein – zumindest zugerechnetes – deliktisches Verhalten notwendig ist.

3. Bezogen auf den obigen Fall bedeutet dies, daß der Eingriff in ein Recht des Geschäftsherrn keinen Fall der römischen oder gemeinrechtlichen Versionsklage darstellt. Ein dafür notwendiges Rechtsgeschäft zwischen Geschäftsherr und Drittem liegt hier nicht vor. Daher kann es auch nicht zu einem Konflikt mit der Entscheidung des Gesetzgebers des BGB kommen, die Versionsklage abzulehnen. Der eventuell erhobene Vorwurf wird somit schon im Vornherein entkräftet. Die Möglichkeit einer drittwirkenden Handlung ist daher sowohl im Rahmen der Geschäftsführung ohne Auftrag als auch der Geschäftsanmaßung gegeben.[129]

---

[127] Vgl. *Windscheid*, § 483, S. 741; Hervorhebung vom Verfasser.

[128] *Kupisch*, § 25, S. 114; siehe auch die weiteren Nachweise bei *Dernburg*, § 14, S. 41, Fußnote 17, ferner *Seuffert*, § 346, S. 241 f., m.w.N.; *von Tuhr*, § 19, S. 293 ff.

[129] Davon gehen anscheinend auch andere aus, wenn sie die Zurechnung im Rahmen der drittwirkenden Geschäftsanmaßung ohne weiteres besprechen; vgl. z.B. *Ebert*, S. 158 ff., m.w.N.

III. Geschichte der Geschäftsführung ohne Auftrag und der Geschäftsanmaßung

1. Geschichte der Geschäftsführung ohne Auftrag

a) Römisches Recht

Die Geschäftsführung ohne Auftrag (negotiorum gestio) geht auf das klassische römische Recht zurück und umfaßte zum einen die Geschäftsführung für einen Pflegling, zum anderen die Prozeßführung für einen Abwesenden.[130] In beiden Fällen standen sowohl dem Geschäftsherrn (mittels der actio directa) als auch dem Geschäftsführer (mittels der actio contraria) Ansprüche aus der Geschäftsführung zu. Bei der Geschäftsführung ohne Auftrag, welchc vor allem im Dritten Buch der Digesten im fünften Titel geregelt ist, gibt es auch Fälle, in denen dritte Personen erwähnt sind. Die Texte beziehen sich dabei nicht nur auf den Geschäftsführer allein, sondern z.B. auf Unterbeautragte oder eigenständig Handelnde. Die Übersetzungen stammen aus *Behrends/Knütel/Kupisch/Seiler*, Corpus Juris Civilis, Text und Übersetzung, Band I – III.

Die Geschäftsführung ohne Auftrag ist allgemein in den nachfolgenden Digestenstellen sowie in der angegebenen Stelle in den Institutionen dargestellt. Aus diesen Stellen ergeben sich die allgemeinen Ansprüche bei einer Klage wegen Geschäftsführung.

D.3.5.1
Ulpianus 10 ad ed.
Hoc edictum necessarium est, quoniam magna utilitas absentium versatur, ne indefensi rerum possessionem aut venditionem patiantur vel pignoris distractionem vel poenae committendae actionem, vel iniuria rem suam amittant.
Ulpian im 10. Buch zum Edikt
Dieses Edikt ist notwendig, weil für Abwesende ein großes Interesse daran besteht, daß sie nicht, weil gerichtlich nicht verteidigt, die Inbesitznahme ihres Vermögens oder dessen Verkauf oder die Veräußerung eines Pfandes oder die Klage wegen einer verfallenden Vertragsstrafe hinnehmen müssen oder zu Unrecht eine ihnen gehörende Sache verlieren.

D.3.5.2
Gaius 3 ad ed. provinc.

[130] Vgl. nur *Ehmann* in: Erman, vor § 677 Rdnr. 3, m.w.N.; *Wittmann* in: Staudinger (13.), Vorbem zu § 677 ff Rdnr. 16.

Si quis absentis negotia gesserit licet ignorantis, tamen quidquid utiliter in rem eius impenderit vel etiam ipse se in rem absentis alicui obligaverit, habet eo nomine actionem: itaque eo casu ultro citroque nascitur actio, quae appellatur negotiorum gestorum. et sane sicut aequum est ipsum actus sui rationem reddere et eo nomine condemnari, quidquid vel non ut oportuit gessit vel ex his negotiis retinet: ita ex diverso iustum est, si utiliter gessit, praestari ei, quidquid eo nomine vel abest ei vel afuturum est.
Gaius im 3. Buch zum Provinzialdelikt
Wenn jemand die Geschäfte eines Abwesenden führt, hat er, auch wenn der Abwesende nichts davon weiß, dennoch dann eine Klage, wenn er für das Vermögen des Abwesenden etwas zweckmäßig aufgewendet oder auch sich selbst für das Vermögen des Abwesenden einem Dritten gegenüber verpflichtet hat. Daher entsteht in diesem Fall auf beiden Seiten eine Klage, die Geschäftsführungsklage genannt wird. Und so wie es einerseits richtig ist, daß der Geschäftsführer selbst über seine Tätigkeit Rechnung legt und auf das verurteilt wird, was immer er entweder nicht, wie es geboten war, besorgt hat oder was er aus den Geschäften zurückhält, so ist es andererseits gerecht, ihm, wenn er das Geschäft zweckmäßig geführt hat, alles zu ersetzen, was er in diesem Zusammenhang an Vermögenseinbußen hat und noch haben wird.

Inst. 3.27.1
Igitur cum quis absentis negotia gesserit, ultro citroque inter eos nascuntur actiones, quae appellantur negotiorum gestorum: sed domino quidem rei gestae adversus eum qui gessit directa competit actio, negotiorum autem gestori contraria. quas ex nullo contractu proprie nasci manifestum est: quippe ita nascuntur istae actiones, si sine mandato quisque alienis negotiis gerendis se obtulerit: ex qua causa ii quorum negotia gesta fuerint etiam ignorantes obligantur. idque utilitatis causa receptum est, ne absentium qui subita festinatione coacti, nulli demandata negotiorum suorum administratione, peregre profecti essent, deserentur negotia: quae sane nemo curaturus esset, si de eo quod quis impendisset nullam habiturus esset actionem. sicut autem is qui utiliter gesserit negotia, habet obligatum dominum negotiorum, ita et contra iste quoque tenetur, ut administrationis rationem reddat. quo casu ad exactissimam quisque diligentiam compellitur reddere rationem: nec sufficit talem diligentiam adhibere, qualem suis rebus adhibere soleret, si modo alius diligentior commodius administraturus esset negotia.
Wenn daher jemand die Geschäfte eines Abwesenden führt, dann entstehen zwischen ihnen auf beiden Seiten Klagen, die Geschäftsführungskla-

gen genannt werden. Dem Geschäftsherrn steht aber gegen den, der das Geschäft geführt hat, die Hauptklage zu, dem Geschäftsführer jedoch die Gegenklage. Daß diese Klagen nicht eigentlich aus Vertrag entstehen, liegt auf der Hand. Denn sie entstehen ja gerade dann, wenn jemand sich ohne Auftrag zur Führung fremder Geschäfte bereitfindet. Daher werden die, deren Geschäfte geführt worden sind, auch ohne ihr Wissen verpflichtet. Und das ist aus Zweckmäßigkeitsgründen anerkannt worden, damit nicht die Geschäfte von Abwesenden vernachlässigt werden, die, ohne jemanden die Verwaltung ihrer Geschäfte übertragen zu können, plötzlich und eilig nach auswärts aufbrechen mußten; denn gewiß würde sich niemand um die Geschäfte kümmern, wenn er wegen der Aufwendungen, die er gemacht hat, keine Klage hätte. So aber wie derjenige, der die Geschäfte zweckmäßig geführt hat, den Geschäftsherrn verpflichtet, so haftet auch umgekehrt der Geschäftsführer darauf, daß er über die Verwaltung Rechenschaft gibt. Er ist in diesem Fall gezwungen, Rechenschaft darüber zu geben, daß er die höchstmögliche Sorgfalt angewendet hat. Und es genügt nicht, eine solche Sorgfalt angewendet zu haben, wie man sie in eigenen Angelegenheiten anzuwenden pflegt, wenn nur ein anderer, der sorgfältiger ist, die Geschäfte sachgemäßer verwaltet hätte.

Die vorgenannten Stellen geben lediglich einen Überblick über die Geschäftsführung ohne Auftrag und behandeln nicht die Tätigkeit von dritten Personen. Solche Stellen sollen nun nachfolgend untersucht werden. Hierzu bieten sich nachfolgende Fragmente an, welche ähnliche Fälle behandeln.

***aa)** D. 3.5.20.3*

Paulus libro nono ad edictum

Mandatu tuo negotia mea Lucius Titius gessit: quod is non recte gessit, tu mihi actione negotiorum gestorum teneris non in hoc tantum, ut actiones tuas praestes, sed etiam quod imprudenter eum elegeris, ut quidquid detrimenti neglegentia eius fecit, tu mihi praestes.

Paulus[131] im 9. Buch zum Edikt

[131] Bei Iulius Paulus handelt es sich um einen der großen Spätklassiker (*Liebs*, S. 62). Ca. 160 n. Chr. geboren (*Liebs*, S. 60; *Giaro* in: Pauly, Band 6, 50) und Abkömmling nicht der Julier, sondern eines durch Cäsar oder Augustus zum Bürgerrecht Gelangten (*Liebs*, S. 60; die genaue Herkunft ist unbekannt, vgl. *Wenger*, § 76 IV, S. 516), beginnt er als Advokat und wird sodann Assessor des Prätorianerpräfekten Papinian sowie Mitglied des Konsiliums von Septimius Severus und Caracalla (*Dulckeit/Schwarz/Waldstein*, § 34 III 2. b), S. 266; *Giaro* in: Pauly, Band 6, 50; *Wenger*, § 76 IV, S. 516). Unter Kaiser Eleagabal wird er 219 Prätorianerpräfekt, kurz darauf von diesem aber kurzzeitig verbannt (*Giaro* in: Pauly, Band 6, 50; *Liebs*, S. 60, m.w.N.). Von Kaiser Alexander Severus wird er ca. 221/222 wieder ins Konsilium gerufen (*Giaro* in: Pauly, Band 6, 50). Seine literarische Tätigkeit ist überwälti-

In deinem Auftrag hat Lucius Titius meine Geschäfte geführt. Wenn er sie nicht ordnungsgemäß geführt hat, haftest du mir mit der Geschäftsführungsklage nicht nur auf Abtretung der dir zustehenden Klagen, sondern, wenn du ihn unsorgfältig ausgewählt hast, auch dafür, daß du mir jeden Schaden ersetzt, den er durch seine Nachlässigkeit verursacht hat.

Das vorstehende Fragment findet sich bei Paulus im 9. Buch zum Edikt unter dem Titel „De negotiis gestis".[132] Der dortige Text entspricht den Fragmenten D.3.5.20.pr bis D.3.5.20.3. Weitere Argumente bezüglich des Fragments D.3.5.20.3 finden sich auch in den nebenstehenden Fragmenten nicht. Der Bestandteil „quod imprudenter eum elegeris" gilt als nachklassische Einfügung.[133] Im übrigen wird die Stelle für echt gehalten, auch wenn dies sehr umstritten ist.[134]

In der vorgenannten Stelle führt ein Lucius Titius Geschäfte des Verfassers (negotia mea) im Auftrag einer dritten Person (mandatu tuo) aus. In dem Fragment stellt sich die Frage nach den Ansprüchen, die bestehen, wenn Lucius Titius die Geschäfte nicht ordnungsgemäß ausführt. Ferner wird gefragt, in welchem Umfang bei unsorgfältiger Auswahl des Lucius Titius gehaftet wird. Nach Paulus soll die dritte Person grundsätzlich auf Abtretung der der dritten Person zustehenden Klagen aufgrund der Geschäftsführungsklage haften. Außerdem soll die dritte Person bei unsorgfältiger Auswahl des Lucius Titius für jeden durch Nachlässigkeit begangenen Schaden haften. Eine Begründung liefert Paulus nicht.

Nach römischem Recht sollte eine Geschäftsführung ohne Auftrag bei Vorliegen eines Auftrags ausgeschlossen sein, die actio negotiorum gestorum ist vielmehr Ergänzung zum Mandat.[135] Der hier handelnde Lucius Titius wird anscheinend lediglich als Hilfsperson des Auftraggebers aufgefaßt, derer sich der

---

gend, allein schon quantitativ. So verfaßt er ca. 300 Schriften, unter anderem große Kommentare zu Sabinus und zum Edikt, ferner die Sentenzen, ein Handbuch für den praktischen Anfänger, sowie zwei typische Werke der hochklassischen Tradition, seine Quaestiones und Responsae (vgl. *Giaro* in: Pauly, Band 6, 50; *Liebs*, S. 62; *Wenger*, § 76 IV, S. 516; *Dulckeit/Schwarz/Waldstein*, § 34 III 2. b), S. 266). Sein Todesjahr ist unbekannt, wird aber auf ca. 230 geschätzt (vgl. *Giaro* in: Pauly, Band 6, 50; *Liebs*, S. 60 und 300; *Wenger*, § 76 IV, S. 516).

[132] Vgl. *Lenel*, Palingenesia I, 981 f.

[133] *Seiler*, Tatbestand der negotiorum gestio, S. 118, Fußnote 6, m.w.N.

[134] Vgl. *Seiler*, Tatbestand der negotiorum gestio, S. 118, Fußnote 6, m.w.N.; ferner *Schulz*, Geschichte der römischen Rechtswissenschaft, S. 240.

[135] *Seiler*, Tatbestand der negotiorum gestio, S. 114, m.w.N.; *Mayer-Maly*, SZ 86 (1969), S. 431.

Auftraggeber bedient, um die Geschäftsführung durchzuführen.[136] Diesen Ausschluß der Geschäftsführungsklage bei Vorliegen eines Mandats wird von Paulus auch an anderen Stellen vertreten, z.B. in D.3.5.41:

> Idem libro trigensimo secundo ad edictum
> Si servi mei rogatu negotia mea susceperis, si dumtaxat admonitus a servo meo id feceris, erit inter nos negotiorum gestorum actio: si vero quasi mandatu servi, etiam de peculio et de in rem verso agere te posse responsum est.[137]
> Derselbe zum 32. Buch zum Edikt
> Hast du auf Bitten meines Sklaven die Führung meiner Geschäfte übernommen, so ist zwischen uns die Geschäftsführungsklage gegeben, wenn du das lediglich auf einen Wink meines Sklaven hin getan hast. Wenn du das aber gewissermaßen im Auftrag des Sklaven getan hast, kannst du, wie gutachterlich entschieden worden ist, auch mit der Klage wegen des Sonderguts und mit der wegen Zuwendung in das Vermögen vorgehen.

Die Stelle D.3.5.20.3 zeigt, daß der Geschäftsführer dem Geschäftsherrn für Handlungen seiner Leute, die er zur Ausführung der Geschäftsführung ohne Auftrag eingesetzt hat, verpflichtet war. Dies gilt auch nach heute geltendem deutschem Recht. So muß der Geschäftsführer für die Handlungen seiner Hilfspersonen, welche er zu Durchführung der Geschäftsführung einsetzt, einstehen.[138] Die vorgenannte Stelle und das heutige deutsche Recht sind damit vergleichbar.

bb) *D.3.5.27*

> Iavolenus libro octavo ex Cassio
> Si quis mandatu Titii negotia Seii gessit, Titio mandati tenetur lisque aestimari debet, quanto Seii et Titii interest: titii autem interest, quantum is Seio praestare debet, cui vel mandati vel negotiorum gestorum nomine obligatus est. Titio autem actio competit cum eo, cui mandavit aliena negotia gerenda, et antequam ipse quicquam domino praestet, quia id ei abesse videtur in quo obligatus est.

---

136 *Seiler*, Tatbestand der negotiorum gestio, S. 116.

137 Die Textstelle wird – mit Ausnahme des etiam, welches wohl ein Schreibfehler war – für echt gehalten; vgl. *Seiler*, Tatbestand der negotiorum gestio, S. 119, m.w.N.

138 BGH, Urteil vom 25. November 1976, BGHZ 67, 368; *Sprau* in: Palandt, § 677 Rdnr. 3; siehe hierzu im Einzelnen auch unten, B. V. 1. a).

Javolen[139] im 8. Buch aus Cassius[140]

Wenn jemand im Auftrag des Titius Geschäfte des Seius geführt hat, haftet er dem Titius mit der Auftragsklage, und die Urteilssumme muß so hoch geschätzt werden, wie das Interesse des Seius und des Titius zu veranschlagen ist. Das Interesse des Titius beträgt aber so viel, wie er dem Seius leisten muß, dem er entweder aus Auftrag oder nur aus Geschäftsführung verpflichtet ist. Titius aber steht die Klage gegen denjenigen zu, den er mit der Führung fremder Geschäfte beauftragt hat, [und zwar] auch bevor er selbst dem Geschäftsherrn etwas geleistet hat, weil das ihm als fehlend angesehen wird, worauf er haftet.

Das Fragment des Javolen stammt ursprünglich aus einer der Bearbeitungen zu Cassius und stand vermutlich unter dem Titel „De mandato" oder „De negotiis gestis".[141] Es ist das einzige erhaltene Fragment des Javolen zu diesem Themenbereich. „Seii et" gilt als Glossem, im übrigen wird die Stelle aber mittlerweile für echt gehalten.[142]

In diesem Fragment führt eine dritte Person als Beauftragter im Auftrag des Titius als Auftraggeber Geschäfte des Seius, des Geschäftsherrn, aus. Ansprüche des Geschäftsherrn gegen den Beauftragten aus Geschäftsführung werden nicht angesprochen. Vielmehr bestehen nur Ansprüche zwischen Titius und

---

[139] L. (C. ?) Octavianus (Tidius Tossianus) Iavolenus Priscus (vgl. zum Namen des Juristen *Giaro* in: Pauly, Band 5, 876; *Lenel*, Palingenesia I, 278) wird Ende des 1. Jahrhunderts n. Chr. geboren und bekleidet eine Reihe von hohen Offiziers- und Beamtenstellen in den wichtigsten Provinzen, u.a. Afrika, Germanien und Syrien (*Dulckeit/Schwarz/Waldstein*, § 34 II. 3. a), S. 259 und S. 335; *Wenger*, § 76 IV, S. 502), und war Konsiliar unter Trajan (*Giaro* in: Pauly, Band 5, 876). Er war Schulhaupt der Sabinianer und Lehrer Julians (*Dulckeit/Schwarz/Waldstein*, § 34 II. 3. a), S. 260). Seine Hauptschriften sind verkürzte Bearbeitungen von Werken älterer Juristen wie Labeo und Cassius (*Dulckeit/Schwarz/Waldstein*, § 34 II. 3. a), S. 260). Wie sein Geburtsjahr ist auch sein Todesjahr nicht genau bekannt; dieses liegt jedoch nicht vor 106 n. Chr. (*Lenel*, Palingenesia I, 278; *Dulckeit/Schwarz/Waldstein*, S. 335).

[140] C. Cassius Longinus, ein Enkel des Cäsarmörders, war ursprünglich Namensgeber der sabinianischen Schule, welche sich unter ihm noch Kassianer nannten (*Liebs*, S. 54 f.; *Eck* in: Pauly, Band 2, 1012; *Wenger*, S. 502). Er war unter Caligula und Claudius Statthalter in Asien und in Syrien (45 – 49 n. Chr.) und mit einer Ururenkelin des Augustus verheiratet (*Eck* in: Pauly, Band 2, 1013; *Liebs*, S. 54). 65 n. Chr. wurde er zwischenzeitlich nach Sardinien verbannt, unter Kaiser Vespasian aber wieder zurückgerufen (*Eck* in: Pauly, Band 2, 1013; *Liebs*, S. 54). Er war Schüler des Sabinus und galt als größter iuris consultis seiner Zeit (*Giaro* in: Pauly, Band 2, 1013). Von ihm stammt nur ein Werk, „ius civile", welches aber im 1. Jahrhundert n. Chr. intensiv verwendet wurde (*Giaro* in: Pauly, Band 2, 1013).

[141] *Lenel*, Palingenesia I, 282.

[142] Vgl. *Seiler*, Tatbestand der negotiorum gestio, S. 117, m.w.N.; vgl. noch *Schulz*, Geschichte der römischen Rechtswissenschaft, S. 269 f.

Seius aus Auftrag oder Geschäftsführung sowie zwischen Titius und dem Dritten aus Auftrag. Begründet wird diese Entscheidung nicht. Bei einer zusätzlichen Haftung des von Titius beauftragten Dritten gegenüber dem Geschäftsherrn Seius würde sich leicht eine „unbillige Doppelhaftung" ergeben können, da der beauftragte Dritte den Herausgabeansprüchen sowohl des Auftraggebers Titius als auch des Geschäftsherrn Seius ausgesetzt wäre.[143] Um dies zu vermeiden, wurde die Geschäftsführungsklage nicht gegeben. Außerdem gilt auch hier wieder der Grundsatz, daß die Geschäftsführungsklage bei Vorliegen eines Auftrags grundsätzlich ausgeschlossen ist.

Nach heutigem Recht kann sich ebenso wie in der vorhergehenden Stelle eine Haftung nur des Auftraggebers gegenüber dem Geschäftsherrn ergeben, wenn der ausführende Beauftragte lediglich Hilfsperson des Auftraggebers ist. Es ist andererseits aber auch möglich, das der Dritte das Geschäft für den Geschäftsherrn führen will und gleichzeitig eine eigene Verpflichtung erfüllt. Auch in diesen Fällen wird – zumindest von der Rechtsprechung – regelmäßig eine Geschäftsführung ohne Auftrag angenommen.[144] In der Literatur wird dies wegen des Konfliktes zur vertraglichen und bereicherungsrechtlichen Ausgleichsordnung überwiegend abgelehnt.[145] In jedem Fall wird man eine Haftung aus Geschäftsführung ohne Auftrag ablehnen müssen, wenn der Geschäftsführer in Erfüllung einer eigenen Verpflichtung handeln will und der weitere Fremdgeschäftsführungswille nicht erkennbar ist.[146] In der Digestenstelle sind keine Ausführungen zur Motivation des Beauftragten, insbesondere hinsichtlich seines Fremdgeschäftsführungswillens[147] gemacht. Man wird aufgrund der Ausführung eines objektiv fremden Geschäfts – dies kann man aufgrund der Formulierung im Fragment (negotia Seii) annehmen – unabhängig von der eigenen Verpflichtung des Beauftragten gegenüber dem Auftraggeber den Fall nach heutigem Recht dahingehend entscheiden, daß der Beauftragte bei entsprechendem Fremdgeschäftsführungswillen dem Geschäftsherr auch aus Geschäftsführung ohne Auftrag haftet. Der andere Fall, daß der Beauftragte hier

---

[143] Vgl. *Seiler*, Tatbestand der negotiorum gestio, S. 117.

[144] BGH, Urteil vom 21. Oktober 1999. BGHZ 143, 9; Urteil vom 20. Juni 1963, BGHZ 40, 28; *Sprau* in: Palandt, § 677 Rdnr. 7.

[145] *Sprau* in: Palandt, § 677 Rdnr. 7, m.w.N.; *Medicus*, BR Rdnr. 414.

[146] OLG Saarbrücken, Urteil vom 7. Mai 1997, NJW 1998, 828 (829), m.w.N.; LG Köln, Urteil vom 11. Juli 1990, NJW 1991, 2354 (2355); *Sprau* in: Palandt, § 677 Rdnr. 7, m.w.N.

[147] Ob die römischen Juristen eine Unterscheidung zwischen objektivem und subjektivem Tatbestand und einen Fremdgeschäftsführungswillen kannten und insbesondere letzteren als wesentliche Voraussetzung der negotiorum gestio erachteten, ist umstritten, aber wohl zu verneinen; vgl. *Seiler*, Tatbestand der negotiorum gestio, S. 21 f., ferner S. 18 f. sowie S. 37 f.; ferner *Mayer-Maly*, SZ 86 (1969), S. 426. Siehe hierzu auch noch nachfolgend im Text.

keinen Fremdgeschäftsführungswillen hinsichtlich des Geschäftsherrn hat, wird im Folgenden noch zu besprechen sein.[148]

cc) D.3.5.3.11

In der Digestenstelle 3.5.3.11 findet sich ein Fall nach Ulpian, in dem der (in dieser Arbeit so genannte) Dritte sowohl auf eigene Veranlassung als auch nachfolgend aufgrund eines Auftrages handelt und beide Klagen, aus Auftrag und Geschäftsführung, erhält.

> Ulpianus libro decimo ad edictum
> Apud Marcellum libro secundo digestorum quaeritur, si, cum proposuissem negotia titii gerere, tu mihi mandaveris ut geram, an utraque actione uti possim? et ego puto utramque locum habere. quemadmodum ipse Marcellus scribit, si fideiussorem accepero negotia gesturus: nam et hic dicit adversus utrumque esse actionem.
> Ulpian[149] im 10. Buch zum Edikt
> Bei Marcellus[150] im 2. Buch seiner Digesten wird folgende Frage aufgeworfen: Wenn du, nachdem ich mich entschlossen hatte, Geschäfte des Titius zu führen, mich beauftragt hast, sie zu führen – kann ich dann beide Klagen anstrengen? Und ich meine, daß beide Klagen Platz greifen. So wie das auch Marcellus für den Fall schreibt, daß ich Geschäfte führen will und dafür einen Bürgen annehme. Denn auch in dem Fall, sagt er, ist gegen beide [den Geschäftsherrn und den Bürgen] eine Klage gegeben.

---

[148] Vgl. unten, B. V. 1. und 2, sowie u.a. auch B. V. 2. a) aa) (2).

[149] Von Domitius Ulpianus ist uns am meisten überliefert (*Liebs*, S. 60). Geboren wurde er etwa 170 n. Chr. in Tyros im heutigen Südlibanon (*Liebs*, S. 60; *Dulckeit/Schwarz/Waldstein*, § 34 III 2. b), S. 267). Unter Septimius Severus wurde er zwischen 202 und 205 n. Chr. Leiter der Kanzlei a libellis, des kaiserlichen Justizbüros, welche Stellung er bis 209 innehatte (*Giaro* in: Pauly, Band 12/1, 980; *Liebs*, S. 61; *Dulckeit/Schwarz/Waldstein*, § 34 III 2. b), S. 267). Nach Caracallas Tod verbannt, wurde er unter Eleagabal 222 n. Chr. praefectus annonae, Leiter der Lebensmittelversorgung, im gleichen Jahr dann unter Alexander Severus auch Prätorianerpräfekt (*Dulckeit/Schwarz/Waldstein*, § 34 III 2. b), S. 267; *Giaro* in: Pauly, Band 12/1, 980; *Liebs*, S. 61; vgl. *Wenger*, § 76 IV, S. 519). Er wurde 223 n. Chr. (*Dulckeit/Schwarz/Waldstein*, § 34 III 2. b), S. 267; *Giaro* in: Pauly, Band 12/1, 980; *Liebs*, S. 61), eventuell auch erst 228 n. Chr. (*Wenger*, § 76 IV, S. 519) bei einem Aufstand der Prätorianergarde ermordet. Er schrieb ca. 200 Buchrollen, darunter Kommentare zum ius civile des Sabinus und zum Edikt sowie ein Institutionenwerk für den Rechtsunterricht (*Dulckeit/Schwarz/Waldstein*, § 34 III 2. b), S. 267).

[150] Ulpius Marcellus, römischer Jurist ritterlicher Herkunft des 2. Jahrhunderts n. Chr., war Konsiliar des Antonius Pius sowie des Marcus Aurelius. Er verfaßte ca. 31 Bücher (Digesta) sowie Kommentare und als erstes dieser Art ein Werk über das Amt der Konsuln.

Seuffert[151] führt diese Stelle als Beleg dafür an, daß die Grundsätze der Geschäftsführung ohne Auftrag Anwendung finden, wenn der Geschäftsführer „zur Besorgung der Geschäfte von einem Dritten beauftragt war". Der Geschäftsführer (hier wäre es nach der vorgesehenen Terminologie der Dritte, da auf den Handelnden abzustellen ist) wird von einem anderen beauftragt und steht zu diesem in einem Mandatsverhältnis. Zugleich tritt er gegenüber dem Geschäftsherrn als negotiorum gestor auf. Auch *Dernburg*[152] erwähnt die Stelle entsprechend. Bei *Thibaut*[153] wird diese Stelle ebenfalls in diesem Sinne behandelt. Bei diesem Fall handelt es ich jedoch um einen Verstoß gegen die Regel, daß eine Geschäftsführungsklage bei Vorliegen eines Mandats ausgeschlossen ist.[154] Die Vorschrift ist als – aufgrund der ersichtlichen Zweifel der Juristen deutlich erkennbare – Ausnahme und damit als Bestätigung der Regel aufzufassen.[155] Sie kann daher nicht zur weiteren Auslegung herangezogen werden. Außerdem behandelt sie nicht das – hier interessierende – Verhältnis des Geschäftsherrn zum Geschäftsführer, sondern lediglich jeweils das Verhältnis des Dritten zu diesen.

dd) Weitere Digestenstellen und Zusammenfassung

Weitere Stellen zur Geschäftsführung finden sich nicht, lediglich zum Auftrag. Zu den vorhergehenden Stellen paßt die Digestenstelle D.11.7.14.15, welche im Drei-Personen-Verhältnis nicht dem ausführenden Beauftragten, sondern dem Auftraggeber eine Klage gegen den Begünstigten gibt. Wesentlich für diese Arbeit ist jedoch nur der erste Satz.

> Ulpianus 25 ad ed.
> Qui mandatu alterius funeravit, non habet funerariam actionem, sed is scilicet, qui mandavit funerandum sive solvit ei cui mandavit sive debet.
> Wer im Auftrag eines anderen ein Begräbnis vorgenommen hat, hat die Begräbnisklage nicht; vielmehr hat sie natürlich derjenige, der den Auftrag zur Bestattung erteilt hat (vgl. D.3.5.20.3, D.3.5.27, D.17.1.22.10), mag er dem Beauftragten bereits Zahlung geleistet haben oder sie ihm noch schuldig sein.

Wie sich bereits an den Anmerkungen bei *Behrends u.a.* zeigt, regelt diese Stelle Ähnliches wie die vorangegangenen Stellen.

---

151 § 342, S. 234, Fußnote 4.
152 § 122, S. 334.
153 Abh. 20, S. 468.
154 Vgl. *Seiler*, Tatbestand der negotiorum gestio, S. 124 f., S. 130, S. 143 und S. 327.
155 Vgl. *Seiler*, Tatbestand der negotiorum gestio, S. 125 f.

Wie die vorgehende Stelle beschreibt auch die Stelle D.17.1.21 einen Fall aus dem Auftragsrecht. Der Beauftragte hat keine Ansprüche gegen den Begünstigten, für den er im vorliegenden Fall gebürgt hat, sondern eine Auftragsklage nur gegen den Auftraggeber.

> Ulpianus 47 ad sab.
> Cum mandatu alieno pro te fideiusserim, non possum adversus te habere actionem mandati, quemadmodum qui alienum mandatum intuitus spopondit.
> Ulpian im 47. Buch zu Sabinus
> Wenn ich im Auftrag eines anderen für dich gebürgt habe, kann ich gegen dich die Auftragsklage nicht haben, ebenso wie derjenige, der mit Rücksicht auf den Auftrag eines anderen ein Schuldversprechen abgegeben hat (vgl. D.17.1.53).

Die genannten Digestenstellen, insbesondere D.3.5.20.3 und D.3.5.27, aber auch D.11.7.14.15 und D.17.1.21, zeigen, daß auch im römischen Recht bereits Handlungen Dritter im Rahmen einer Geschäftsführung ohne Auftrag oder eines Auftrages eine Rolle gespielt haben. Sie zeigen ferner, daß der Geschäftsführer für Handlungen seiner Leute einstehen mußte. Bei der Digestenstelle D.3.5.20.3 wird zudem zugleich ein Auswahlverschulden erwähnt, welches zu einem Schadensersatzanspruch führt. Hier gibt es bereits Anklänge zur culpa in eligendo und damit zum heutigen § 664 und ebenfalls zu § 831 BGB auch im Recht der Geschäftsführung ohne Auftrag. Die Stelle D.3.5.27 gibt in einem Dreipersonenverhältnis jeweils dem Geschäftsherrn und dem Geschäftsführer Ansprüche gegeneinander. Der Dritte, welcher im Auftrag des Geschäftsführers gehandelt hat, hat entsprechende Ansprüche aus Auftrag gegen den Geschäftsführer. Der Dritte als Handelnder wird somit im Verhältnis des Geschäftsherrn zum Geschäftsführer nicht berücksichtigt. Hier bestehen vielmehr nur Ansprüche zwischen Geschäftsführer und Geschäftsherr.

b) Pandektistik

In der Pandektistik wird im Wesentlichen nicht mehr ausgeführt als bereits im römischen Recht. Teilweise werden die bereits zitierten Digestenstellen

D.3.5.3.11, D.3.5.20.3 und D.3.5.27 erwähnt.[156] Teilweise werden diesbezüglich auch keine Ausführungen gemacht.[157]

Kritz[158] stellt in seinem Buch, welches sich auch mit den verschiedenen Gesetzgebungen in Frankreich, Österreich und Deutschland auseinandersetzt, das Allgemeine Preußische Landrecht (ALR) im Vergleich zum römischen Recht dar. So stellt er dar, daß das ALR in dem Fall der Stelle D.3.5.3.11 keine Ansprüche aus Geschäftsführung ohne Auftrag gebe. Die §§ 228, 229 ALR verbieten eine Einmischung in Geschäfte anderer und machen den Geschäftsführer für sämtliche Folgen verantwortlich. Der Geschäftsführer soll nach §§ 230-232 ALR einen Bereicherungsanspruch haben. Nach §§ 234 ff. ALR hat jedoch der Geschäftsführer einen Anspruch auf Ersatz seiner Aufwendungen, wenn er lediglich zur Abwendung eines Schadens handelt und die Genehmigung seitens des Geschäftsherrn zu erwarten war. Nach § 239 ALR führt die Genehmigung zu einem Auftragsverhältnis. Soll dem Geschäftsherrn nur ein Vorteil gesichert werden, so haftet der Geschäftsführer nach § 245 ALR auch für „geringes Versehen". Handelt der Geschäftsführer wissentlich gegen den Willen des Geschäftsherrn, so haftet er nach § 249 ALR auch für zufällige Schäden. Das Handeln für Dritte oder von Dritten wird aber auch hier nicht angesprochen. Im übrigen weicht das ALR in diesem Bereich wenig von dem römischen Recht und auch dem BGB ab.

Nach der Pandektistik ergeben sich somit keine weitergehenden Ansprüche als nach dem römischen Recht, was aufgrund der Verbindungen grundsätzlich nicht verwunderlich ist. Insbesondere wird ein Drittbezug nicht problematisiert. Die Geschäftsführungsklage wird häufig auch im Zusammenhang mit dem Bereicherungsrecht oder der Stellvertretung[159] behandelt.

c) Gesetzgebung des 19. Jahrhunderts

aa) Das Bürgerliche Gesetzbuch für das Königreich Sachsen von 1863/1865, welches zugleich als Beispiel für das gemeine Recht dienen kann, gab dem Geschäftsherrn in § 1339 Ansprüche aus Geschäftsführung ohne Auftrag auch

---

[156] *Windscheid*, Lehrbuch des Pandektenrechts, 7. Aufl., Frankfurt am Main 1891, § 431; *Keller/Lewis*, Pandekten, S. 37; *Dernburg*, Pandekten, 6. Auflage, Berlin 1900, S. 334; *Arndts von Arnesberg*, S. 565; *Brinz*, Lehrbuch der Pandekten, S. 651; *Seuffert*, Praktisches Pandektenrecht, Zweiter Band, § 342, S. 234, Fußnote 4; *Thibaut*, Civilistische Abhandlungen, Abh. 20, S. 468.

[157] *Puchta*, Pandekten, 12. Auflage, Leipzig 1877; *Pagenstecher*, Pandekten-Praktikum, Heidelberg 1860; *Möhler*, Pandektenrepititorium, 2. Auflage, Schwerin 1860.

[158] *Kritz*, Pandectenrecht, Erster Band, Erster Teil, Meissen 1835, S. 423 ff.

[159] Vgl. hierzu *Zimmermann*, Die Lehre von der stellvertretenden Negotiorum Gestio, Straßburg 1876.

dann, wenn der Auftrag zur Geschäftsführung von einem anderen stammt.[160] Im Rahmen der Geschäftsführung ohne Auftrag sollte es bei der Ausführung gleichgültig sein, ob das Geschäft von dem Geschäftsführer selbst oder anderen ausgeführt wird.[161] Für den Einsatz Dritter haftet der Geschäftsführer nur aus culpa in eligendo.[162] Bei einem Zusammenwirken mehrerer Geschäftsführer sollten diese gemäß § 1350 als Gesamtschuldner haften.[163]

bb) Der Vorentwurf der Redaktoren zum BGB enthält zum Schuldrecht ein Kapitel über die Geschäftsführung ohne Auftrag. Ein Fall mit Drittbezug ist in § 235 Abs. 2 geregelt:

> „Befaßt sich Jemand wissentlich mit der Besorgung eines an sich fremden Geschäftes ohne Auftrag und Amtspflicht, so haftet er Demjenigen, dessen Geschäft es ist, nach Maßgabe der Bestimmungen der §§ 233[164] und 234[165] als Geschäftsführer ohne Auftrag, auch wenn er in eigenem

---

[160] § 1339: „Ohne Auftrag werden fremde Geschäfte geführt, wenn kein Auftrag vorhanden, oder der Auftrag ungültig, oder ein Auftrag zwar vorhanden, dieser aber nicht von dem Geschäftsherrn ertheilt oder nicht an den Geschäftsführer gerichtet ist. Es macht keinen Unterschied, ob der Geschäftsführer weiß, daß er nicht beauftragt ist, oder ob er irrig glaubt, daß er Auftrag habe."

[161] *Wengler/Brachmann (Hrsg.)*, S. 537 f. und Fußnote 6.

[162] *Wengler/Brachmann (Hrsg.)*, S. 541, Fußnote zu § 1346.

[163] § 1350: „Mehrere Geschäftsführer, welche die Geschäftsführung gemeinschaftlich übernommen haben, haften als Gesammtschuldner. (§§ 1019 bis 1037.)"

[164] § 233: „Unternimmt Jemand die Besorgung des Geschäftes eines Anderen, ohne von diesem damit beauftragt oder von Amtswegen dazu berufen zu sein, so haftet er dem Geschäftsherrn selbst für geringe Fahrlässigkeit, ausgenommen wenn er in einem Nothfalle zur Abwendung eines dem Geschäftsherrn ohne seine Dazwischenkunft drohenden Nachtheils gehandelt hat, in welchem Falle er nur für absichtliche Verschuldung und grobe Fahrlässigkeit haftet.
Hat der Geschäftsführer gegen das Verbot des Geschäftsherrn ohne einen der in § 239 zugelassenen Rechtfertigungsgründe mit der Geschäftsführung sich befaßt, oder ein fremdes Geschäft in rechtswidriger Absicht als eigenes behandelt, so haftet er auch für den Zufall, es würde denn dieser erweislich auch ohne seine Einmischung den Geschäftsherrn getroffen haben."

[165] § 234: „Der Geschäftsführer ist verpflichtet, das von ihm unternommene Geschäft nebst Allem, was damit in nothwendigem Zusammenhang steht, zu Ende führen. Er hat dem Geschäftsherrn Rechenschaft über die Geschäftsführung abzulegen und Alles, was aus der Geschäftsführung in seine Hände gekommen ist, herauszugeben, insbesondere auch die auf eigenen Namen erworbenen Forderungen abzutreten.
Hat der Geschäftsherr Gelder des Geschäftsherrn in eigenem Nutzen verwendet, so ist er von dem Zeitpunkte der Verwendung an zu der Verzinsung verpflichtet, unbeschadet seiner Verbindlichkeit zum Ersatze eines dem Geschäftsherrn erweislich entstandenen größeren Schadens. Dies findet auch entsprechende Anwendung, wenn der Geschäftsführer die verzinsliche Anlegung von Geldern schuldhaft versäumt hat."

Interesse, oder im Auftrag oder im Interesse eines Anderen als des Geschäftsherrn oder im Irrthum über die Person desselben, oder, während das Geschäft an sich Mehrere anging, nur für einen oder einige derselben gehandelt, oder das fremde Geschäft in rechtswidriger Absicht als eigenes behandelt hat."

Nach § 235 Abs. 2 des Vorentwurfes sollte somit der Geschäftsherr einen Anspruch gegen den Dritten erhalten, nicht gegen den Geschäftsführer. Dies sollte auch für den Fall gelten, daß der Dritte zuvor von einem anderen (dem Geschäftsführer) zur der Geschäftsführung beauftragt wurde. Dies entsprach jedoch nicht mehr dem römischen Recht, nach welchem grundsätzlich der Auftraggeber dem Geschäftsherrn gegenüber haftet sowie Ansprüche erwirbt. Dies mag sich daraus erklären, daß das BGB zumindest in seinen ersten Entwürfen im Wesentlichen auf das Bürgerliche Gesetzbuch für das Königreich Sachsen von 1863/1865 zurückgeht. Dieses Gesetzbuch ist jedoch sehr stark an das gemeine Recht angelehnt.

Hier ist jedoch festzuhalten, daß in den ersten Entwürfen zum BGB eine dem römischen Recht entgegengesetzte Lösung vertreten wurde. Andererseits wurde über die Haftung des Geschäftsführers gegenüber dem Geschäftsherrn nicht entschieden. Eventuelle Ansprüche in dieser Beziehung wurden nicht problematisiert. Eventuell bestand aus der Sicht der Redaktoren hierfür auch kein Grund mehr, nachdem der Dritte dem Geschäftsherrn gegenüber verpflichtet und berechtigt war. Zudem konnte sich der Dritte selbst auch wieder an den Geschäftsführer wenden, wenn er von diesem beauftragt war. War er nicht beauftragt, so bestanden in jedem Fall nur Ansprüche in dem Verhältnis des Dritten zum Geschäftsherrn. In diesen Fällen lag aber auch nur ein Zweipersonenverhältnis vor.

cc) Im Ersten Entwurf zum BGB wurde die Geschäftsführung ohne Auftrag in den §§ 749 ff. behandelt. Hier finden sich auch Vorschriften über die Behandlung von Dritten.

§ 759 des 1. Entwurfes zum BGB lautet:

> Die Anwendung der Vorschriften der §§ 749-758 wird dadurch nicht ausgeschlossen, daß der Geschäftsführer zu der Geschäftsbesorgung durch ein eigenes Interesse oder durch das Interesse eines Dritten bestimmt worden ist.

Nach dem ersten Entwurf gab es somit eine Regelung, in welcher eine dritte Person angesprochen wurde. Es wurde eine Regelung dahingehend getroffen, daß der Ausführende allein haftet, nicht dagegen der Dritte. Allerdings behandelte § 759 des Vorentwurfes auch nur die Frage, was bei einem Interesse einer dritten Person geschehen solle. Nicht behandelt wird jedoch die Frage, welche Ansprüche entstehen, wenn die dritte Person den Ausführenden, den der Vorentwurf als Geschäftsführer bezeichnet, direkt beauftragt. § 759 behandelt damit nur die Motivlage bei dem Ausführenden.

§ 760 des 1. Entwurfes zum BGB lautet:

> „Wenn jemand ein fremdes Geschäft im Auftrage eines Dritten besorgt, so wird ihm der Geschäftsherr und er dem letzteren aus der Geschäftsbesorgung nicht verpflichtet, es sei denn, daß er zugleich in der Absicht gehandelt hat, als Geschäftsführer des Geschäftsherrn das Geschäft zu besorgen.“

Nach dieser Vorschrift würde es sich nur um eine Geschäftsführung ohne Auftrag handeln, wenn der Dritte zugleich für den Geschäftsführer und den Geschäftsherrn tätig werden würde. Nach dieser Vorschrift wären somit keine Ansprüche aus den Vorschriften über die Geschäftsführung ohne Auftrag gegeben, wenn der Dritte nicht für den Geschäftsherrn handeln will. Dann sind nur Ansprüche des Dritten gegen den Geschäftsführer aus Auftrag oder ähnlichem Recht gegeben.[166] § 760 des 1. Entwurfes behandelte folglich nur die Ansprüche zwischen Handelndem und Geschäftsherrn für den Fall, daß der Handelnde sich auch dem Geschäftsherrn verpflichten wollte. Von einem Anspruch des Geschäftsherrn gegen den Geschäftsführer oder auch gegen den Dritten, wenn dieser nicht für beide, sondern nur für den Geschäftsführer handeln möchte, handelte diese Vorschrift nicht.

Zweck der Vorschrift war es auch hauptsächlich, das Verhältnis zwischen dem Dritten und dem Geschäftsherrn klarzustellen.[167] Wenn der Dritte nur für den Geschäftsführer handelte, sollten die Vorschriften über die Geschäftsführung ohne Auftrag nicht anwendbar sein, wenn er dagegen auch für den Geschäftsherrn handelte, sollten die Vorschriften über die Geschäftsführung ohne Auftrag wieder anwendbar sein.[168] Hierbei wurde streng unterschieden zwischen einer Handlung im eigenen Interesse und dem Fall, daß „jemand ein fremdes Geschäft in rechtswidriger Absicht als eigenes behandelt“.[169] Man ging davon aus, daß der Dritte in der Regel immer auch einen eigenen Vorteil anstrebt.[170]

---

[166] Motive II zu § 760, S. 869.
[167] Vgl. *Mugdan* II, S. 1202, IV.
[168] Vgl. Motive II zu § 760, S. 869.
[169] *Mugdan* II, S. 485, 1.
[170] *Mugdan* II, S. 485, 1.

Wenn nun aber das Interesse des Geschäftsherrn mitbestimmend war, so wollte man die Vorschriften über die Geschäftsführung ohne Auftrag nicht ausschließen.[171] § 760 des 1. Entwurfes sollte somit nur das Verhältnis zwischen Dritten und Geschäftsherr in dem Fall klarstellen, in dem der Dritte im Auftrag des Geschäftsführers handelte. Das Problem der Drittwirkung wurde nicht gesehen und daher nicht gelöst. § 760 des 1. Entwurfes betraf somit an sich zwar den Fall der drittwirkenden Geschäftsführung, sagte aber nichts aus über die Ansprüche des Geschäftsherrn gegen den Geschäftsführer oder den Dritten, wenn der Dritte nur für den Geschäftsführer handeln wollte. Nur im Fall der Handlung auch für den Geschäftsherrn werden Ansprüche aus Geschäftsführung ohne Auftrag zugestanden.

Immerhin ist hiermit aber festgehalten, daß der Beauftragte, der gegenüber dem Geschäftsherrn das Geschäft ausführt, auch in Anspruch genommen werden kann. Nicht der Auftraggeber sollte hier mit dem Geschäftsherrn sich auseinandersetzen, sondern der Ausführende sollte, obwohl er auch Beauftragter war, den Ansprüchen des Geschäftsherrn ausgesetzt sein und gleichzeitig Ansprüche gegen diesen haben. Nach römischen Recht (D.3.5.20.3.) sollte dagegen nur der Auftraggeber haften, wenn er allein die Geschäftsführung ohne Auftrag veranlaßt hat. Gleiches wird auch durch die Stelle D.3.5.27 festgehalten, nach der sich nur zwischen dem Auftraggeber und dem Geschäftsherrn auf der einen Seite sowie dem Geschäftsführer und dem Dritten auf der anderen Seite Ansprüche ergeben können. Hat allerdings der Dritte den Auftrag erst erhalten, als er sich bereits zu der Geschäftsführung entschlossen hatte, bestehen nach D.3.5.3.11 Ansprüche zusätzlich auch zwischen dem Geschäftsherrn und dem Dritten aus Geschäftsführung ohne Auftrag. Der Dritte haftet dann sowohl gegenüber dem Geschäftsführer als auch gegenüber dem Geschäftsherrn und ihm stehen nach römischem Recht beide Klagen – gegen Geschäftsherr und Geschäftsführer - zu. Hier zeigt sich wieder ein deutlicher Unterschied zwischen dem römischen Recht und den Entwürfen zum BGB.

§ 759 des 1. Entwurfes wurde gestrichen und war in sämtlichen der nachfolgenden Entwürfe nicht mehr enthalten. Man betrachtete ihn als entbehrlich, da das Interesse des Ausführenden nur seinen Beweggrund darstelle und daher unbeachtlich sei.[172] Auch § 760 des 1. Entwurfes wurde bereits im 2. Entwurf wieder gestrichen. Grund für die Streichung war seine angeblich geringe praktische Bedeutung[173].

---

[171] *Mugdan* II, S. 485, 1.
[172] *Mugdan* II, S. 1202.
[173] *Mugdan* II, S. 1202; *Jakob/Schubert*, S. 166.

Die Geschichte der Geschäftsführung ohne Auftrag kann somit keine Aufschlüsse geben. So behandeln das römische Recht und die Entwürfe die Fälle jeweils unterschiedlich. Es ist jedoch zumindest festzuhalten, daß nach dem ersten Entwurf zum BGB der Dritte als Ausführender der Geschäftsführung ohne Auftrag und der Geschäftsherr gegeneinander Ansprüche aus der Geschäftsführung ohne Auftrag haben sollten.

2. Geschäftsanmaßung

a) Römisches Recht

Ursprünge der Geschäftsanmaßung finden sich schon im römischen Recht. Die Geschäftsanmaßung nach § 687 Abs. 2 BGB findet ihr historisches Vorbild in der Digestenstelle D. 3.5.5.5. (*Ulpian*)[174] und stellt den klassischen Fall der unechten Geschäftsführung beziehungsweise unerlaubten Eigengeschäftsführung dar.

> Idem libro decimo ad edictum
> Sed et si quis negotia mea gessit non mei contemplatione, sed sui lucri causa, Labeo scripsit suum eum potius quam meum negotium gessisse (qui enim depraedandi causa accedit, suo lucro, non mea commodo studet): sed nihilo minus, immo magis et is tenebitur negotiorum gestorum actione. Ipse tamen si circa res meas aliquid impenderit, non in id quod ei abest, quia improbe ad negotia mea accessit, sed in quod ego locupletior factus sum habet contra me actionem.

Unter der Stelle L. 6. § 3. D. h.t. 3.5. findet sich bei *Otto/Schilling/Sintenis*[175] folgende Übersetzung:

> Aber auch, wenn Jemand meine Geschäfte nicht aus Rücksicht auf mich geführt hat, sondern um seines Gewinns willen, so hat Labeo geschrieben, habe er vielmehr sein, als mein Geschäft geführt; denn wer um Profit zu machen sich damit befasst, der befleissigt sich seines Gewinns, nicht meines Vortheils. Aber nicht desto weniger wird auch er durch die Geschäftsführungsklage gehalten sein. Er selbst jedoch hat, wenn er in Ansehung meiner Sachen etwas aufgewendet haben sollte, nichts auf das, was ihm fehlt, weil er unredlich an meine Geschäfte gegangen ist, sondern nur in soweit ich reicher geworden bin, die Klage gegen mich.

Von *Behrends/Knütel/Kupisch/Seiler*[176] wird die Stelle als D. 3.5.5.5. wie folgt übersetzt:

---

[174] Zu Ulpian siehe oben, B. III. 1. a) cc).

[175] *Otto/Schilling/Sintenis* (Hrsg.), Das Corpus Juris Civilis, Erster Band, Leipzig 1839; hier sieht man ebenfalls die unterschiedliche Art der Fundstellenangabe.

Derselbe im 10. Buch zum Edikt
Doch auch wenn jemand meine Geschäfte nicht im Hinblick auf mich geführt hat, sondern um seines eigenen Vorteils willen, dann habe er, hat Labeo[177] geschrieben, zwar eher sein eigenes als mein Geschäft geführt (wer nämlich ein Geschäft übernimmt, um einen anderen auszuplündern, ist auf seinen Gewinn aus und nicht auf meinen Nutzen). Aber nichtsdestoweniger, ja um so mehr haftet auch dieser mit der Geschäftsführungsklage. Er selbst jedoch hat, wenn er etwas für meine Angelegenheiten aufwendet, nicht in der Höhe seiner Auslagen eine Klage gegen mich - da er sich unredlich mit meinem Geschäft befaßt hat -, sondern nur in der Höhe des Betrags, um den ich bereichert bin.

Dieses Fragment befand sich ursprünglich – wie auch die Stelle Ulp. D.3.5.20.3 – im 10. Buch zum Edikt des Ulpian unter dem Titel „De negotiis gestis".[178] Die Stelle betreffend Labeo wird weitestgehend für echt gehalten.[179] Umstritten sind die Stellungnahme Ulpians[180] sowie die Haftung des Geschäftsherrn auf Herausgabe der Bereicherung am Ende.[181]

In diesem Fragment behandelt jemand ein fremdes Geschäft als eigenes. Es stellt sich den römischen Juristen die Frage, welche Klagen in diesem Fall gegeben sind. Nach Labeo sollte keine Geschäftsführungsklage gegeben sein, da der Geschäftsführer eher ein eigenes Geschäft führe als das des Geschäftsherrn, denn er sei auf seinen eigenen Gewinn aus und nicht auf den Nutzen des Geschäftsherrn. Nach Ulpian ist dennoch die Geschäftsführungsklage gegeben. Eine Begründung Ulpians kann man allenfalls in den weiteren Ausführungen

176 *Behrends/Knütel/Kupisch/Seiler*, Corpus Juris Civilis, Text und Übersetzung, Band II, Digesten 1-10, Heidelberg 1995.

177 M. Antistius Labeo, Schüler des Trebatius Testa, geboren um 50 v. Chr. und verstorben ca. 22 n.Chr. (*Giaro* in: Pauly, Band 1, 797; *Wenger*, S. 496). Er war wohl Lehrer des Proculus, dem ersten Haupt der Prokulianischen Rechtsschule. Obwohl Anhänger der senatorischen Opposition gegen das Prinzipat, wurde er von Augustus in Kommissionen berufen (vgl. *Liebs*, S. 52; *Giaro* in: Pauly, Band1, 797). Er verfaßte ca. 400 Buchrollen, welche in der hochklassischen Jurisprudenz häufig genutzt wurden (*Giaro* in: Pauly, Band1, 797: vgl. auch *Liebs*, S. 52).

178 Vgl. *Lenel*, Palingenesia II, 456.

179 Vgl. *Seiler*, Tatbestand der negotiorum gestio, S. 18, Fußnote 13, m.w.N.

180 Vgl. *Seiler*, Tatbestand der negotiorum gestio, S. 30.

181 Vgl. *Kaser*, Das römische Privatrecht 1, § 137 1., II. 2., S. 588, m.w.N.; *ders.*, Das römische Privatrecht 2, § 268 II 2., S. 418, Fußnote 26, m.w.N.; *Seiler*, Tatbestand der negotiorum gestio, S. 29 Fußnote 36, m.w.N.; nach *Schulz*, Geschichte der römischen Rechtswissenschaft, S. 247, ist Ulpians Kommentar zum Edikt in frühnachklassischer Zeit (Ende 3. Jh. / Anfang 4. Jh.) „in mannigfacher Weise überarbeitet worden". Für eine Interpolation auch *Niederländer*, S. 121 f., Fußnote 38, m.w.N.

sehen, die den Geschäftsführer als unredlich (improbe) bezeichnet. Eine weitere Begründung findet sich – auch im ursprünglichen Zusammenhang der Textstelle – nicht.

Vorliegend ist davon auszugehen, daß Labeo unter Berücksichtigung der erwähnten Stelle Ulp. D.3.5.1[182] die Geschäftsführung auf die Fälle reduziert, in denen ein fremdes Geschäft als fremdes Geschäft zum Nutzen des Geschäftsherrn geführt wird. Wenn nun ein fremdes Geschäft nicht als fremdes, sondern als eigenes geführt wird, kann nach Labeo mangels fremden Geschäfts (negotium alienum) keine Geschäftsführungsklage gegeben sein. Im späteren Recht, welches in den Digesten als das des Ulpian dargestellt wird, findet sich dieser Gedanke der Nützlichkeit nicht mehr; hier wird vielmehr auch die eigennützige Geschäftsführung der Geschäftsführungsklage unterstellt.[183] Hinzu kommt, daß eine Unterscheidung nach dem Fremdgeschäftsführungswillen getrennt von der Fremdheit des Geschäfts nach römischem Recht nicht vorgenommen wurde.[184] Ein Fremdgeschäftsführungswille war zur Annahme einer Geschäftsführung nicht zwingend erforderlich, zwischen objektivem und subjektivem Tatbestand bei der Geschäftsführung wurde nicht unterschieden.[185]

Nach heutigem deutschem Recht haftet der Geschäftsführer dem Geschäftsherrn bei Behandlung eines fremden Geschäfts als eigenem nach § 687 Abs. 2 BGB auf Herausgabe des Erlangten. Der Geschäftsherr muß dagegen dem Geschäftsführer das herausgeben, um was er bereichert ist. Dies entspricht der Entscheidung in der vorgenannten Digestenstelle, einschließlich der als Interpolation verdächtigten Bereicherungshaftung.

Über Fälle mit Drittwirkung findet sich im römischen Recht jedoch nichts. Es gibt zwar verschiedene Stellen, in denen dritte Personen vorkommen (z.B. 3.5.5.1: Irrtum über den Geschäftsherrn; 3.5.5.8: Geschäftsführung für einen Sklaven/Sohn; 3.5.13: erlaubte Geschäftsführung durch einen Haussohn oder Sklaven; 3.5.29: ein Beauftragter setzt einen Unterbeauftragten ein, der seine Aufgaben nur schlecht erfüllt; 3.5.48: der Käufer eines Sklaven haftet auf den Kaufpreis einer vom Sklaven beim Verkäufer gestohlenen und später durch den Käufer verkauften Sache aus der Geschäftsführungsklage). Alle diese Fälle be-

---

[182] Siehe oben, B. III. 1. a). Das Fragment gilt mittlerweile wieder als unverdächtig, vgl. *Mayer-Maly*, SZ 86 (1969), S. 422 f.
[183] Vgl. Vgl. *Seiler*, Tatbestand der negotiorum gestio, S. 330.
[184] Vgl. Vgl. *Seiler*, Tatbestand der negotiorum gestio, S. 19.
[185] Vgl. Vgl. *Seiler*, Tatbestand der negotiorum gestio, S. 18 f., 37 f. und 330; anderer Ansicht zur Notwendigkeit eines Fremdgeschäftsführungswillen *Mayer-Maly*, SZ 86 (1969), S. 426; vgl. ferner *Kaser*, Das Römische Privatrecht 1, § 137 1., II. 2., S. 588, Fußnote 17, m.w.N. zum Meinungsstreit.

handeln jedoch die rechtmäßige Geschäftsführung ohne Auftrag oder zumindest eine vermeintliche Eigengeschäftsführung. Fälle der Geschäftsanmaßung sind hier nicht gegeben. Allerdings wird die Vergleichbarkeit auch durch die Unterschiede der Rechtssysteme erschwert. So ist insbesondere die „Hausgewalt" des pater familias über die Gewaltunterworfenen (Ehefrau, Kinder und insbesondere Sklaven) nur schwer einzuordnen. Aber auch unter Berücksichtigung dieser Umstände ergeben sich keine Erkenntnisse für das vorliegende Problem. Von daher kann das römische Recht insofern keine Hilfestellung leisten.

b) Pandektistik

Windscheid[186] behandelt zwar die Geschäftsanmaßung an sich, nicht jedoch das Handeln dritter Personen im Rahmen einer Geschäftsanmaßung.[187]

Auch z.B. bei *Dernburg* wird lediglich erwähnt, daß es die Stelle D.3.5.5.5 gibt und daß nach dieser eine unechte negotiorum gestio gegeben sei mit den Ansprüchen der „echten" Geschäftsführung ohne Auftrag.[188]

Die Pandektistik behandelt das Problem der drittwirkenden Geschäftsanmaßung mithin nicht und läßt somit auch keine Schlüsse auf die Lösung zu.

c) Gesetzgebung des 19. Jahrhunderts

In der Gesetzgebungsgeschichte des 19. Jahrhunderts lassen sich ebenfalls Normen finden, die sich mit der Geschäftsanmaßung befaßten.

aa) Genannt werden soll hier als zeitlich erstes Gesetz das „Bürgerliche Gesetzbuch für das Königreich Sachsen von 1863/1865".

§ 1356 des Bürgerlichen Gesetzbuches für das Königreich Sachsen von 1863/1865 behandelt die Geschäftsanmaßung:

> „Wer die Geschäftsführung seines eigenen Vortheiles wegen besorgt, hat einen Anspruch auf Ersatz blos soweit der Geschäftsherr bereichert ist."

---

[186] *Windscheid* soll hier stellvertretend für den Bereich der Pandektistik herangezogen werden, da sein Lehrbuch „das in Theorie und Praxis gleichermaßen führende Werk über das Recht römischer Herkunft" war (*Schroeder*, JuS 2000, 1046 (1049)). Zudem findet sich z.B. bei *Puchta* keine Erwähnung der Geschäftsanmaßung. Behandelt wird dort nur die Geschäftsführung ohne Auftrag an sich (vgl. *Puchta* (12. Aufl.), Pandekten, §§ 327-329, S. 494 ff.).

[187] *Windscheid*, § 431, S. 571 ff.

[188] *Dernburg*, § 121, S. 332 und § 123, S. 339 f.

Diese Vorschrift stellt den klassischen Tatbestand der Geschäftsanmaßung dar: Jemand besorgt ein fremdes Geschäft zu seinem eigenen Nutzen. Allerdings wird in dieser Vorschrift nichts über einen Dritten gesagt. Erwähnt sind nur derjenige, der die Geschäftsführung seines eigenen Vorteils wegen besorgt, und der Geschäftsherr. Geklärt wird auch nur das Verhältnis der beiden zueinander. So geht es hier um Ansprüche des Handelnden gegen den Geschäftsherrn, was in etwa den Vorschriften der §§ 687 Abs. 2 Satz 2, 684 Satz 1 BGB entspricht, aber eben nicht um eine drittwirkende Geschäftsanmaßung und die Ansprüche des Geschäftsherrn gegenüber dem Dritten als Handelnden. Es werden noch nicht einmal die Ansprüche des Geschäftsherrn gegenüber dem Handelnden behandelt.

Möglich ist auch, daß diese Vorschrift dem heutigen § 687 Abs. 1 BGB entspricht. Auch derjenige, der ein fremdes Geschäft für sich führt, weil er es für ein eigenes hält, kann „die Geschäftsführung seines eigenen Vortheils wegen" besorgen. Allerdings setzt § 1356 sogleich die Erstattung voraus und behandelt deshalb hauptsächlich die Geschäftsanmaßung. Letztendlich kann dies jedoch dahinstehen, da so oder so kein Dreipersonenverhältnis behandelt wird.

Es gibt im Abschnitt über die Geschäftsführung ohne Auftrag aber auch Vorschriften, die sich grundsätzlich mit dritten Personen befassen. So beschäftigt sich z.B. § 1357 des Bürgerlichen Gesetzbuches für das Königreich Sachsen von 1863/1865 mit der Verwendung in den Nutzen eines anderen. Die Vorschrift lautet:

> „Die bloße Verwendung in den Nutzen eines Anderen giebt keinen Anspruch auf Erstattung, ausgenommen wenn der Andere die Verwendung genehmigt."

Diese Vorschrift geht auf das gemeine Recht zurück.[189] Sie betrifft aber auch wieder nur den Fall der vom BGB abgelehnten Versionsklage. Nutznießer der Handlung des Dritten ist hier nicht der Geschäftsherr, sondern ein anderer, der Geschäftsführer. Allerdings ist hier nicht der Fall gegeben, daß für die Verwendung in den Nutzen anderer ein fremdes Geschäft des Geschäftsherrn geführt wurde. Es wird vielmehr nur irgendein Geschäft geführt, welches einem Anderen einen Nutzen bringt. Auch eine tatsächliche Handlung kann danach genügen. Es handelt sich hier daher nicht um einen Fall der Drittwirkung einer Geschäftsanmaßung, sondern nur um einen Fall der Versionsklage. Allerdings wird hier nicht der Anspruch nach der Versionsklage gegeben; dann müßte derjenige, mit dem der Dritte das Geschäft abgeschlossen hat, welches dem

[189] Vgl. Motive II., S. 871, Fn. 1.

„Anderen“ Nutzen gebracht hat, einen Anspruch gegen den „Anderen“ erhalten. Hier wird aber nur der Anspruch des Dritten gegen den „Anderen“ auf Erstattung der Kosten des Geschäftsführers behandelt. Die Kosten des Dritten ergeben sich hierbei aus der Tätigung des Geschäfts mit einer hier nicht näher benannten Person zugunsten des „Anderen“. Beteiligte nach dieser Vorschrift sind nur der Dritte als Ausführender und der „Andere“.

Somit wird erneut nicht das Verhältnis des Geschäftsherrn zu dem Geschäftsführer bei Führung eines fremden Geschäfts behandelt, sondern nur das Verhältnis des Dritten zu dem „Anderen“. Der Dritte als Ausführender soll seine Verwendungen nur erstattet bekommen, wenn der „Andere“ sie genehmigt. Derjenige, mit dem das Geschäft getätigt wurde, hat ein normales Geschäft mit dem Dritten abgeschlossen. Er wollte das Geschäft mit dem Dritten abschließen. Der Dritte wollte es aber für den „Anderen“ abschließen und möchte nun seine Kosten erstattet haben. § 1357 sächs. BGB gibt dem Dritten als Ausführenden jetzt nur insofern einen Anspruch, als daß dieser seine Verwendung von dem „Anderen“ genehmigt bekommt. Es sind also drei Personen beteiligt, aber es liegt gerade keine Geschäftsanmaßung vor. § 1357 sächs. BGB behandelt zwar drei Personen, der Anspruch erfaßt aber nur das Verhältnis von zwei Personen, nämlich dem Drittem und dem Geschäftsherrn als „Anderen“. Die dritte Person wird vorausgesetzt, spielt aber keine Rolle. § 1357 sächs. BGB betrifft somit nicht den Fall einer drittwirkenden Geschäftsanmaßung.[190]

Die Vorschriften des Bürgerlichen Gesetzbuches für das Königreich Sachsen von 1863/1865 können somit keinen Aufschluß geben über die Behandlung einer Drittwirkung bei einer Geschäftsanmaßung.

bb) Nächstes zu untersuchendes Werk ist der „Dresdner Entwurf eines allgemeinen deutschen Gesetzes über Schuldverhältnisse von 1866“.
Der Dresdner Entwurf geht zurück auf einen Beschluß des Deutschen Bundes von 1862, zur Begründung der Rechtseinheit in Deutschland ein Obligationenrecht auszuarbeiten.[191] Der Entwurf trat jedoch nie in Kraft, bedingt durch den Zusammenbruch des Deutschen Bundes.[192]

Dieser Entwurf enthält nun in seinem fünften Hauptstück Vorschriften über die Geschäftsführung ohne Auftrag. In Art. 761 Satz 1 des Entwurfes heißt es:

---

[190] Dies stellt eher einen Fall des jetzigen § 179 BGB dar.
[191] *Schroeder*, JuS 2000, 1046 (1047); der Dresdner Entwurf orientierte sich streng an dem damaligen Stand der Pandektistik, vgl. *Seiler*, JZ 1967, 525 (528).
[192] *Schroeder*, JuS 2000, 1046 (1047).

„Hat der Geschäftsführer fremde Geschäfte anderer als der in Art. 760 bezeichneten Art, insbesondere solche Geschäfte, welche den Geschäftsherrn ohne Noth belasten, oder fremde Geschäfte nur um seines eigenen Vortheiles willen oder in dem Glauben, nur seine eigenen Geschäfte zu besorgen, geführt, so ist der Geschäftsherr nur insoweit, als er bereichert ist, dem Geschäftsführer zum Ersatze verpflichtet.“

Diese Vorschrift enthält wieder den klassischen Tatbestand der Geschäftsanmaßung, nämlich der wissentlichen Führung fremder Geschäfte zum eigenen Nutzen. Es wird bestimmt, daß der Geschäftsherr dem Geschäftsführer nur nach Bereicherungsgrundsätzen haftet. Eine dritte Person kommt in der Vorschrift aber nicht vor. Zudem werden nur Ansprüche des Geschäftsführers gegenüber dem Geschäftsherrn behandelt, nicht aber Ansprüche in die andere Richtung. Bei § 761 des Dresdner Entwurfs handelt es sich nur um eine Vorschrift, die der Regelung der §§ 687 Abs. 2 Satz 2, 684 Satz 1 BGB entspricht. Diese Vorschrift kann somit nichts über die Behandlung einer drittwirkenden Geschäftsanmaßung aussagen.

Art. 762 Absatz 2 des Entwurfes nennt ebenfalls nur die Pflichten des Ausführenden gegenüber dem Geschäftsherrn:

„Wegen Aenderungen, welche er (der Ausführende) in den Fällen des Art. 761 an Sachen des Geschäftsherrn vorgenommen hat, ist er zur Wiederherstellung in den vorigen Zustand und, sofern durch diese Veränderungen dem Geschäftsherrn ein Schaden erwachsen ist, diesem zum Ersatze verpflichtet.“

Hier zeigt sich eine gewisse Nähe zum Recht der unerlaubten Handlung. Der Ausführende wird zum Schadensersatz verpflichtet, insofern er durch seine Geschäftsanmaßung Schäden beim Geschäftsherrn verursacht hat. Aussagen über die möglichen Auswirkungen einer Drittwirkung werden aber hier ebenfalls nicht getroffen. Es wird wieder nur das lediglich zweiseitige Verhältnis von Geschäftsherr und Geschäftsführer (hier zugleich als Ausführendem) behandelt. § 762 behandelt den Fall der Geschäftsanmaßung und die daraus folgenden Ansprüche des Geschäftsherrn gegen den Geschäftsführer (als Ausführendem). Er gibt dabei dem Geschäftsherrn einen Anspruch auf Schadensersatz, soweit Sachen des Geschäftsherrn verändert wurden. Eine Herausgabepflicht wird nicht festgelegt.

Art. 767 des Entwurfes, in dem von einem Dritten die Rede ist, behandelt wiederum nur den Fall der Versionsklage:

„Ist in Folge eines von dem Geschäftsführer als solchem mit einem Dritten geschlossenen Geschäftes Etwas aus dem Vermögen des Letzteren in den Nutzen des Geschäftsherrn verwendet worden, so ist dieser, wenn er das Geschäft weder genehmigt hat, noch solches als für sich verbindend anerkennen muß, soweit er bereichert ist, dem Dritten zum Ersatz verpflichtet, ohne Unterschied, ob die Verwendung durch eine Vermehrung des Vermögens oder durch Ersparung von Auslagen bewirkt worden ist."

Der Geschäftsführer (hier als Ausführender verstanden) schließt mit einer anderen Person (vom Gesetz als Dritter bezeichnet) ein Geschäft, wodurch der Geschäftsherr bereichert wird. Der Geschäftsherr wird nun verpflichtet, diese Bereicherung an den Dritten zurückzugeben. Es ist also gerade kein Fall der Geschäftsanmaßung gegeben. Dies wird hier durch das Vorliegen eines Geschäftes zwischen Drittem und Geschäftsführer ausgeschlossen.[193] Solange der Dritte und der Geschäftsführer ein Geschäft abschließen, liegt keine Geschäftsanmaßung vor. Dies wäre nur der Fall, wenn der Geschäftsführer wissentlich und unberechtigt ein Geschäft des Dritten führen würde. Hier wird das Geschäft aber gerade zwischen dem Dritten und dem Geschäftsführer einverständlich vorgenommen. In § 767 des Dresdner Entwurfs wird vielmehr der typische Fall der Versionsklage geregelt.

Weitere Vorschriften, die zur Klärung herangezogen werden könnten, ergeben sich aus dem Dresdner Entwurf von 1866 nicht. Er kann somit nichts zur Aufklärung beitragen.

cc) Das BGB, welches nach mehrjähriger Beratung 1896 vollendet wurde und 1900 in Kraft trat, baut stark auf den beiden zuvor genannten Werken auf. So wird das sächsische BGB als „Vorbild und Grundlage für das BGB" bezeichnet.[194] Dies trifft auch auf den Dresdner Entwurf zu und erklärt sich aus der Entstehungsgeschichte des BGB: Als Redaktor für das Schuldrecht wurde 1874 *von Kübel* ernannt, der jedoch kurz nach Beginn seiner Arbeit erkrankte; der Erste Entwurf wurde somit von einer Vertretung unter Zeitnot bearbeitet.[195] Es schien daher notwendig, auf bereits vorhandene Werke zurückzugreifen, um die Arbeit noch in einer angemessenen Zeit zu beenden. So bemerkte der Kommissionsvorsitzende *von Pape* dann auch in der ersten Sitzung der Gesamtkommission im Oktober 1881: „Dieser Entwurf reproduziere im Allge-

[193] Siehe oben zur Versionsklage, B. II.
[194] *Buschmann*, JuS 1980, 553 (553 und 559).
[195] Vgl. *Hedemann*, S. 40 ff.; *Buschmann*, JuS 1980, 553 (559); Redaktor nach *von Kübel* war *von Mandry*.

meinen die Bestimmungen des Dresdner Entwurfs, ..."[196]. Als Grundlage für die Weiterarbeit diente somit der Dresdner Entwurf von 1866, zumindest was das Recht der Schuldverhältnisse betraf.[197] Dieser Dresdner Entwurf entsprach wiederum weitestgehend dem sächsischen BGB, so daß durch die Übernahme des Dresdner Entwurfs das sächsische BGB mit der neuen Gesetzestechnik wesentlichen Einfluß auf die Gesetzgebung hatte.[198]

(1) Der Vorentwurf der Redaktoren zum Schuldrecht enthält folglich auch ein Kapitel über die Geschäftsführung ohne Auftrag. Der Fall der Geschäftsanmaßung ist in dem bereits genannten § 235 Abs. 2 geregelt:

> „Befaßt sich Jemand wissentlich mit der Besorgung eines an sich fremden Geschäftes ohne Auftrag und Amtspflicht, so haftet er Demjenigen, dessen Geschäft es ist, nach Maßgabe der Bestimmungen der §§ 233 und 234 als Geschäftsführer ohne Auftrag, auch wenn er in eigenem Interesse, oder im Auftrag oder im Interesse eines Anderen als des Geschäftsherrn oder im Irrthum über die Person desselben, oder, während das Geschäft an sich Mehrere anging, nur für einen oder einige derselben gehandelt, oder das fremde Geschäft in rechtswidriger Absicht als eigenes behandelt hat."

Nach diesem Entwurf sollte derjenige, der wissentlich ein Geschäft eines anderen führt, diesem nach den Vorschriften der Geschäftsführung ohne Auftrag haften. Diese Grundentscheidung – Haftung des Dritten bei wissentlicher Besorgung eines fremden Geschäfts – sollte unter anderem auch dann gelten, wenn er für einen anderen handelt. Nach den in § 235 Abs. 2 des Redaktorenentwurfs genannten Fällen bestand eine grundsätzliche Haftung des Dritten, unabhängig von dessen Willen, für wen er letztendlich das fremde Geschäft ausführen will.

§ 235 Abs. 2 des Redaktoren-Entwurfes beinhaltete somit nicht nur eine dem heutigen § 687 Abs. 2 BGB vergleichbare Vorschrift, sondern behandelte auch das Problem der drittwirkenden Geschäftsbesorgung, indem er den Handelnden nach den Vorschriften der Geschäftsführung ohne Auftrag haften ließ. Allerdings bezog sich die Haftung nur auf den Handelnden, nicht auf denjenigen, dem der Vorteil aus dieser Handlung zugute kam. Als Begründung führen die Redaktoren an, daß es nicht darauf ankommen könne, ob der Handelnde wis-

---

[196] *Hedemann*, S. 41.
[197] *Hedemann*, S. 42 f.; vgl. auch *Seiler*, JZ 1967, 525 (528); der Dresdner Entwurf von 1866 selbst ist streng pandektistisch angelegt.
[198] *Buschmann*, JuS 1980, 553 (558 f.).

sentlich ein fremdes Geschäft für den Geschäftsherrn oder für sich selbst bzw. einen anderen führt; ausschlaggebend sei der Eingriff in fremde Angelegenheiten, für den eine Haftung des Eingreifenden notwendig sei[199]. Eine Unterscheidung zwischen echter und unechter Geschäftsführung ohne Auftrag wird von den Redaktoren abgelehnt[200]. Ihrer Auffassung nach handelt es sich in beiden Fällen nur um eine negotiorum gestio, nur der Wille des Gestors (als Handelndem) sei unterschiedlich[201]. Die Haftung solle daher immer eintreten, wenn der Gestor wissentlich in fremde Geschäfte eingreift[202]. Grund für die Haftung ist somit nicht das Motiv des Eingreifers - welches auch Sicht des Geschäftsherrn unerheblich ist -, sondern allein die Einmischung in fremde Angelegenheiten[203].

Die Haftung sollte auch dann nicht ausgeschlossen sein, wenn der Gestor sich zum Schutze seiner Interessen zu einem Eingriff in Angelegenheiten des Geschäftsherrn genötigt sah[204]. Lediglich wenn er mit dem fremden Geschäft zugleich auch sein eigenes besorgt bzw. bei Besorgung seines eigenen Geschäfts zwangsläufig auch ein fremdes besorgen muß, sollen die Vorschriften der Geschäftsführung ohne Auftrag nicht anwendbar sein; in solchen Fällen hafte er nur nach den Grundsätzen der zufälligen Rechtsgemeinschaft[205].

Daß der Ausführende (vom Gesetz als Geschäftsführer bezeichnete) dem Geschäftsherrn nach den Grundsätzen der Geschäftsführung ohne Auftrag haftet, wenn er absichtlich in dessen Angelegenheiten zu seinem eigenen Vorteil eingreift, bedarf nach Ansicht der Redaktoren „kaum der Bemerkung“[206]. Dieser Anspruch sei schließlich schon im römischen Recht anerkannt gewesen (Dig. 3,5; l.6 § 3).[207]

Über die Haftung desjenigen, zu dessen Gunsten der Gestor gehandelt hat, erfährt man aus dieser Vorschrift mithin nichts.

---

[199] Vorentwürfe Redaktoren, Schuldrecht 2, S. 957.
[200] Vorentwürfe Redaktoren, Schuldrecht 2, S. 957.
[201] Vorentwürfe Redaktoren, Schuldrecht 2, S. 957.
[202] Vorentwürfe Redaktoren, Schuldrecht 2, S. 958.
[203] Vorentwürfe Redaktoren, Schuldrecht 2, S. 959.
[204] Vorentwürfe Redaktoren, Schuldrecht 2, S. 959.
[205] Vorentwürfe Redaktoren, Schuldrecht 2, S. 959, m.w.N.
[206] Vorentwürfe Redaktoren, Schuldrecht 2, S. 960.
[207] Vorentwürfe Redaktoren, Schuldrecht 2, S. 960; die genannte Digestenstelle entspricht der Stelle D.3.5.5.5., welche oben unter B. III. 2. a) aufgeführt ist; vgl. oben bei der Übersetzung von *Otto/Schilling/Sintenis*.

(2) Im Ersten Entwurf zum BGB wurde die Geschäftsführung ohne Auftrag in den §§ 749 ff. behandelt. Hier finden sich auch Vorschriften über die Behandlung von dritten bzw. Handlungen für dritte Personen und die Geschäftsanmaßung.

§ 760 des 1. Entwurfes zum BGB lautet:

> „Wenn jemand ein fremdes Geschäft im Auftrage eines Dritten besorgt, so wird ihm der Geschäftsherr und er dem letzteren aus der Geschäftsbesorgung nicht verpflichtet, es sei denn, daß er zugleich in der Absicht gehandelt hat, als Geschäftsführer des Geschäftsherrn das Geschäft zu besorgen."

Nach dieser Vorschrift würde es sich nur um eine Geschäftsführung ohne Auftrag handeln, wenn der Ausführende (vom Gesetz als Geschäftsführer bezeichnete) zugleich für einen als solchen bezeichneten Dritten *und* den Geschäftsherr tätig werden würde. Nach dieser Vorschrift wären somit keine Ansprüche aus den Vorschriften über die Geschäftsführung ohne Auftrag gegeben, wenn der Ausführende nicht für den Geschäftsherrn handeln will.

§ 760 des 1. Entwurfes behandelte folglich nur die Ansprüche für den Fall, daß der Handelnde sich beiden verpflichtet. Von einem Anspruch des Geschäftsherrn gegen den Geschäftsführer oder auch gegen den Dritten, wenn dieser nicht für beide, sondern nur für den Geschäftsführer handeln möchte, handelte diese Vorschrift nicht. Daß der Dritte für beide zugleich handeln möchte, ist aber gerade für die drittwirkende Geschäftsanmaßung untypisch. Im Rahmen der drittwirkenden Geschäftsanmaßung handelt der Ausführende gerade nur im Interesse des Geschäftsführers. Höchstens sein eigenes Interesse findet noch Berücksichtigung, z.B. über die für in sich aus dem Geschäft ergebenden Vorteile, nicht aber die Interessen des Geschäftsherrn.

Der Zweck dieser Vorschrift – wie oben bei der Geschäftsführung ohne Auftrag bereits beschrieben – war hauptsächlich, das Verhältnis zwischen dem Dritten als Ausführendem und dem Geschäftsherrn klarzustellen.[208] Wenn der Dritte nur für den Geschäftsführer handelte, sollten die Vorschriften über die Geschäftsführung ohne Auftrag nicht anwendbar sein, wenn er dagegen auch für den Geschäftsherrn handelte, sollten die Vorschriften über die Geschäftsführung ohne Auftrag wieder anwendbar sein.[209] Ein Handeln auch zum eigenen Vorteil wurde regelmäßig vermutet. Die Vorschriften über die Geschäfts-

[208] Vgl. *Mugdan* II, S. 1202, IV.
[209] Vgl. Motive II, zu § 760, S. 869.

führung ohne Auftrag wollte man dabei nicht ausschließen.[210] § 760 des 1. Entwurfes sollte somit nicht den Fall der Geschäftsanmaßung regeln, sondern nur das Verhältnis zwischen dem Ausführenden und dem Geschäftsherr in dem Fall klarstellen, in dem der Ausführende im Auftrag eines anderen handelte. Das Problem der Drittwirkung wurde hier scheinbar ebenfalls nicht gesehen. Die Geschäftsanmaßung selbst wurde an anderer Stelle geregelt.[211]

§ 760 des 1. Entwurfes betraf somit an sich zwar den Fall der drittwirkenden Geschäftsführung, sagte aber nichts aus über die Ansprüche des Geschäftsherrn gegen den Geschäftsführer oder den Dritten, wenn der ausführende Dritte nur für den Geschäftsführer handeln wollte. Nur im Fall der Handlung auch für den Geschäftsherrn werden Ansprüche aus Geschäftsführung ohne Auftrag zugestanden. Die Vorschrift kann somit keine Aufschlüsse über die Zurechnung im Rahmen der drittwirkenden Geschäftsanmaßung geben.

Die Geschäftsanmaßung war im 1. Entwurf zum BGB in § 761 geregelt. Er lautete:

> „Die Vorschriften der §§ 749-758[212] finden keine Anwendung:
> 1. Wenn Jemand ein fremdes Geschäft in der Meinung besorgt hat, daß dasselbe sein eigenes sei.
> 2. Wenn Jemand ein fremdes Geschäft in rechtswidriger Absicht als eigenes behandelt hat.
> Im ersten Falle sind Geschäftsführer und Geschäftsherr zur Herausgabe der dem Einen oder Anderen aus der Geschäftsbesorgung zugegangenen Bereicherung nach Maßgabe des § 748 Abs. 3 verpflichtet, unbeschadet der Haftung des Geschäftsführers aus unerlaubter Handlung.
> Im zweiten Falle haftet der Geschäftsführer nach den für die Haftung aus unerlaubten Handlungen geltenden Vorschriften."

§ 761 des 1. Entwurfes enthielt somit eine Regelung über die Geschäftsanmaßung. Allerdings bot er zum einen auch keine Lösung für das Problem der drittwirkenden Geschäftsanmaßung und zum anderen erklärte er die Vorschriften über die Geschäftsführung ohne Auftrag für nicht anwendbar.

§ 760 des 1. Entwurfes wurde bereits im 2. Entwurf wegen seiner angeblich geringen praktischen Bedeutung wieder gestrichen.[213] § 761 des 1. Vorentwur-

---

[210] *Mugdan* II, S. 485, 1.
[211] Siehe dazu sogleich.
[212] Die Vorschriften über die Geschäftsführung ohne Auftrag (Anm.Verf.).
[213] *Mugdan* II, S. 1202; *Jakob/Schubert*, S. 166.

fes wurde im 2. Entwurf, in der Bundesrathsvorlage sowie der Reichstagsvorlage mit der Änderung beibehalten, daß der Geschäftsherr bei der Geschäftsanmaßung einige Ansprüche nach den Vorschriften der Geschäftsführung ohne Auftrag geltend machen kann. In dieser geänderten Fassung fand die Vorschrift dann Eingang in das BGB als § 687.

§ 760 des 1. Entwurfes kann, da er nicht die Geschäftsanmaßung im Auge hatte, somit nicht zur Lösung des Problems der drittwirkenden Geschäftsanmaßung herangezogen werden. Der die Geschäftsanmaßung behandelnde § 761 des 1. Entwurfes entspricht dem heutigen § 687 BGB und gibt daher auch keine Aufschlüsse.

Die Geschichte der Geschäftsanmaßung kann somit keine Aufschlüsse geben. Als Ergebnis läßt sich hier festhalten, daß die Problematik der Drittwirkung weitestgehend nicht gesehen oder zumindest nicht behandelt wurde.

IV. Rechtsnatur von Geschäftsführung ohne Auftrag und Geschäftsanmaßung

Bevor die einzelnen Zurechnungsnormen behandelt, soll noch die Rechtsnatur der zu behandelnden Normen, der §§ 677 ff. BGB sowie des § 687 Abs. 2 BGB, erörtert werden. So kann es sein, daß die Rechtsnatur Aufschlüsse über die passende Zurechnungsnorm gibt.

1. Geschäftsführung ohne Auftrag

Die Geschäftsführung ohne Auftrag wird regelmäßig als Quasikontrakt bezeichnet. Die Geschäftsführung ohne Auftrag wurde z.B. bereits von Justinian als Quasikontrakt aufgefaßt.[214] Darunter verstand man obligierende Tatbestände, die mit den Kontrakten ein erlaubtes Tun (negotium) gemein haben.[215]

> Inst. 3.27
> De obligationibus quasi ex contractu
> Post genera contractuum enumerata dispiciamus etiam de his obligationibus, quae non proprie quidem ex contractu nasci intelleguntur, sed tamen, quia non ex maleficio substantiam capiunt, quasi ex contractu nasci videntur.
> Nach Aufzählung der Vertragsarten wollen wir nun noch diejenigen Schuldverhältnisse betrachten, die ersichtlich zwar nicht eigentlich aus Vertrag entstehen, aber dennoch, weil sie ihre Existenz nicht aus Delikt ableiten, gleichsam, quasi, aus Vertrag zu entstehen scheinen.[216]

Diese Einordnung ist seit langem anerkannt. Auch in der Pandektistik wurde dies z.B. von *Brinz*[217], *Möhler*[218] und *Thibaut*[219] so festgestellt. Daß es sich bei Geschäftsführung ohne Auftrag nicht um ein Rechtsgeschäft, sondern eine Rechtshandlung handelt, war und ist ebenfalls anerkannt.[220]

---

[214] *Kaser*, Römisches Privatrecht (16. Aufl.), § 44 II 1, S. 211; vgl. ferner § 38 I 2; S. 179; vgl. auch *Jörs/Kunkel/Wenger*, S. 192.

[215] *Kaser*, Römisches Privatrecht (16. Aufl.), § 38 I 2, S. 179.

[216] Übersetzung nach *Behrends/Knütel/Kupisch/Seiler*. Vgl. auch oben, B. III. 1. a) zu weiteren Fundstellen, insbesondere Inst.3.27.1.

[217] S. 631.

[218] S. 133.

[219] § 557, S. 466.

[220] Vgl. nur *Wolf*, S. 164; *Goldmann/Lillienthal*, Das Bürgerliche Gesetzbuch, Erster Band, 2. Auflage, Berlin 1903, S. 708; *Sprau* in Palandt, Einf v 677 Rdnr. 2.

2. Geschäftsanmaßung

a) Überblick

Für die Geschäftsanmaßung nach § 687 Abs. 2 BGB ergeben sich unterschiedliche Einordnungsmöglichkeiten. Deswegen soll anfangs ein kurzer Überblick gegeben werden.

So wird § 687 Abs. 2 BGB häufig als Norm des Deliktsrechts eingeordnet oder als quasideliktische Norm bezeichnet.[221] In § 761 des 1. Vorentwurfes zum BGB wird in Fällen der Geschäftsanmaßung das Recht der Geschäftsführung ohne Auftrag für unanwendbar und das Recht der unerlaubten Handlung für anwendbar erklärt. Die 2. Kommission sah außerdem in dem späteren § 687 Abs. 2 BGB eine zweckmäßige Ergänzung deliktsrechtlicher Vorschriften.[222]

Andererseits gibt es auch Überlegungen, die Geschäftsanmaßung als Eingriffskondiktion oder in das Eigentümer-Besitzer-Verhältnis einzuordnen.[223]

Die Geschäftsführung ohne Auftrag an sich wurde dagegen z.B. bereits von Justinian als Quasikontrakt aufgefaßt[224], worunter man Tatbestände, die mit den Kontrakten ein erlaubtes Tun (negotium) gemein haben, verstand.[225] Die Geschäftsanmaßung ist jedoch gerade nicht erlaubt. Die Gruppe der Quasidelikte umfaßte dagegen Fälle, „in denen jemand aus einer durch Nachlässigkeit begangenen Schädigung haftet, zumeist durch mangelhafte Aufsicht über einen Dritten, der den Schaden angerichtet hat“ (culpa in eligendo).[226] Nach der Einordnung von Justinian scheint die Geschäftsanmaßung zu dieser Fallgruppe eher zu passen als zu den Quasikontrakten, schon mangels einer gegebenen Erlaubnis. Zutreffend ist die Einordnung nach Justinians Definition jedoch nicht, da die Geschäftsanmaßung nicht eine bloße Nachlässigkeit darstellt. Passender ist vorliegend – bei der drittwirkenden Geschäftsanmaßung – die fehlerhafte Auswahl dritter Personen, welche sodann die Geschäftsanmaßung ausführen. Wesentliche Gemeinsamkeit ist jedoch das Verschulden, welches hier zu

[221] *Ebert*, S. 159; *Wenckstern*, AcP 200 (2000), S. 240 ff., vgl. S. 261, 263, 270; *Wittmann* in: Staudinger (13.), § 687 Rdnr. 7; *Ehmann* in: Erman, § 687 Rdnr. 6; vgl. *Batsch*, AcP 171 (1971), 231 zur Einordnung des § 678 BGB „in den Zusammenhang der deliktischen Schadensersatzansprüche“.

[222] Prot. II, 742 f.

[223] Vgl. *Wenckstern*, AcP 200 (2000), 240 (250), m.w.N.; *Jakobs* möchte die Fälle der Geschäftsanmaßung über die Eingriffskondiktion lösen. Vgl. dazu noch unten.

[224] *Kaser*, Römisches Privatrecht (16. Aufl.), § 44 II 1, S. 211; vgl. ferner § 38 I 2; S. 179; siehe auch schon oben.

[225] *Kaser*, Römisches Privatrecht, § 38 I 2, S. 179; s.o.

[226] *Kaser*, Römisches Privatrecht, § 38 I 2, S. 179; vgl. auch *Jörs/Kunkel/Wenger*, S. 193.

einer Haftung führt. Die Einordnung der Geschäftsanmaßung als negotiorum gestio war laut *Kaser* allerdings „offenbar kontrovers“.[227]

b) Die einzelnen Möglichkeiten

§ 687 Abs. 2 BGB befindet sich eigentlich an der falschen Stelle im Gesetz.[228] Während die Vorschriften über die Geschäftsführung ohne Auftrag ein Handeln für einen anderen - den Geschäftsherrn - verlangen, handelt der Geschäftsführer bei der Geschäftsanmaßung nach § 687 Abs. 2 BGB ausschließlich für sich (oder eben Dritte). Diese unterschiedliche „Zielrichtung“ spricht gegen eine Einordnung der Geschäftsanmaßung bei den Vorschriften über die Geschäftsführung ohne Auftrag.[229] Diese Verortung der Geschäftsanmaßung erklärt sich durch das aktionsrechtliche Denken, welches bis in das 19. Jahrhundert anhielt.[230] Danach wurde in rechtsfolgebezogenen Klagen und deren Voraussetzungen gedacht und auch geordnet.[231] Das BGB geht jedoch von Anspruchsgrundlagen aus.[232]

Die Geschäftsanmaßung nach § 687 Abs. 2 BGB erzeugt die gleichen Rechtsfolgen wie die Geschäftsführung ohne Auftrag. Dies wird durch den Verweis des § 687 Abs. 2 BGB auf § 681 BGB klargestellt, der auf die §§ 666 ff. BGB verweist. Allerdings sind die Anspruchsvoraussetzungen andere als bei der Geschäftsführung ohne Auftrag an sich, wenngleich auch nicht unähnlich. Von daher erklärt sich aber die Einordnung der Geschäftsanmaßung bei den Vorschriften über die Geschäftsführung ohne Auftrag.

aa) Vertragliche bzw. quasivertragliche Natur

Für eine Einordnung der Geschäftsanmaßung als quasivertraglicher Anspruch wird teilweise vorgebracht, der Geschäftsherr „genehmige“ durch die Geltendmachung seiner Ansprüche aus § 687 Abs. 2 BGB die Geschäftsführung des

---

[227] *Kaser*, Römisches Privatrecht, § 44 II 2, S. 212.

[228] So *Wenckstern*, AcP 200 (2000), 240 (243), m.w.N., der die Geschäftsanmaßung dem Deliktsrecht zuordnet. In den Reformüberlegungen 1981 sollte die Gewinnhaftung nach § 687 Abs. 2 BGB der Eingriffskondiktion zugeordnet werden, vgl. *König* in: BMJ-Gutachten II, S. 1524 und 1557; vgl. auch *Esser/Weyers*, § 46 I. 1. d), m.w.N., wonach die Einordnung der Geschäftsführung ohne Auftrag als „Anhängsel zum Auftragsrecht“ unglücklich ist und sie ursprünglich in einem eigenen Kapitel nach dem Bereicherungsrecht eingeordnet werden sollte. Vgl. auch *Reichard*, AcP 193 (1993), 594.

[229] *Wenckstern*, AcP 200 (2000), 240 (243).

[230] Vgl. *Wenckstern*, AcP 200 (2000), 240 (243), m.w.N.

[231] *Wenckstern*, AcP 200 (2000), 240 (243), m.w.N.

[232] *Wenckstern*, AcP 200 (2000), 240 (243).

Geschäftsführers.[233] Die Geschäftsanmaßung ist als widerrechtliche Handlung jedoch gar nicht genehmigungsfähig.[234] Durch die Geltendmachung der Ansprüche aus § 687 Abs. 2 BGB wird die widerrechtliche Geschäftsanmaßung nicht rechtmäßig.[235] Möglich ist allenfalls die Genehmigung einer nachteiligen Verfügung des Geschäftsführers der Geschäftsanmaßung.[236] Mittels einer Genehmigung kann hier keine vertragliche oder quasivertragliche Natur der Geschäftsanmaßung konstruiert werden.[237]

Ferner spricht gegen die Einordnung der Geschäftsanmaßung als quasivertraglicher Anspruch die fehlende Übereinstimmung des Willens der Parteien.[238] Bei einem Quasivertrag liegen keine Willenserklärungen vor. Zumindest eine Übereinstimmung der „Willensrichtungen" oder Interessen ist jedoch im Rahmen eines Quasivertrags, wie z.B. der berechtigten Geschäftsführung ohne Auftrag ersichtlich, notwendig. Für einen Vertrag ist eine Willenseinigung notwendig. Ein Vertrag ist „ein Rechtsgeschäft, das aus inhaltlich übereinstimmenden, mit Bezug auf einander abgegebenen Willenserklärungen von mindestens zwei Personen besteht".[239] Der Geschäftsherr hat hier seinen Willen nicht geäußert, und auch sein mutmaßlicher Wille und sein Interesse gehen hier in die entgegengesetzte Richtung. Er will gerade nicht die Geschäftsanmaßung des Geschäftsführers. Auch der Geschäftsführer will das Geschäft für sich selbst, zumindest aber nicht für den Geschäftsherrn durchführen. Eine Übereinstimmung der Willenserklärungen, wie es bei einem Vertrag üblich ist, ist hier nicht möglich, es fehlt aber auch schon an einem gemeinsamen Interesse der Beteiligten.

Schließlich ist die Geschäftsanmaßung keine Geschäftsführung ohne Auftrag.[240] Die Geschäftsführung ohne Auftrag wird ihrerseits als quasivertraglich bezeichnet[241]; dadurch, daß die Geschäftsanmaßung aber gerade keine Ge-

---

233 *Wenckstern*, AcP 200 (2000), 240 (250), m.w.N. (welche so allerdings nicht gefunden wurden).

234 *Wittmann* in: Staudinger (13.), § 687 Rdnr. 15.

235 Vgl. *Wittmann* in: Staudinger (13.), § 687 Rdnr. 15; *Wenckstern*, AcP 200 (2000), 240 (250), m.w.N.

236 *Wittmann* in: Staudinger (13.), § 687 Rdnr. 15.

237 Vgl. dazu Wittmann in: Staudinger (13.), § 687 Rdnr. 2; Motive II, S. 870; Reichsgericht, Urteil vom 26. Juni 1922, RGZ 105, 84 (92).

238 So auch *Wenckstern*, AcP 200 (2000), 240 (250).

239 Siehe nur *Brox*, BGB AT Rdnr. 76.

240 *Nipperdey* in: Staudinger (11.), § 687 Rdnr. 3.

241 Z.B. nach Justinian, vgl. *Kaser*, Römisches Privatrecht, § 44 II 1, S. 211 und § 38 I 2, S. 179; vgl. ferner *Kallwass*, S. 202, 206, 420, 429; *Medicus*, Grundwissen, S. 127; *Sprau* in: Palandt, Einf v § 677 Rdnr. 2, m.w.N.

schäftsführung ohne Auftrag ist, sind Rückschlüsse auf eine quasivertragliche Natur der Geschäftsanmaßung nicht möglich. Ein gemeinsamer Haftungsgrund ist nicht gegeben[242], eigennützige und fremdnützige Geschäftsführung ohne Auftrag sind „zwei grundverschiedene Rechtsinstitute“[243].

Die Geschäftsanmaßung nach § 687 Abs. 2 BGB begründet somit keinen quasivertraglichen Anspruch.

bb) Eigentümer-Besitzer-Verhältnis

Eine Einordnung der Geschäftsanmaßung in das Eigentümer-Besitzer-Verhältnis erscheint ebenfalls fraglich. Das Eigentümer-Besitzer-Verhältnis regelt das Verhältnis zwischen Eigentümer und Besitzer bei Eingriffen in fremdes Sacheigentum.[244] Der Anwendungsbereich der Geschäftsanmaßung ist dagegen viel weiter gefaßt, neben dem Sacheigentum werden auch sonstige Vermögensgüter geschützt.[245] Das Eigentümer-Besitzer-Verhältnis betrifft jedoch nur Sachen (Fahrnis und Grundstücke). Eine Anwendung einer Vorschrift des Eigentümer-Besitzer-Verhältnisses auch auf Vermögenswerte, welche kein Sacheigentum sind, würde somit deren Anwendungsbereich überschreiten. Daher passen Vorschriften wie § 687 Abs. 2 BGB, die das Vermögen beziehungsweise die Geschäfte des Geschäftsherrn umfassend schützen, nicht in das Eigentümer-Besitzer-Verhältnis. Hierbei ist zudem zu bedenken, daß der Geschäftsherr nicht zwingend Eigentümer, der Geschäftsführer nicht zwingend Besitzer sein muß. § 687 Abs. 2 BGB ist daher keine Vorschrift des Eigentümer-Besitzer-Verhältnisses.[246]

cc) Eingriffskondiktion

Im römischen Recht gab es eine auf die Bereicherung beschränkte Haftung bei der Ausführung fremder Geschäfte in dem Glauben, ein eigenes Geschäft zu führen.[247] Aus Billigkeitsgründen wurde zusätzlich häufig eine Kondiktion zugelassen.[248] Nach *Dernburg* sollte diese Regelung (Geschäftsführung ohne Auftrag beschränkt auf die Bereicherung) auch zu seiner Zeit Anwendung finden, wobei dies allerdings umstritten war.[249] *Dernburg* verweist in diesem Zusammenhang in seinem Pandektenbuch von 1900 ausdrücklich auf den neu ge-

---

242 Vgl. *Jakobs*, S. 93.
243 *Jakobs*, S. 93; vgl. auch *Dankwardt*, S. 25; *von Monroy*, S. 35, 67, 156.
244 Vgl. *Wenckstern*, AcP 200 (2000), 240 (250).
245 Vgl. *Wenckstern*, AcP 200 (2000), 240 (250).
246 So auch *Wenckstern*, AcP 200 (2000), 240 (250).
247 Vgl. D.3.5.48 und *Dernburg*, S. 340 f.
248 Vgl. *Dernburg*, S. 341, Fußnote 4, m.w.N.
249 Vgl. *Dernburg*, S. 340 f.

schaffenen § 816 Abs. 1 Satz 1 BGB.[250] Mit der Schaffung dieser Vorschrift hatte sich dieser Streit allerdings weitestgehend erledigt. Da hier aber Geschäftsführung ohne Auftrag und Bereicherungsrecht nebeneinander vorgesehen waren, muß an dieser Stelle das Verhältnis zwischen den beiden Ansprüchen genauer betrachtet werden.

Für die Frage, ob die Geschäftsanmaßung nach § 687 Abs. 2 BGB eventuell als Eingriffskondiktion einzuordnen ist, soll vorher kurz die Natur und Funktion des Bereicherungsrechts dargestellt werden.

Das Bereicherungsrecht (§§ 812 ff. BGB) dient der Abschöpfung unrechtmäßiger Vermögensüberschüsse; als Ausgleichsschuldverhältnis soll es Vermögensverschiebungen rückgängig machen, die dem Zuweisungsgehalt nach der Rechtsordnung widersprechen.[251] Der Rechtserwerb mag zwar gültig vollzogen, im Verhältnis zum Benachteiligten, des Anspruchsinhabers nach §§ 812 ff. BGB, aber ohne rechtfertigenden Grund sein. Ziel des Bereicherungsanspruchs ist daher der Ausgleich durch Herausgabe des Erlangten bzw. des Wertersatzes, um den Anforderungen an eine materielle Gerechtigkeit nachzukommen. Der Bereicherungsanspruch stellt daher eine Ausgleichsregelung dar, die unter dem Grundsatz von Treu und Glauben steht und dem Gebot der Billigkeit unterliegt.[252]

Ein Bereicherungsanspruch setzt somit eine Vermögensverschiebung voraus[253]; der Anspruch wird auf Rückgängigmachung einer auf mangelhafter schuldrechtlicher Grundlage erfolgten Wertverschiebung begründet[254]. So muß der Bereicherte das herausgeben, was sich an „Zuviel“ noch in seinem Vermögen befindet und worauf er kein Recht hat.[255] Auf der anderen Seite muß er jedoch nur herausgeben, was er auch noch tatsächlich besitzt.[256] Ist er entreichert (§ 818 Abs. 3 BGB), so muß er - vorbehaltlich der Regelungen der §§ 818 Abs. 4, 819 Abs. 1 BGB - auch nichts mehr herausgeben. „Der Bereicherungsanspruch

[250] *Dernburg*, S. 341, Fußnote 4.

[251] Herrschende Meinung; vgl. *Wenckstern*, AcP 200 (2000), 240 (251 f. und 257); *Larenz/Canaris*, Schuldrecht, § 67 I. 1. a), S. 128.; *Esser/Weyers*, § 47 1., S. 27 ff.; vgl. auch *Thomas* in: Palandt (29.), Einf. § 812 Rdnr. 1.

[252] BGH, Urteil vom 07. Januar 1971, BGHZ 55, 128 (134); Urteil vom 21. Dezember 1961, BGHZ 36, 232 (235); *Sprau* in: Palandt, Einf v § 812 Rdnr. 2.

[253] RGRK (11. Aufl.), § 812, Vorb. 3; *Seuffert* in: Staudinger (11.), § 812, Vorb. 4; *Planck* in: Planck, § 812, Vorb. 2; *Oertmann*, § 812, Vorb. 1.

[254] *Siber*, SchuldR (1931), S. 416; vgl. auch *Medicus*, BR Rdnr. 660; *Larenz/Canaris*, Schuldrecht, § 67 I. 1. d).

[255] Vgl. *Medicus*, Schuldrecht II, § 128 IV 1, S. 319 Rdnr. 679.

[256] Siehe z.B. *Wenckstern*, AcP 200 (2000), 240 (257).

soll nicht eine Minderung im Vermögen des Benachteiligten, sondern einen grundlosen Zuwachs im Vermögen des Bereicherten ausgleichen."[257] Dies stellt, folgt man *Schulz*, eine Umkehrung der Schadensersatzidee dar: „Nicht im Vermögen des Verletzten, wie beim Schadensersatz, sondern im Vermögen des Verletzers soll der Zustand hergestellt werden, wie er ohne den widerrechtlichen Eingriff bestehen würde."[258]

Bei der Eingriffskondiktion nach § 816 BGB ist, wenn man den Anspruch nur auf den Wert des Gegenstandes, über welchen nichtberechtigt verfügt wurde, gehen läßt, an den Geschäftsherrn nur der Wert der Sache herauszugeben, nicht aber auch der Gewinn.[259] Auch bei der Eingriffskondiktion nach § 812 Abs. 1 Satz 1 2. Alternative BGB geht es nur um die „Unrechtmäßigkeit" eines Vermögensverstoßes bezüglich des Zuweisungsgehalts (ohne der Frage nach Rechtswidrigkeit oder Schuld) und dessen Ausgleich.[260] Auch hier ist nach § 818 Abs. 2 BGB, wenn das Erlangte nicht „in Natur" herausgegeben werden kann, nur der Wert zu ersetzen.[261] Soll mehr als der Wert des Erlangten heraus-

---

[257] BGH, Urteil vom 8. Mai 1956, BGHZ 20, 345 (355); Urteil vom 13. Mai 1955, BGHZ 17, 236 (239); vgl. *Jakobs*, S. 62.

[258] *Schulz*, AcP 105 (1909), 1 (445), m.w.N.; vgl. auch *Medicus*, Schuldrecht II, § 128 IV 1, S. 319 Rdnr. 679.

[259] So z.B. *Medicus*, Schuldrecht II, § 130 II 3 a), S. 331 Rdnr. 705, m.w.N.; *ders.*, BR Rdnr. 720 ff., m.w.N.; *von Caemmerer*, FS Rabel, S. 356; vgl. auch *Lorenz* in: Staudinger, § 816 Rdnr. 23, m.w.N.; a.A. die wohl herrschende Meinung, siehe schon die Nachweise bei *Medicus*, a.a.O., *Lorenz* in: Staudinger (13.), § 816 Rdnr. 23 und *Sprau* in: Palandt, § 816 Rdnr. 24; ferner BGH, Urteil vom 8. Januar 1959, BGHZ 29, 157 (mit abl. Anm. *von Caemmerer* in JR 1959, 462 ff. m.w.N. und unter Hinweis auch auf die Entstehungsgeschichte): Erlangt ist jedenfalls der Gegenwert (BGH, Urteil vom 24. September 1996, NJW 1997, 190 (191)), der auch herauszugeben ist. Darüber hinaus sei jedoch auch der Gewinn herauszugeben. Diese Ansicht steht jedoch im Widerspruch zu den ansonsten herrschenden Grundsätzen des Vermögensausgleichs bei der Eingriffskondiktion. Zudem ergibt sich bei richtiger Betrachtungsweise eine sinnvolle Steigerung des Anspruchs über § 687 Abs. 2 BGB. Vgl. zur Begründung die oben genannten Nachweise, ferner nachfolgende Ausführungen. Beachtlich ist zudem, daß nur die Gegenleistung herauszugeben ist, wenn das Erlangte hinter dem objektiven Wert des Gegenstandes, über den verfügt wurde, zurückbleibt. Vgl. hierzu *Lorenz* in: Staudinger, § 816 Rdnr. 23, m.w.N.; *von Caemmerer*, FS Rabel, S. 357. In seiner Entscheidung vom 8. Januar 1959 (BGHZ 29, 157, 161) hat der BGH zudem eingeräumt, daß sich eventuell ergebende „grobe Unbilligkeiten" „nach den Grundsätzen des § 242 BGB ausgeglichen werden" können.

[260] *Wenckstern*, AcP 200 (2000), 240 (252).

[261] Vgl. BGH, Urteil vom 18. Dezember 1986, BGHZ 99, 244 (248), m.w.N.; Urteil vom 24. November 1981, BGHZ 82, 299 (307 f.); Urteil vom 26. Juni 1981, BGHZ 81, 75 (81); *Wenckstern*, AcP 200 (2000), 240 (252), m.w.N.; *Medicus*, Schuldrecht II, § 132 II., S. 335 Rdnr. 714.

gegeben werden, ist dies nur über § 687 Abs. 2 BGB möglich.[262] Bei der Geschäftsanmaßung nach § 687 Abs. 2 BGB ist alles Erlangte herauszugeben, auch der Gewinn[263].

Die Natur als Rückforderungsrecht unterscheidet die Eingriffskondiktion von der Geschäftsanmaßung.[264] Während es bei der Eingriffskondiktion in der Regel um die Rückgängigmachung einer Vermögensverschiebung geht, ist bei der Geschäftsanmaßung der Gewinn herauszugeben. Hier ist ein großer Unterschied gegeben. So kann es sein, daß das bei der Geschäftsanmaßung Erlangte regelmäßig erst durch die Geschäftsanmaßung entsteht. Das, um das der Bereicherungsschuldner bereichert ist, ist aber etwas, was vorher schon im Vermögen des Bereicherungsgläubigers war. So heißt es in den Motiven zum Bereicherungsrecht, ein Anspruch werde gewährt, wenn durch „einen den Vermögensübergang an sich begründenden Akt das Vermögen des Einen vermindert und das Vermögen des Anderen vermehrt" ist.[265] Ferner wird festgestellt, daß der die Kondiktion begründende Tatbestand unmittelbar zwischen dem Benachteiligten und dem Bereicherten eintreten müsse.[266] Zumindest ein deutlicher Unterschied hinsichtlich des Anspruchszieles läßt sich hier feststellen. Aber auch wenn die Handlungen bzw. das Erlangte bei Geschäftsanmaßung und Eingriffskondiktion übereinstimmen können, steht als Prinzip hinter der Eingriffskondiktion der Vermögensausgleich, nicht die Herausgabe von zu Unrecht Erlangtem. Der Bereicherungsschuldner muß im Rahmen der Eingriffskondiktion erlangte Vorteile zudem nur insoweit herausgeben, als sie dem Rechtsgut des Geschäftsherrn zuzurechnen sind. Außerdem ist es ihm möglich, die Vermutung einer Bereicherung in Höhe des objektiven Werts zu widerlegen.[267] Der Anspruch aus § 687 Abs. 2 geht daher regelmäßig weiter als der Bereicherungsanspruch.

Allerdings ist nach anderer Ansicht[268] auch nach Bereicherungsrecht immer auch der Gewinn mit herauszugeben. Das Anspruchsziel würde sich somit nicht

---

[262] Vgl. *Medicus*, Schuldrecht II, § 132 II., S. 335 Rdnr. 714.

[263] *Seiler* in: MüKo (3.), § 687 Rdnr. 21; m.w.N.; *Wittmann* in: Staudinger (13.), § 687 Rdnr. 15; *Beuthien* in: Soergel (12.), § 687 Rdnr. 6; vgl. *Wenckstern*, AcP 200 (2000), 240 (261).

[264] Nach *Larenz/Canaris*, Schuldrecht, § 67 I. 1. d) ähnelt das Deliktsrecht dem Bereicherungsrecht, da beide Erscheinungsformen einer ausgleichenden Gerechtigkeit seien.

[265] Motive II, S. 830.

[266] Motive II, S. 830.

[267] Vgl. *Ebert*, S. 499, Nr. 17.

[268] Ständige Rechtsprechung, z.B. BGH, Urteil vom 8. Januar 1959, BGHZ 29, 157 (mit abl. Anm. von Caemmerer, JR 1959, 462 ff.); *Larenz/Canaris*, Schuldrecht, § 72 I. 2., S. 267 ff.; *Sprau* in: Palandt, § 816 Rdnr. 24, m.w.N.; § 818 Abs. 2 BGB soll durch § 816 BGB sogar ausgeschlossen sein, vgl. OLG Hamm, Urteil vom 2. Februar 1995, NJW-RR 1995, 1010

von dem bei der Geschäftsanmaßung unterscheiden. Dieser Ansicht nach dient das Bereicherungsrecht dem Ausgleich unrechtmäßigen Erwerbs aufgrund widerrechtlicher Eingriffe in fremde Rechte[269], nicht aber als Rückforderungsrecht[270]. Ein widerrechtlicher Eingriff in fremdes Eigentum oder fremde Rechte[271] führt zu einem Anspruch auf Herausgabe des Gewinns mit der Eingriffskondiktion als Anspruchsgrundlage. Da der gesamte Erwerb kausal auf der widerrechtlichen Handlung aufbaue, sei auch der Gewinn als Teil des Erwerbs herauszugeben.[272] Die Gewinnherausgabe sei für den Bereicherungsschuldner auch insofern „unschädlich“[273], als er nur auf das haftet, „was er ohne den widerrechtlichen Eingriff nicht hätte, und (er) kann alle Aufwendungen, die er für den Erwerb gemacht hat, abziehen“.[274] Dennoch gelangt man auch mit dieser Einschränkung immer noch zu einer Herausgabe des Gewinns. Herauszugeben sei allerdings nur der Gewinn, der auf dem widerrechtlichen Eingriff beruhe, während der Eingreifer den Gewinn behalten dürfe, „den er auch sonst erzielt hätte“.[275]

Dieser Ansicht, insbesondere der Rechtsprechung, ist zugute zu halten, daß der Fall der Geschäftsanmaßung durchaus eine Eingriffskondiktion auslösen kann. Typischer Fall ist z.B. ein Eingriff durch Veräußerung oder Verbrauch von fremden Sachen.[276] Eine solche Handlung kann zugleich ein Delikt darstellen.[277] Dies ist allerdings nicht notwendig, z.B. wenn der Eingreifende sich für den Eigentümer gehalten hat. Dann haftet er nur aus der Eingriffskondiktion.[278]

Schließlich würde bei einer solchen Betrachtungsweise (Gewinnherausgabe auch bei § 816 Abs. 1 BGB) für eine Unterscheidung zwischen Bereicherungsrecht auf der einen und dem Deliktsrecht auf der anderen Seite nicht genügend

---

(1012); siehe ferner *Jakobs*, S. 64. In letzter Konsequenz wird dabei § 687 Abs. 2 BGB für zumindest teilweise überflüssig gehalten, vgl. *Jakobs*, S. 101 f., 113 f.; *Schulz*, AcP 105 (1909), 1 (468).; weitere Nachweise bei *Wenckstern*, AcP 200 (2000), 240 (252 Fn. 45).

269 *Jakobs*, S. 65; auch schon S. 41 ff. und 50 ff.; *Schulz*, AcP 105 (1909), 1(463 ff.).

270 *Jakobs*, S. 65.

271 Vgl. dazu *Jakobs*, S. 67: „Seine größte praktische Bedeutung hat das Prinzip der Haftung auf den Erwerb aus widerrechtlichem Handeln im Bereich der unbefugten Verwertung fremden geistigen Eigentums, ...“

272 *Jakobs*, S. 65.

273 Vgl. *Jacobi*, Jherings Jahrbücher 4, 183.

274 *Jakobs*, S. 66.

275 *Jakobs*, S. 66; vgl. auch *Ebert*, S. 499 Nr. 17.

276 Larenz/Canaris, Schuldrecht, § 67 I. 1. a), S. 128; *Medicus*, Grundwissen, Rdnr. 394; *Medicus*, Schuldrecht II, Rdnr. 699.

277 *Medicus*, Grundwissen, Rdnr. 394.

278 *Medicus*, Grundwissen, Rdnr. 394.

Raum bleiben.[279] Das Bereicherungsrecht wäre eine Art Deliktsrecht mit der Rechtsfolge Gewinnherausgabe. Dadurch würden mehrere Ansprüche miteinander vermischt werden.

Auch wird nach dieser Ansicht vorher ein Werturteil über die Gewinnerzielung gefordert[280], welches das Bereicherungsrecht gerade nicht voraussetzt[281]. Als reines „Rückforderungsrecht"[282] ist ein Werturteil nicht erforderlich. Nur bei § 817 BGB wird ein solches verlangt; § 817 BGB betrifft allerdings einen Fall der Leistungskondiktion. Bei einer Eingriffskondiktion mag es sein, daß das Erlangte durch einen rechtswidrigen Eingriff in fremde Rechte erreicht wurde. Dies ist jedoch nicht die hauptsächliche Frage, die im Rahmen der Eingriffskondiktion zu klären ist. Es ist vielmehr auf den Zuweisungsgehalt einer Rechtsposition abzustellen.[283] Danach wird entschieden, ob eine Eingriffskondiktion vorliegt oder nicht.[284] Ein Werturteil ist dafür nicht erforderlich.[285]

Auch ein Widerspruch zu § 993 BGB könnte bei dieser Ansicht auftreten.[286] Danach darf der redliche Besitzer die Nutzungen der Sache, wozu z.B. Zinsen, Miete und ähnliche Vorteile gehören[287], also etwas was aus der Geschäftsan-

---

[279] *Medicus*, BR, Rdnr. 712; nach *Larenz/Canaris*, Schuldrecht, § 67 I. 1. d) ähnelt das Deliktsrecht aufgrund der Ausgleichsfunktion allerdings dem Bereicherungsrecht, so daß hier auch verschiedene Wesenheiten eine Rolle spielen können, zumal die Geschäftsanmaßung häufig als zumindest schwer einzuordnen beschrieben wird. Vgl. hierzu *Oppermann*, AcP 193 (1993), 497: „Ungeachtet ihres systematischen Standortes unter den besonderen Schuldverhältnissen des Bürgerlichen Gesetzbuchs (...) gehört sie (Anm.: die Geschäftsführung ohne Auftrag) damit zu der bürgerlichen Ausgleichsordnung, für die der Zivilgesetzgeber kein einheitliches Rechtsprinzip vorgesehen hat, sondern konkurrierende Instrumente des Deliktsrechts, des Bereicherungsrechts, des Eigentümer-Besitzer-Verhältnisses und der Geschäftsführung ohne Auftrag." „Überschneidungen" zwischen Deliktsrecht, Bereicherungsrecht und Geschäftsführung ohne Auftrag sehen auch *Esser/Weyers*, § 46 I. 1. d).

[280] Vgl. *Wenckstern*, AcP 200 (2000), 240 (255).

[281] Vgl. *Wenckstern*, AcP 200 (2000), 240 (255).

[282] Vgl. oben; Herrschende Meinung (nach *Wenckstern*, AcP 200 (2000), 240 (253, Fn. 48), ohne Nachweise); Begriff nach *Wenckstern*, a.a.O.

[283] Vgl. BGH, Urteil vom 9. März 1989, BGHZ 107, 117 (120), m.w.N.; Urteil vom 18. Dezember 1986, BGHZ 99, 244 (247); Urteil vom 24. November 1981, BGHZ 82, 299 (306); *Medicus*, Schuldrecht II, § 132 I. 4., S. 334 Rdnr. 713, m.w.N.

[284] Vgl. *Medicus*, Schuldrecht II, § 132 I. 4., S. 334 Rdnr. 713, m.w.N.; *Larenz/Canaris*, Schuldrecht, § 69 I. 1. b), S. 169; BGH, Urteil vom 9. März 1989, BGHZ 107, 117 (120); vgl. zu den Theorien auch *Lieb* in: MüKo, § 812 Rdnr. 234 ff. und 245.

[285] Anderer Ansicht und mit deutlicher Kritik gegenüber der Lehre vom Zuweisungsgehalt: *Jakobs*, S. 23 ff.; zur Diskussion um die Lehre vom Zuweisungsgehalt siehe auch *Medicus*, BR Rdnr. 704 ff., m.w.N.

[286] Wenckstern, AcP 200 (2000), 240 (255), m.w.N.

[287] Vgl. *Heinrichs* in: Palandt, § 99 Rdnr. 2 f., m.w.N., und § 100 Rdnr. 1, ebenfalls m.w.N.

maßung erlangt wird, behalten. Eine Herausgabepflicht hinsichtlich des Gewinns würde dazu im Widerspruch stehen. Wenn der redliche Besitzer seine Nutzungen nach § 993 BGB behalten darf, kann er sie nicht zugleich wegen einer Eingriffskondiktion herausgeben müssen. Allerdings ist in den Fällen der Geschäftsanmaßung regelmäßig davon auszugehen, daß der Besitzer nicht redlich ist.

Insbesondere um den Unterschied zwischen § 687 Abs. 2 BGB und § 816 Abs. 1 BGB nicht abzuschaffen, ist hier die Ansicht der Rechtsprechung, daß bei § 816 Abs. 1 BGB auch der Gewinn herauszugeben ist, abzulehnen. § 687 Abs. 2 BGB stellt eine Steigerung zu § 816 Abs. 1 BGB dar, die sich auch deutlich aus den Rechtsfolgen ergibt. Schon die unterschiedlichen Rechtsfolgen - bei richtiger Ansicht - stellen einen erheblichen Unterschied zur Eingriffskondiktion dar. § 687 Abs. 2 BGB kann daher nicht als Eingriffskondiktion angesehen werden.

Gegen die Einordnung der Geschäftsanmaßung als Eingriffskondiktion spricht aber auch die Gesetzgebungsgeschichte. So wurde die Vorschrift des § 687 Abs. 2 BGB aufgenommen, da man davon ausging, ansonsten ergebe sich keine Haftung auf den Verletzungsgewinn.[288] In den Fällen des § 687 Abs. 1 BGB - irrtümliche Eigengeschäftsführung - sollte nur die Bereicherungshaftung eingreifen.[289] Dies ergibt sich auch aus der Tatsache, daß am gleichen Tage noch die Gewinnhaftung bei der Geschäftsanmaßung nach dem späteren § 687 Abs. 2 BGB besprochen wurde. Wäre auch nach Bereicherungsrecht der Gewinn herauszugeben, so wäre die geführte Diskussion unnötig gewesen.[290] Durch die Unterscheidung zwischen § 687 Abs. 1 BGB und § 687 Abs. 2 BGB wird aber deutlich, daß zwischen dem nach Abs. 1 vorgesehenen Bereicherungsrecht und dem nach Abs. 2 vorgesehenen Gewinnherausgabeanspruch Unterschiede bestehen. Diese können nur darin gesehen werden, daß nach Bereicherungsrecht eben kein Gewinnherausgabeanspruch besteht.

Gegen eine Einordnung der Geschäftsanmaßung als Eingriffskondiktion sprechen somit neben der Geschichte der Geschäftsanmaßung auch die Unterschiede in den Voraussetzungen und den Rechtsfolgen.[291]

Dies alles spricht gegen eine Einordnung der Geschäftsanmaßung als Eingriffskondiktion.[292]

---

[288] Vgl. Protokolle II, S. 742 f.; siehe auch *Jakobs*, S. 101.
[289] *Mugdan* II, S. 1202.
[290] So auch *Wenckstern*, AcP 200 (2000), 240 (254), Fn. 53.
[291] Vgl. auch *Wenckstern*, AcP 200 (2000), 240 (257).

dd) Geschäftsanmaßung als Norm des Deliktsrechts oder als quasideliktische Norm[293]

Für eine letztlich noch übrigbleibende Einordnung der Geschäftsanmaßung als deliktische oder quasideliktische Norm spricht zum einen die bereits schon oben angesprochene Entstehungsgeschichte. So bezeichnete die 2. Kommission die Geschäftsanmaßung nach § 687 Abs. 2 BGB als zweckmäßige Ergänzung deliktischer Vorschriften.[294] Bereits bei der 1. Kommission heißt es: „Wer ein fremdes Geschäft, wissend, daß es ein fremdes sei, nicht als fremdes, sondern für sich als eigenes behandele, mache sich stets einer unerlaubten Handlung schuldig."[295]

Auch nach der Vorschrift des § 761 des 1. Vorentwurfes zum BGB sollte in den Fällen der Geschäftsanmaßung das Recht über die unerlaubte Handlung Anwendung finden. Dies zeigt, daß schon früher die Ähnlichkeit der Geschäftsanmaßung zur unerlaubten Handlung erkannt wurde. Und in der Tat umschreibt der Begriff „Delikt" eine unerlaubte Handlung, wie sie auch im Rahmen der Geschäftsanmaßung nach § 687 Abs. 2 BGB vorkommt.[296] Unterschiede bestehen nur in der Rechtsfolge, da das Deliktsrecht nur den Ausgleich des jeweiligen Schadens vorsieht, während nach § 687 Abs. 2 BGB unabhängig von einem Schaden der Gewinn herauszugeben ist.[297]

Ergebnis: Die Geschäftsführung ohne Auftrag ist als quasivertragliche Norm, die Geschäftsanmaßung nach § 687 Abs. 2 BGB ist als quasideliktische Norm einzuordnen.[298]

---

[292] Bei den Reformvorschlägen 1981 wurde überlegt, die Gewinnhaftung im Rahmen der Eingriffskondiktion zu regeln, vgl. *König* in: BMJ-Gutachten II, S. 1524 und 1557; *Helm* in: BMJ-Gutachten III, S. 406 f. hält § 687 Abs. 2 BGB trotz einer möglichen Regelung bei der Eingriffskondiktion für nicht entbehrlich.

[293] Zum Delikt und Quasidelikt im römischen Recht vgl. Institutionen, Buch IV, Titel I und V.

[294] Protokolle II, S. 742 f.

[295] *Jacobs/Schubert*, § 687, S. 159; nach *Wenckstern*, AcP 200 (2000), 240, 244; vgl. auch S. 246.

[296] *Wenckstern*, AcP 200 (2000), 240 (261, 263).

[297] Vgl. *Wenckstern*, AcP 200 (2000), 240 (261); *Seiler* in: MüKo (3.), § 687 Rdnr. 21; m.w.N.; *Wittmann* in: Staudinger (13.), § 687 Rdnr. 15; *Beuthien* in: Soergel (12.), § 687 Rdnr. 6.

[298] So auch *Wenckstern*, AcP 200 (2000), 240 ff., vgl. S. 244, 261, 263, 270; *Wittmann* in: Staudinger (13.), § 687 Rdnr. 7; *Ehmann* in: Erman, § 687 Rdnr. 6; *Ebert*, S. 159; siehe auch *Oppermann*, AcP 193 (1993), 497, der hinsichtlich der Geschäftsführung ohne Auftrag und Geschäftsanmaßung eine Vermengung verschiedener Rechtsprinzipien annimmt; ferner *Esser/Weyers*, § 46 I. 1. d).

V. Zurechnung

1. Zurechnung bei der Geschäftsführung ohne Auftrag

Als Beispielsfall soll der bereits mehrfach erwähnte Fall aus BGHZ 67, 368 herangezogen werden.

„Am 16. Juli 1970 bekam die von der Beklagten bereederte »Henriette H« in der südlichen Nordsee bei schwerem Wetter Schlagseite und drohte zu kentern. Wenige Stunden später traf bei ihr die zu Hilfe geeilte »Sangarles« der Klägerin ein. Diese übernahm auf Bitten des Kapitäns der »Henriette H« dessen fünfjährigen Sohn und zwei Besatzungsmitglieder. Nach der Behauptung der Klägerin konnte die »Sangarles« das für das Abbergen eingesetzte Rettungsboot wegen des hohen Seegangs nicht mehr an Bord hieven. Sie schleppte es deshalb bei der Weiterfahrt achteraus. Dabei schlug das Boot voll Wasser und zerbrach einige Zeit später.

Die Klägerin verlangt von der Beklagten für die von der »Sangarles« geleistete Hilfe folgende Beträge:

a) 15 454,03 Rubel (hilfsweise den Gegenwert von 62 333 DM) für das verlorene Rettungsboot;

b) 170,80 Goldfranken (hilfsweise den Gegenwert von 102,48 DM) für Funkkosten infolge der Hilfeleistung;

c)...

d)...

Die Beklagte hält den Klageanspruch vor allem deshalb für unbegründet, weil der Kapitän der »Henriette H« der Führung der »Sangarles« keinen rechtsgeschäftlichen Auftrag für das Abbergen seines Sohnes und der beiden Besatzungsmitglieder erteilt habe, ferner die Vorschriften über die Geschäftsführung ohne Auftrag oder über die Bergung und Hilfeleistung in Seenot hier nicht anwendbar seien.

Das Landgericht hat die Beklagte durch Teilurteil zur Zahlung von 15 454,03 Rubel (Wert des Rettungsbootes) und von 170,80 Goldfranken (Ersatz der Funkkosten) nebst Zinsen verurteilt. Das Berufungsgericht hat die Klage insoweit dem Grunde nach für gerechtfertigt erklärt. Die Revision hatte keinen Erfolg.“[299]

Entscheidend ist folgende Stelle in den Entscheidungsgründen, die hier gleich mit erwähnt werden soll:

---

[299] Sachverhalt nach BGHZ 67, 368 = NJW 1977, 530.

„... b) Ferner kann der Revision nicht zugestimmt werden, soweit sie der Ansicht ist, die Vorschriften über die Geschäftsführung ohne Auftrag seien hier zumindest deshalb nicht anwendbar, weil nicht die Klägerin, sondern nur der Kapitän der »Sangarles« als Geschäftsführer im Sinne der §§ 677 ff BGB in Betracht komme; außerdem habe dieser mit seiner Rettungsaktion kein Geschäft der Beklagten besorgt, als »Geschäftsherr« komme - jedenfalls auf hoher See - nur der Gerettete in Betracht.

aa) Die Revision vermag nicht zu bezweifeln, daß der Geschäftsführer ohne Auftrag nicht in eigener Person tätig zu werden braucht, sondern sich bei der Ausführung des Geschäfts seiner Leute oder sonstiger Dritter bedienen kann (vgl. BGHZ 40,28 ff; 65,384 ff). Sie meint, um einen solchen Sachverhalt gehe es jedoch nicht, weil das Rettungsmanöver von dem Kapitän der »Sangarles« veranlaßt und vorgenommen worden sei und die Klägerin nicht einmal vorgetragen habe, daß sie der Kapitän vor oder bei der Durchführung des Manövers hiervon verständigt habe. Das schließt aber nicht aus, die Klägerin als Geschäftsführerin im Sinne der §§ 677 ff BGB anzusehen. Da es für jeden die Seefahrt Betreibenden selbstverständlich ist, daß sein Schiff anderen Fahrzeugen oder Personen, die sich in Seenot befinden, jede zumutbare Hilfe leistet, ist in aller Regel davon auszugehen, daß ein Kapitän, der Rettungsmaßnahmen unter Einsatz des ihm anvertrauten Schiffes durchführt, hierbei mit Zustimmung seines Reeders und auch für diesen handelt. Darüber hinaus verkennt die Revision in diesem Zusammenhang ganz allgemein die Stellung, die der Kapitän eines Seeschiffes während der Reise innehat. Er ist der vom Reeder bestellte Führer des Fahrzeugs (vgl. § 2 Abs. 1 SeemannsG), somit in dieser Stellung dessen Repräsentant. Als solcher besitzt er nicht nur eine weitreichende rechtsgeschäftliche Vertretungsmacht (vgl. §§ 527 ff HGB). Vielmehr repräsentiert er den Reeder auch bei den das Schiff oder die Reise betreffenden Handlungen tatsächlicher Art, zu denen auch der Einsatz des Fahrzeugs zur Rettung von in Seenot geratenen Personen zu rechnen ist. Aus dieser Sicht ist deshalb ebenfalls eine Tätigkeit des Reeders im Sinne der Vorschriften über die Geschäftsführung ohne Auftrag zu bejahen, wenn der Kapitän das ihm von diesem anvertraute Schiff zu Rettungszwecken verwendet. Wegen des Ersatzes der dem Reeder dabei erwachsenden – erforderlichen – Aufwendungen braucht sich dieser daher nicht, wie die Revision meint, auf etwaige Bereicherungsansprüche verweisen zu lassen.

bb) Es mag sein, daß der Retter von in Seenot sich befindenden Personen ein »Geschäft« der Geretteten führt. Das schließt aber nicht aus, daß er zugleich ein Geschäft desjenigen besorgt, der zur Rettung dieser Personen verpflichtet ist. Eine solche Pflicht obliegt auch dem Reeder, dessen Schiff in Seenot gerät. Sie folgt bereits daraus, daß er für die Sicherheit aller Personen zu sorgen hat, die sich mit seinem Wissen an Bord seines Schiffes aufhalten. Im Sorgebereich der Beklagten befanden sich aber nicht nur die beiden von der »Sangarles« übernommenen Besatzungsmitglieder der »Henriette H«, sondern auch der fünfjährige Sohn des Kapitäns dieses Fahrzeugs. Deshalb hat die Beklagte der Klägerin alle notwendigen Aufwendungen infolge des Abbergens der drei genannten Personen zu ersetzen. ...“[300]

Der Fall aus BGHZ 67, 368 ist um einiges komplizierter als die den erwähnten Entscheidungen BGHZ 40, 28[301] und BGHZ 65, 384[302] zugrunde liegenden Sachverhalte, da in diesen Fällen der Geschäftsführer selbst zumindest seine Leute eingeschaltet hat. Hier sind die Leute des späteren Geschäftsführers jedoch selbst tätig geworden. Im Nachfolgenden sollen beide Fälle gleichermaßen untersucht werden.

Die Rechtsprechung geht in dem dargestellten Fall wie selbstverständlich davon aus, daß hier Leute des Geschäftsführers für den Geschäftsführer tätig werden dürfen. Wie bereits dargestellt, geht der BGH in dem vorliegenden Fall sogar noch weiter und nimmt einen Anspruch aus Geschäftsführung ohne Auftrag an, wenn der Geschäftsführer selbst gar nicht tätig wird, sondern nur dessen Leute für ihn handeln. Als erstes soll die Fallgruppe der Beauftragung durch den Geschäftsführer untersucht werden.

a) Veranlassung durch den Geschäftsführer
Ausgegangen werden soll im Rahmen dieser Fallgestaltung allein davon, daß der Geschäftsführer seine Leute zu der Geschäftsführung ohne Auftrag veranlaßt. So kann der Geschäftsführer z.B. für einen anderen, den Geschäftsherrn, tätig werden, indem er seine Leute zur Durchführung der Geschäftsführung ohne Auftrag einsetzt.

Die Rechtsprechung geht hier ohne weiteres von einer solchen Möglichkeit aus. So hatte in der Entscheidung des BGH vom 20. Juni 1963 (BGHZ 40, 28) eine Gemeinde einen Anspruch auf Ersatz ihrer Kosten für den Einsatz ihrer Feuerwehr durch die Deutsche Bahn nach Funkenflug zugesprochen bekommen. Schwerpunkt der Entscheidung ist allerdings die Begründung des erforderlichen Geschäftsführungswillens nach § 677 BGB. Problematisch war in der dortigen Entscheidung, ob die Gemeinde nur ein eigenes Geschäft führen will

---

300 BGHZ 67, 368 (372).
301 Urteil vom 20. Juni 1963.
302 Urteil vom 15. Dezember 1975.

oder auch ein Geschäft der Bahn. Der BGH entschied sich für letzteres. Die Stellung der Feuerwehr wird vom BGH nicht weiter problematisiert. Aufgrund der Rechtsträgerschaft der Gemeinde kann dies hier sogar dahinstehen, da die Gemeinde mit ihrer Feuerwehr identisch ist. Es zeigt sich jedoch, daß der Einsatz mehrerer Personen auch auf Seiten des Geschäftsführers möglich ist.

In der Entscheidung des BGH vom 15. Dezember 1975 (BGHZ 65, 384) wird ebenfalls eine öffentlich-rechtliche Person tätig. Die Bundesrepublik als Klägerin verlangt von einer Schiffahrtsgesellschaft Ersatz ihrer Aufwendungen für die Bergung von Lukendeckeln aus einem Kanal. Die Bergung wurde von der Wasser- und Schiffahrtsverwaltung ausgeführt. Während in dieser Entscheidung der Einsatz dritter Personen wiederum nicht problematisiert, sondern erneut einfach nur vorausgesetzt wird, wird der Einsatz der eigenen Leute zumindest im dritten Leitsatz angesprochen: „Setzt sie hierzu eigene Bedienstete oder eigenes Gerät ein, so kann sie im Rahmen ihres Aufwendungsersatzanspruchs auch einen angemessenen Gemeinkostenzuschlag verlangen.“ Damit wird ohne weitere Begründung der Einsatz von eigenen Leuten vorausgesetzt.

Genau diese Voraussetzung, Einsatz der eigenen Leute, wird in der zitierten Entscheidung BGHZ 67, 368 ohne weitere Begründung festgestellt. Auch von der dortigen Revisionsführerin ist dies nicht bezweifelt worden.

Notwendig ist hier jedoch eine Begründung für die Zulässigkeit des Einsatzes Dritter, welche die Rechtsprechung schuldig bleibt. Möglichkeiten der Zurechnung ergeben sich hier aus den Vorschriften über die Geschäftsführung ohne Auftrag selbst (§§ 677 ff. BGB) oder aus den Zurechnungsnormen der §§ 166, 278 BGB oder eventuell aus § 831 BGB. § 31 BGB soll vorliegend vernachlässigt werden.[303]

Die Zurechnung könnte sich hier aus den Vorschriften über die Geschäftsführung ohne Auftrag selbst ergeben.

In der Rechtsprechung wird neben „§§ 677 ff. BGB“ keine weitere Norm genannt. Es wird lediglich auf die Vorschriften der Geschäftsführung ohne Auftrag selbst abgestellt. Dies könnte die Vermutung nahelegen, die Rechtsprechung gehe von einer Lösung über die Vorschriften der Geschäftsführung ohne Auftrag selbst aus. Unterstützt wird diese Vermutung durch die Ansicht, wo-

---

[303] § 31 BGB ist eine haftungszuweisende Norm, die im Gegensatz zu § 831 BGB den Entlastungsbeweis ausschließt und für alle juristischen Personen gilt. Von § 31 BGB werden sämtliche zum Schadensersatz verpflichtende Handlungen erfaßt. Vgl. nur *Heinrichs* in: Palandt, § 31 Rdnr. 2 f.; *Thomas* in: Palandt, § 831 Rdnr. 4.

nach § 664 BGB bei der Geschäftsführung ohne Auftrag keine Anwendung findet.[304] So kann ein Geschäftsführer ohne Auftrag entgegen § 664 BGB[305] jederzeit die Ausführung auf Dritte übertragen. Dies gilt insbesondere auch für die vollständige Ausführung und nicht nur für einzelne Hilfstätigkeiten. Die Übertragung einzelner Hilfstätigkeiten ist auch beim Auftrag gestattet.[306] Bezug genommen wird zur Begründung dieser Ansicht jedoch nur auf die obige Entscheidung des BGH in BGHZ 67, 368[307]. Weitere Erläuterungen finden sich auch in der Literatur hierzu nicht.

Der Einsatz von Hilfspersonen ist somit in der Regel zumindest bei Hilfstätigkeiten ohne weiteres gestattet. Bei der Geschäftsführung ohne Auftrag ist die Hinzuziehung Dritter auch bei der vollständigen Ausführung gestattet. Nach *Batsch* ist „im Falle des § 678 BGB (...) das den Geschäftsherrn schädigende Verhalten eines von dem Geschäftsführer bei der Geschäftsführung beigezogenen Dritten diesem weder über § 278 BGB – § 278 BGB setzt ein bereits bestehendes Schuldverhältnis voraus –, noch über § 831 BGB – § 831 BGB geht von (vermutetem) Verschulden aus – zuzurechnen: das den Geschäftsherrn schädigende Verhalten des von dem Geschäftsführer bei der Geschäfts(aus)führung zugezogenen Dritten ist dem Geschäftsführer im Rahmen der adäquaten Kausalität ohne weiteres immer zuzurechnen".[308] Auch von *Batsch* wird dies jedoch nicht weiter begründet.

Mit *Dorn*[309] könnte hierfür eine Lösung und Begründung über eine Trennung von Übernahme und Ausführung angenommen werden. So soll sich diese Zweiteilung in Übernahme und Ausführung bereits aus dem Begriff „für einen anderen" ergeben.[310] Bereits bei dem Entschluß des Geschäftsführers, eine An-

---

[304] Vgl. *Thomas* in: Palandt (54.), § 664, Rdnr. 6, unter Hinweis auf BGH, Urteil vom 25. November 1976, NJW 1977, 529 (eigentlich 530); im Auftragsrecht stützt sich diese Regelung auf den in der Regel höchstpersönlichen Charakter der Beauftragung und ein damit einhergehendes besonderes Vertrauensverhältnis, vgl. *Sprau* in: Palandt, Einf v § 662 Rdnr. 1 und § 664 Rdnr. 1; bei der befugten Übertragung des Auftrags an einen Unterbeauftragten haftet der Beauftragte nicht auf das, was der Unterbeauftragte erlangt hat. Der Unterbeauftragte haftet vielmehr direkt gegenüber dem Auftraggeber, da er die Pflichten des Beauftragten übernommen hat. Gegebenenfalls hat der Beauftragte seine Ansprüche gegen den Unterbeauftragten an den Auftraggeber abzutreten, wenn er den Unterbeauftragten im eigenen Namen bestellt hat. Vgl. BGH, Urteil vom 14. November 1957, VersR 1958, S. 40 (41).

[305] Vgl. hierzu den Rechtssatz „Delegatus non potest delegare".

[306] *Thomas* in: Palandt (54.), § 664, Rdnr. 4.

[307] Entspricht NJW 1977, 530.

[308] *Batsch* in: AcP 171 (1971), 231.

[309] *Dorn*, Die Übernahme der Geschäftsführung ohne Auftrag, 1961.

[310] *Dorn*, S. 23.

gelegenheit des Geschäftsherrn zu besorgen, erfolge die Übernahme.[311] Von der Struktur her entspricht dies in etwa einer vertraglichen Ausgestaltung: Mit dem Vertrag werden die Handlungspflichten bestimmt, erst danach erfolgt dann die Ausführung.[312] An die Stelle der vertraglichen Bindung tritt der Geschäftsführungswille des Geschäftsführers.[313]

Eine Trennung zwischen Übernahme und Ausführung ist auch im Gesetz selbst schon vorgesehen. So behandeln die §§ 678, 681 BGB die Übernahme. § 681 Satz 1 BGB betrifft nur die Übernahme der Geschäftsführung, welche der Geschäftsführer anzuzeigen hat. § 678 BGB betrifft die Frage, ob die Übernahme selbst dem Willen des Geschäftsherrn entspricht. Auf der anderen Seite behandelt § 677 BGB die Ausführung der Geschäftsführung. Die in § 677 BGB erwähnte Geschäftsbesorgung bedeutet eine Tätigkeit in fremdem Interesse.[314]

Die Übernahme muß dabei nach außen hin dokumentiert werden. Kriterium der Übernahme ist der Beginn des Eingriffs aufgrund des Geschäftsführungswillens durch den Geschäftsführer in die Rechtssphäre eines anderen.[315] Im vorliegenden Fall läßt sich die Übernahme leicht dadurch dokumentieren, daß der Geschäftsführer seine Leute zu der Ausführung veranlaßt. Schwieriger und jeweils Fallfrage dürfte es sein, daß grundsätzlich sogenannte auch-fremde Geschäfte ebenfalls Gegenstand einer Geschäftsführung ohne Auftrag sein können[316], die Zielrichtung des Handelns also weniger leicht zu bestimmen ist. Die Übernahme selbst stellt dabei eine Rechtshandlung dar und wird teilweise auch als geschäftsähnliche Handlung bezeichnet.[317] Sicher ist jedoch, daß – obwohl es sich bei der Geschäftsführung ohne Auftrag um ein gesetzliches Schuldverhältnis handelt[318], welches schon im römischen Recht als quasivertraglich bezeichnet wurde[319] – die Übernahme kein Rechtsgeschäft darstellt.[320]

---

[311] *Dorn*, S. 23.
[312] *Dorn*, S. 23, mit Hinweis auf *Lent*.
[313] *Dorn*, S. 23.
[314] *Thomas* in: Palandt, (54.), § 677, Rdnr. 2 und § 662, Rdnr. 5 f.
[315] *Dorn*, S. 25.
[316] Dies ist weitestgehend anerkannt, wenn auch nicht unumstritten. Vgl. insoweit die bereits genannten Entscheidungen BGHZ 40, 28 und 65, 384, jeweils m.w.N.; ferner *Sprau* in: Palandt, § 677, Rdnr. 6 f., m.w.N.
[317] *Fikentscher*, § 83 I. 5., S. 580; *Thomas* in: Palandt, (54.), Einf v § 677, Rdnr. 2, m.w.N.; *Dorn*, S. 52.
[318] Siehe nur *Heinrichs* in: Palandt, Einf v § 677, Rdnr. 2.
[319] Vgl. nur *Kaser*, Römisches Privatrecht, § 44 II 1, S. 211; vgl. ferner § 38 I 2; S. 179; und auch oben, B. IV. 1.
[320] *Dorn*, S. 42 ff., insb. S. 46 ff.; zu den Einzelheiten noch später.

Die Handlung, welche die Dritten, die Leute des Geschäftsführers, durchführen, entspricht der Handlung nach § 677 BGB, welche der Geschäftsführer ohne Auftrag auch selbst durchführen könnte. § 677 BGB setzt jedoch voraus, daß jemand ein Geschäft für einen anderen führt. Der „jemand“, der vorliegend das Geschäft ausführt, muß nun nicht unbedingt der Geschäftsführer selbst sein. Die tatsächliche Ausführung des Geschäfts erfolgt hier durch seine Leute, nicht unmittelbar durch ihn selbst. So wird der Geschäftsführer hier nur gedanklich und anweisend tätig, indem er seine Leute zur Ausführung des Geschäfts veranlaßt. Der „jemand“, der das Geschäft tatsächlich ausführt, ist der Dritte, sind die Leute des Geschäftsführers. Diese führen hier kein Geschäft nur für den Geschäftsführer, sondern auch für den Geschäftsherrn. Daß sie zugleich ein eigenes Geschäft führen – Erfüllung ihrer Verpflichtung gegenüber dem Geschäftsführer – ist nicht ausgeschlossen; die Vorschriften über die Geschäftsführung ohne Auftrag bleiben insoweit anwendbar, wenn der Handelnde zugleich ein eigenes und ein fremdes Geschäft ausführen will.[321]

Entscheidend ist jedoch die Stellung des Geschäftsführers, da dieser Ansprüche geltend macht oder Ansprüchen ausgesetzt ist. Dieser führt selbst kein Geschäft aus. Er hat jedoch – wie dargestellt – die Geschäftsführung ohne Auftrag für den Geschäftsherrn übernommen und läßt sie lediglich durch seine Leute ausführen. § 677 BGB, der lediglich auf die Ausführung, nicht aber auf die Übernahme abstellt,[322] kann somit auch auf den Geschäftsführer angewendet werden, da er zuvor bereits die Geschäftsführung ohne Auftrag übernommen hat. Seine Ansprüche ergeben sich hier auch nicht aus § 677 BGB, sondern aus §§ 683, 670 BGB, welche sich auf die Übernahme beziehen.

Mit der Übernahme der Geschäftsführung ohne Auftrag trifft den Geschäftsführer insofern eine Ausführungspflicht, als daß sich bei Abbruch der Ausführung ein Ausführungsverschulden ergeben könnte. Diese „Pflicht“ ergibt sich aus § 677 BGB selbst. Hierzu kann er sich seiner Leute bedienen, da der Geschäftsführer ohne Auftrag keine Pflicht zur Leistung in Person hat. Für eigenes Verschulden und das Verschulden seiner Leute hat der Geschäftsführer daher auch nach §§ 276 ff. BGB einzustehen.[323]

---

[321] Vgl. nur *Thomas* in: Palandt, (54.), § 677, Rdnr. 6 und 7, jeweils m.w.N.; zu den – umstrittenen – Einzelheiten s. auch *Gursky*, AcP 185 (1985), S. 36 ff.; ferner auch BGH, Urteil vom 7. März 1989, NJW-RR 1989, 970 (970), m.w.N.

[322] *Dorn*, S. 4.

[323] *Thomas* in: Palandt (54.), § 677, Rdnr. 15; *Dorn*, S. 24; vgl. auch Reichsgericht, Urteil vom 22. Oktober 1938, RGZ 158, 302 (313).

Der Geschäftsführer kann somit bei der Geschäftsführung ohne Auftrag seine eigenen Leute einsetzen und dennoch selbst Ansprüche geltend machen. Er ist trotz des Einsatzes Dritter Geschäftsführer im Sinne der §§ 677 ff. BGB und Anspruchsinhaber. Die Ansprüche ergeben sich trotz der Einschaltung Dritter aus §§ 677 ff. BGB selbst. Eine weitere Zurechnung ist nicht notwendig. Umgekehrt ist der Geschäftsführer durch seine Übernahme auch den Ansprüchen des Geschäftsherrn ausgesetzt.

Dies steht schließlich auch im Einklang mit den erwähnten Entscheidungen des BGH, in denen eine Haftung des Geschäftsführers nach Einsatz seiner Leute – wie dargestellt – ohne weiteres vorausgesetzt wird. Diesen Entscheidungen ist daher jedenfalls im Ergebnis zuzustimmen.

b) Eigenmächtiges Handeln des Dritten

Anders könnte die Lösung in den Fällen sein, in denen der Dritte, der zu den Leuten des Geschäftsführers gehört, ohne Veranlassung seitens des Geschäftsführers ein fremdes Geschäft für den Geschäftsherrn besorgt. Diese Konstellation entspricht dem oben zitierten Sachverhalt, welcher der Entscheidung des BGH in BGHZ 67, 368 zugrunde lag. Problematisch hinsichtlich dieser Entscheidung könnte sein, daß im dortigen Fall der Dritte, welcher das fremde Geschäft besorgt hat, zugleich Kapitän war, während der Geschäftsführer zugleich Reeder war. Der Kapitän ist hier zugleich als Repräsentant des Reeders tätig geworden. Insofern könnten hier spezialgesetzliche Vorschriften den Ausschlag für die getroffene Entscheidung gegeben haben, ohne daß diese Entscheidung verallgemeinerungsfähig wäre.

Im Gegensatz zu der Fallgestaltung, bei welcher der Geschäftsführer den Dritten zur Geschäftsführung veranlaßt und damit die Geschäftsführung selbst übernimmt, fallen hier Übernahme und Ausführung in der Person des Dritten zusammen. Der Geschäftsführer macht lediglich nachträglich die Ansprüche aus der Geschäftsführung ohne Auftrag geltend. Übernehmender und Ausführender der Geschäftsführung ohne Auftrag ist jedoch einer seiner Leute.[324]

Sofern es sich bei dem Dritten um einen Kapitän eines Seeschiffes handelt, mag eine Zurechnung des Handelns auf den Geschäftsführer leichter möglich sein. So ist der Kapitän nach § 2 Abs. 1 SeemannsG und §§ 527 ff. HGB Repräsentant des Reeders mit weitreichenden Befugnissen, auch hinsichtlich der Vertretung. Die Tätigkeit des Kapitäns als Drittem wird somit der Tätigkeit des Reeders als Geschäftsführer gleichgestellt. Der BGH umschreibt dies wie folgt:

[324] Vgl. zum Verhältnis dieser Fallgestaltung zur vom Gesetzgeber abgelehnten Versionsklage auch schon oben.

„Darüber hinaus verkennt die Revision in diesem Zusammenhang ganz allgemein die Stellung, die der Kapitän eines Seeschiffes während der Reise innehat. Er ist der vom Reeder bestellte Führer des Fahrzeugs (vgl. § 2 Abs. 1 SeemannsG), somit in dieser Stellung dessen Repräsentant. Als solcher besitzt er nicht nur eine weitreichende rechtsgeschäftliche Vertretungsmacht (vgl. §§ 527 ff HGB). Vielmehr repräsentiert er den Reeder auch bei den das Schiff oder die Reise betreffenden Handlungen tatsächlicher Art, zu denen auch der Einsatz des Fahrzeugs zur Rettung von in Seenot geratenen Personen zu rechnen ist. Aus dieser Sicht ist deshalb ebenfalls eine Tätigkeit des Reeders im Sinne der Vorschriften über die Geschäftsführung ohne Auftrag zu bejahen, wenn der Kapitän das ihm von diesem anvertraute Schiff zu Rettungszwecken verwendet."[325]

Ein weiterer gewichtiger Aspekt in der Begründung des BGH ist in folgendem Satz enthalten: „Da es für jeden die Seefahrt Betreibenden selbstverständlich ist, daß sein Schiff anderen Fahrzeugen oder Personen, die sich in Seenot befinden, jede zumutbare Hilfe leistet, ist in aller Regel davon auszugehen, daß ein Kapitän, der Rettungsmaßnahmen unter Einsatz des ihm anvertrauten Schiffes durchführt, hierbei mit Zustimmung seines Reeders und auch für diesen handelt."[326] Nach der Ansicht des BGH entspricht es der Selbstverständlichkeit, daß ein Reeder als ein die Seefahrt Betreibender in Seenot befindlichen Personen Hilfe leistet. Er sei daher auch grundsätzlich damit einverstanden, daß der Kapitän eines seiner Schiffe für ihn tätig wird, um dieser Selbstverständlichkeit nachzukommen. Es wird gleichsam eine Einwilligung des Reeders als Geschäftsführer in sämtliche Handlungen des Kapitäns als Drittem angenommen, mit welchen seine Pflichten – und seien es auch „nur Selbstverständlichkeiten" – erfüllt werden. Damit ist man jedoch schon nahe daran, eine Verpflichtung des Kapitäns auch gegenüber seinem Reeder anzunehmen. Aus der Sicht des Reeders könnte dies auch bedeuten, den Kapitän mit solchen Tätigkeiten grundsätzlich „beauftragt" zu haben.

Berücksichtigt man den Gedanken des BGH, wonach die Zustimmung des Geschäftsführers hier entscheidend ist, so stellt sich die Frage, wie in den Fällen zu entscheiden ist, in denen der Geschäftsführer der Geschäftsführung ohne Auftrag nicht zustimmt oder in denen es keine „Selbstverständlichkeit" ist, daß die Leute des Geschäftsführers für den Geschäftsführer die Geschäftsführung übernehmen und ausführen.

---

[325] BGH, Urteil vom 25. November 1976, BGHZ 67, 368 (371).
[326] BGH, Urteil vom 25. November 1976, BGHZ 67, 368 (371).

Dieses Problem stellt sich bereits bei der Frage der Übernahme an sich. Um hier Ansprüche des Geschäftsführers entstehen zu lassen, muß er die Geschäftsführung ohne Auftrag übernommen haben. Dies ist hier eventuell möglich, indem man den Dritten als Repräsentanten des Geschäftsführers ansieht, wie es der BGH in dem obigen Fall bei dem Kapitän getan hat. Eventuell kann man auch über die mutmaßliche oder vorhandene Zustimmung des Geschäftsführers eine Übernahme durch den Geschäftsführer selbst begründen. Auch eine Verpflichtung des Dritten gegenüber dem Geschäftsführer, in bestimmten Fällen für diesen tätig zu werden, könnte man eventuell annehmen.

aa) Der Dritte wird nicht in allen Fällen eine solche Stellung innehaben wie der Kapitän gegenüber dem Reeder. In den Entscheidungen BGHZ 40, 28 und BGHZ 65, 384 wird die Stellung des Handelnden zum Geschäftsführer vom BGH nicht problematisiert. In diesen Entscheidungen handelten regelmäßig nachgeordnete Behörden oder die gemeindeeigene Feuerwehr, welche aufgrund öffentlich-rechtlicher Vorschriften zu einem Handeln verpflichtet waren. Die Aufgabe der dort Handelnden war es gerade, die entsprechenden Geschäfte durchzuführen, während auf der anderen Seite als Geschäftsführer nur eine juristische Person stand, die selbst nicht handeln kann, sondern nur durch ihre Organe.[327]

Man müßte somit eine allgemeine Repräsentantenstellung für den Dritten annehmen können. Als Ansatzpunkt bietet sich hier § 13 Abs. 4 UWG a.F.[328] Diese Vorschrift lautet:

> „Werden in den in Absatz 2 genannten Fällen die Zuwiderhandlungen in einem geschäftlichen Betrieb von einem Angestellten oder Beauftragten begangen, so ist der Unterlassungsanspruch auch gegen den Inhaber des Betriebs begründet."

Das UWG ist am 8. Juli 2004 in einer neuen Fassung in Kraft getreten[329]. Der ursprüngliche § 13 Abs. 4 UWG ist nunmehr in § 8 Abs. 2 UWG n.F. geregelt. Diese Vorschrift lautet:

---

[327] Die Organe sind hier jedoch ohne weiteres der juristischen Person zuzuordnen gemäß § 31 BGB.

[328] Siehe auch §§ 14 Abs. 7, 128 Abs. 3 MarkenG vom 25. Oktober 1994, BGBl I 1994, 3082, (1995, 156), zuletzt geändert durch § 20 Abs. 5 G v. 3. Juli 2004, I 1414 und § 2 Abs. 1 Satz 2 UKlaG, neugefaßt durch Bekanntmachung vom 27. August 2002 I 3422, 4346; zuletzt geändert durch § 20 Abs. 4 Gesetz vom 3. Juli 2004, I 1414.

[329] BGBl. I, Nr. 32 vom 7. Juli 2004, S. 1414 ff.

„Werden die Zuwiderhandlungen in einem Unternehmen von einem Mitarbeiter oder Beauftragten begangen, so sind der Unterlassungsanspruch und der Besseitigungsanspruch auch gegen den Inhaber des Unternehmens begründet."

Ähnlich auch § 100 UrhG[330]:

„Ist in einem Unternehmen von einem Arbeitnehmer oder Beauftragten ein nach diesem Gesetz geschütztes Recht widerrechtlich verletzt worden, so hat der Verletzte die Ansprüche aus den §§ 97 bis 99 mit Ausnahme des Anspruchs auf Schadensersatz auch gegen den Inhaber des Unternehmens. Weitergehende Ansprüche nach anderen gesetzlichen Vorschriften bleiben unberührt."

Von Interesse ist hier die Auslegung der Begriffe „Angestellten oder Beauftragten" bzw. nunmehr der Begriffe „Mitarbeiter oder Beauftragten". Der Begriff „Angestellte" ist soweit von sich aus verständlich. Hier kommen Angestellte im arbeitsrechtlichen Sinne, also Arbeitnehmer in Betracht.[331] Von Bedeutung ist dabei insbesondere, daß eine Leistung von weisungsabhängigen Diensten durch eine natürliche Person innerhalb eines Unternehmens erfolgt.[332] Darunter fallen unter anderem die Arbeitnehmer, aber auch Volontäre, Praktikanten, freie Mitarbeiter, eventuell auch Beamte und Familienangehörige.[333] Umstritten ist die Einordnung bei selbständigen Gewerbetreibenden, die aber so oder so – als Angestellte oder als Beauftragte – unter § 13 Abs. 4 UWG fallen sollen.[334] Mit der Neuregelung sollte sich hier keine Änderung ergeben.[335]

Der Begriff „Beauftragter" ist nach ständiger Rechtsprechung weit auszulegen.[336] Die Begriffsbestimmung wurde dabei schon vom Reichsgericht vorge-

---

330 BGBl. I, 1965 S. 1273 ff., zuletzt geändert durch Art. 1 des Gesetzes vom 10. September 2003, I 1774; 2004, 312.

331 *Köhler*, GRUR 93 (1991), 344 (346).

332 *Köhler*, GRUR 93 (1991), 344 (346), m.w.N., wonach der Begriff teilweise noch weiter gefaßt wird; vgl. auch *Gloy* in: *Gloy*, § 21 Rdnr. 9, m.w.N.; *Köhler* in: Baumbach/Hefermehl, § 8 Rdnr. 2.39.

333 *Köhler*, GRUR 93 (1991), 344 (346).

334 *Köhler*, GRUR 93 (1991), 344 (346), m.w.N.

335 Vgl. Bundestagdrucksache 15/1487, 15. Wahlperiode, S. 22; ferner *Köhler*, NJW 2004, 2121 (2125); ders. in: Baumbach/Hefermehl, § 8 Rdnr. 2.32.

336 BGH, Urteil vom 5. April 1995, NJW 1995, 2355 (2356); Urteil vom 31. Mai 1990, NJW 1990, 3204 (3205), m.w.N.; vgl. auch *Gloy* in: Gloy, § 21 Rdnr. 8, m.w.N.; *Emmerich*, Unlauterer Wettbewerb, § 21, 6. c), S. 341; *Köhler* in: Baumbach/Hefermehl, § 8 Rdnr. 2.34, m.w.N.

nommen.[337] Dabei stellte das Reichsgericht fest: „Beauftragter im Sinne dieser Vorschrift ist, wer, ohne im Angestelltenverhältnis zu stehen, aufgrund eines Vertragsverhältnisses in dem Geschäftsbetrieb des anderen Teils tätig ist." Unter Geschäftsbetrieb ist dabei die gesamte Betriebsorganisation zu verstehen.[338] Deswegen sollen auch noch Personen als Beauftragte anzusehen sein, „deren Arbeitsergebnis – jedenfalls auch – dem Betriebsorganismus zugute kommt und auf deren Gebaren die Leitung desselben kraft eines die Zugehörigkeit des einzelnen Gliedes zu dem Organismus begründenden Vertrags einen bestimmten Einfluß hat". Diese weite Auslegung ergibt sich aus dem Zweck der Vorschrift, zu verhindern, daß sich der Betriebsinhaber bei Verstößen hinter von ihm abhängigen Dritten verstecken kann.[339] Die Vorschrift begründet dabei eine Erfolgshaftung des Betriebsinhabers ohne Entlastungsmöglichkeit.[340] Auch ohne sein Wissen und sogar gegen seinen Willen haftet er für von seinen Beauftragten begangene Wettbewerbsverstöße.[341] Grund für die Zurechnung fremder Handlungen wie eigene ist vor allem die Erweiterung seines Geschäftsbereichs und einer gewissen Beherrschung des Risikobereichs.[342] Die arbeitsteilige Organisation soll die Verantwortung des Betriebsinhabers nicht beseitigen.[343] Dies ist ein Gedanke, der auch in dieser Arbeit noch anzusprechen sein wird. Für eine Haftung des Betriebsinhabers ist es aber notwendig, daß die betreffende Handlung des Beauftragten innerhalb der Betriebsorganisation des Betriebsinhabers begangen worden ist.[344] Der BGH stellt ferner fest: „Weiter ist erforderlich, daß der Handelnde kraft eines Rechtsverhältnisses in diesen Organismus, zumal in die Vertriebsorganisation, dergestalt eingegliedert ist, daß einerseits der Erfolg seiner Handlung zumindest auch dem Betriebsinhaber zugute kommt und andererseits dem Betriebsinhaber ein bestimmender Einfluß jedenfalls auf diejenige Tätigkeit eingeräumt ist, in deren Bereich das

---

[337] Reichsgericht, Urteil vom 22. Mai 1936, RGZ 151, 287 (292 f.).

[338] So *Köhler*, GRUR 93 (1991), 344 (347).

[339] BGH, Urteil vom 19. Dezember 2002, Az.: I ZR 119/00, m.w.N., abrufbar unter www.bundesgerichtshof.de; Urteil vom 5. April 1995, NJW 1995, 2355 (2356), m.w.N.; ebenso BGH, Urteil vom 31. Mai 1990, NJW 1990, 3204 (3205), m.w.N. Als weitere Gründe für die Schaffung der Norm werden die Schutzbedürftigkeit des Verletzten, die Erweiterung des Geschäftskreises und die Notwendigkeit einer Beherrschung des Gefahrenkreises sowie die Beweiserleichterung genannt, vgl. *Köhler*, GRUR 93 (1991), 344 (346), m.w.N.; siehe auch die noch folgenden Ausführungen.

[340] BGH, Urteil vom 5. April 1995, NJW 1995, 2355 (2356).

[341] BGH, Urteil vom 5. April 1995, NJW 1995, 2355 (2356).

[342] BGH, Urteil vom 5. April 1995, NJW 1995, 2355 (2356), m.w.N.; vgl. auch OLG Stuttgart, Urteil vom 8. Februar 1991, NJW-RR 1991, 1333 (1334).

[343] BGH, Urteil vom 19. Dezember 2002, Az.: I ZR 119/00, abrufbar unter www.bundesgerichtshof.de.

[344] BGH, Urteil vom 5. April 1995, NJW 1995, 2355 (2356); ähnlich auch BGH, Urteil vom 31. Mai 1990, NJW 1990, 3204 (3205), m.w.N.

beanstandete Verhalten fällt. Dabei kommt es nicht darauf an, welchen Einfluß sich der Betriebsinhaber gesichert hat, sondern welchen Einfluß er sich sichern konnte und mußte. Auch selbständige Unternehmen können als Beauftragte in Betracht kommen...“.[345]

In der Literatur[346] wird der Begriff des Beauftragten unterschiedlich definiert. So heißt es bei *Gloy*[347]: „Beauftragte sind solche Personen, die auf vertraglicher Grundlage unter bestimmtem Einfluß des Geschäftsherrn für diesen tätig sind, ohne Angestellte zu sein.“ Bei *Emmerich*[348] ist ein Beauftragter „jede sonstige Person, die aufgrund eines privatrechtlichen Vertrages, wenn auch nur gelegentlich, in die Betriebsorganisation des Inhabers eingegliedert ist und dergestalt für den Inhaber tätig wird, daß die Ergebnisse ihrer Handlungen letztlich dem Betriebsinhaber zugute kommen“.

Problematisch ist hier jedoch bereits, § 8 UWG n.F. im Rahmen der Geschäftsführung ohne Auftrag anzuwenden. Schon seinem Wortlaut nach gilt § 8 Abs. 2 UWG n.F. nur für Unterlassungen. Unterlassungen sind bei der hier anzunehmenden Geschäftsführung ohne Auftrag jedoch nicht von Belang, auch wenn sie grundsätzlich eine Geschäftsbesorgung im Sinne des § 677 BGB darstellen können.[349] Daß nur die Ansprüche nach § 8 UWG n.F. erfaßt sein sollen, ergibt sich auch aus der Gesetzesbegründung.[350] Für die §§ 9 ff. UWG n.F. sollen die allgemeinen Regeln gelten, insbesondere die §§ 31, 831 BGB.[351] Ansprüche auf Herausgabe lassen sich mit § 8 Abs. 2 UWG nicht begründen. § 8 UWG gilt zudem – wie aus seiner Stellung im Gesetz gegen den unlauteren Wettbewerb schon ersichtlich – nur für Handelungen im geschäftlichen Verkehr zu Zwekken des Wettbewerbs. Dies ergibt sich nunmehr auch deutlich aus den §§ 1 ff. UWG n.F., die gemäß der neueren Gesetzestechnik den Anwendungsbereich und entsprechende Definitionen vorgeben. § 8 UWG paßt daher auch nicht zur Geschäftsführung ohne Auftrag. Über § 8 Abs. 2 UWG wird sich hier somit keine Lösung finden lassen. Weitere Vorschriften – von den vom BGH im obi-

---

[345] Urteil vom 5. April 1995, NJW 1995, 2355 (2356), m.w.N.; ähnlich auch BGH, Urteil vom 31. Mai 1990, NJW 1990, 3204 (3205), m.w.N.; vgl. auch OLG Stuttgart, Urteil vom 8. Februar 1991, NJW-RR 1991, 1333 (1334).

[346] Vgl. noch weitestgehend der Rechtsprechung folgend *Köhler* in: Baumbach/Hefermehl, § 8, Rdnr. 2.41, m.w.N.

[347] Handbuch Wettbewerbsrecht, § 21, Rdnr. 9, m.w.N.; das Wort „bestimmtem“ ist wohl als „bestimmendem“ zu lesen, vgl. den Hinweis auf *Baumbach/Hefermehl* und Fußnote 22 bei *Köhler*, GRUR 93 (1991), 344 (347).

[348] *Emmerich*, Unlauterer Wettbewerb, § 21, 6. c), S. 341.

[349] Siehe nur *Sprau* in: Palandt, § 677, Rdnr. 2.

[350] Bundestagsdrucksache 15/1487, 15. Wahlperiode, S. 22.

[351] Bundestagsdrucksache 15/1487, 15. Wahlperiode, S. 22.

gen Fall erwähnten Vorschriften für Reeder und Kapitän einmal abgesehen – hinsichtlich einer Repräsentation allgemeiner Art, welche über die genannten Vorschriften hinausgehen, finden sich nicht.

bb) Als weitere Lösungsmöglichkeit ist eine mutmaßliche oder tatsächliche Zustimmung des Geschäftsführers, vor allem in Form der Genehmigung, in Betracht zu ziehen. Der Geschäftsführer zieht das Geschäft gewissermaßen an sich heran, indem er ihm zustimmt. Diese Situation ist vergleichbar mit der Situation bei der Vertretung ohne Vertretungsmacht, §§ 177 ff. BGB. Zugleich ist aber auch, zumindest bei Verpflichtung des Dritten zum Einschreiten, z.B. bei Vorliegen einer Verpflichtung gegenüber dem Geschäftsführer, eine (im untechnischen Sinne) Beauftragung des Dritten möglich. In diesen letztgenannten Fällen wird man jedoch wie oben bereits erwähnt eher eine Veranlassung durch den Geschäftsführer annehmen müssen. Wenn der Dritte dem Geschäftsführer gegenüber zu einem Einschreiten verpflichtet ist, kann man gleichzeitig auch eine Veranlassung durch den Geschäftsführer annehmen. Der Geschäftsführer hat in solchen Fällen durch die Verpflichtung des Dritten den Willen geäußert, sodann von dem Dritten ausgeführte entsprechende Geschäfte übernehmen zu wollen. Anderenfalls wäre eine Beschäftigung des Dritten für die entsprechenden Geschäfte nicht erfolgt. Dies wird allerdings nur bei ausdrücklicher Anweisung des Dritten durch den Geschäftsführer oder bei vorheriger Zustimmung anzunehmen sein. In diesen Fällen wird die Anweisung des Geschäftsführers aber auch einer Veranlassung gemäß der vorherigen Fallgruppe entsprechen. In diesen Fällen, die einer Beauftragung und damit einer Verpflichtung des Dritten gleichkommen, ist von einer Veranlassung seitens des Geschäftsführers auszugehen, so daß die bereits oben genannten Folgen eintreten. Es wird daher auch in den meisten Anstellungsverhältnissen, in denen der Dritte für den Geschäftsführer bestimmte Arbeiten zu erledigen hat, auch eine Veranlassung durch den Geschäftsführer anzunehmen sein, wenn der Dritte im Rahmen einer konkreten Verpflichtung handelt.

cc) Interessant bleibt somit nur die Konstellation, daß der Dritte nur aufgrund einer mutmaßlichen Zustimmung oder vollständig eigenmächtig handelt, ohne vorher konkret von dem Geschäftsführer angewiesen worden zu sein.

(1) Zu denken wäre an eine Leistung durch Dritte nach § 267 BGB. Solchen Konstellationen kann für das Verhältnis zwischen Schuldner und dem leistenden Dritten eine Geschäftsführung ohne Auftrag zugrunde liegen.[352] Für § 267 BGB ist jedoch nur Raum, wenn der leistende Dritte mit Fremdtilgungswillen

[352] Vgl. nur *Heinrichs* in: Palandt, § 267, Rdnr. 7.

eine eigene Leistung auf eine fremde Schuld erbringt.[353] § 267 BGB findet daher keine Anwendung, wenn der Dritte z.B. Vertreter oder Erfüllungsgehilfe des Schuldners ist. Dies sollte für die vorliegende Fallgruppe jedoch angenommen werden. Zudem müßte bereits eine Schuld zwischen dem Geschäftsführer als Schuldner und dem Geschäftsherrn als Gläubiger bestehen. Eine solche Schuld kann jedoch erst durch die Handlung des Dritten begründet werden, so daß der Geschäftsführer dem Geschäftsherrn regelmäßig nichts schuldet, worauf der Dritte leisten könnte. Hinsichtlich § 267 BGB paßt schließlich auch die Rechtsfolge nicht. So führt eine Leistung nach § 267 BGB zum Erlöschen des Schuldverhältnisses, während vorliegend gerade erst das Entstehen eines solchen in Frage steht.

(2) In Fällen wie BGHZ 67, 368 wird häufig der Schaden oder der Aufwand, weswegen der Geschäftsführer Ansprüche geltend macht, bei dem Geschäftsführer liegen. Im vorgenannten Fall ist der Kapitän ohne Anweisung des Reeders tätig geworden, der Schaden in Form des zerstörten Beibootes ist jedoch bei dem Geschäftsführer eingetreten. Diese Konstellation erinnert in gewisser Weise an die Drittschadensliquidation.

Grundsätzlich kommt die Drittschadensliquidation nur bei vertraglichen Ansprüchen in Betracht, bei deliktischen Ansprüchen nur in den Fällen der obligatorischen Gefahrentlastung.[354] Der quasivertragliche Anspruch des Geschäftsführers könnte hier noch mit den vertraglichen Ansprüchen gleichgesetzt werden. Bei der Drittschadensliquidation wird allerdings der Schaden zum Anspruch gezogen.[355] Der Dritte hätte hier den Anspruch gegenüber dem Geschäftsherrn, aber keinen Schaden. Der Schaden wäre bei dem Geschäftsführer, allerdings ist er selbst gegenüber dem Geschäftsherrn nicht tätig geworden und hat daher keinen Anspruch. Der Geschäftsführer müßte nun, um seinen Schaden ausgleichen zu können, den Anspruch zu sich und seinem Schaden ziehen. Nach dem Institut der Drittschadensliquidation ist das nicht möglich, da regelmäßig der Schaden zum Anspruch zu ziehen ist und die Drittschadensliquidation – wie angeführt – grundsätzlich nur auf Verträge angewendet wird.[356]

---

[353] Vgl. *Heinrichs* in: Palandt, § 267, Rdnr. 2 f., m.w.N.

[354] *Heinrichs* in: Palandt, Vorb v § 249, Rdnr. 113, m.w.N.

[355] Zu den Voraussetzungen siehe nur *Heinrichs* in: Palandt, Vorb v § 249, Rdnr. 112 ff. und *Brox*, Allgemeines Schuldrecht, Rdnr. 4.

[356] Die Drittschadensliquidation ist allerdings anwendbar im Rahmen des § 664 BGB, wenn der Beauftragte den Auftrag zulässigerweise an einen Unterbeauftragten weiterleitet und dieser sodann einen Schaden beim Auftraggeber verursacht. Der Beauftragte kann dann gegen den Unterbeauftragten Ansprüche geltend machen oder auf Verlangen des Auftraggebers diese Ansprüche an den Auftraggeber abtreten. Vgl. *Wittmann* in: Staudinger (1995), § 664

(3) Der Geschäftsführer könnte allerdings die Handlung des Dritten „genehmigen" und damit – wie bei der Vertretung ohne Vertretungsmacht – das „Geschäft" an sich ziehen. Nach dem obigen Fall des BGH muß man davon ausgehen, daß dies auch konkludent durch das Geltendmachen oder Einklagen möglich ist.[357] Dazu muß ein solches „Genehmigen" aber zulässig sein.

(a) Als Geschäftsbesorgung kommen sowohl rein tatsächliche Handlungen als auch Tätigkeiten rechtsgeschäftlicher Art in Betracht.[358] Im Innenverhältnis zwischen Geschäftsführer und Drittem mag – wie eventuell auch im Verhältnis des Geschäftsführers zum Geschäftsherrn – ebenfalls eine Geschäftsführung ohne Auftrag vorliegen.[359] So läuft zumindest beim Vertreter ohne Vertretungsmacht und dem durch ihn Vertretenen eine solche Geschäftsführung ohne Auftrag parallel zur Vertretung ohne Vertretungsmacht.[360] Sofern eine solche Geschäftsführung ohne Auftrag zwischen dem Dritten und dem Geschäftsführer anzunehmen wäre, könnte der Dritte Aufwendungsersatz von dem Geschäftsführer verlangen. Eine Genehmigung des abgeschlossenen Geschäfts kann allerdings nicht verlangt werden.[361]

Hier wird man auch danach differenzieren können und müssen, ob zwischen Geschäftsführer und Drittem ein Vertragsverhältnis bestand oder ob der Dritte z.B. im Wege einer Geschäftsführung ohne Auftrag gegenüber dem Geschäftsführer als Geschäftsherrn tätig wurde. Vorliegend ist jedoch von einem Arbeitsverhältnis auszugehen und eine Geschäftsführung ohne Auftrag daher nicht anzunehmen, zumal der Dritte auch kein Geschäft mit dem Geschäftsführer abschließt.[362] Der Dritte führt außerdem ein Geschäft für den Geschäfts-

---

Rdnr. 9, m.w.N. Hier sind allerdings die Voraussetzungen (Vertrag und Verschiebung des Schadens) gegeben.

[357] Verwiesen sei diesbezüglich nur auf die Entscheidungen des BGH vom 20. März 1986, NJW 1986, 2104 (2106), m.w.N., sowie des Reichsgerichts, Urteil vom 12. März 1923, RGZ 106, 44 (45) und Urteil vom 28. Oktober 1926, RGZ 115, 31 (34) zu §§ 185, 816 BGB sowie *Heinrichs* in: Palandt, § 185 Rdnr. 10.

[358] Vgl. nur *Berg*, JuS 1975, 681, m.w.N.; *Sprau* in: Palandt, § 677 Rdnr. 2 und § 662 Rdnr. 6.

[359] In dem Fall der Digestenstelle D.3.5.3.11 war ein Auftrag zwischen Geschäftsführer und Drittem gegeben.

[360] *Heinrichs* in: Palandt, § 178, Rdnr. 4.

[361] BGH, Urteil vom 9. Februar 1951, NJW 1951, 398; Urteil vom 8. Juli 1953, LM Nr. 2 zu § 683; *Heinrichs* in: Palandt, § 178, Rdnr. 4, m.w.N.

[362] Nach römischem Recht (D.3.5.5.pr.) sollte im Zweipersonenverhältnis in jedem Fall eine Geschäftsführungsklage gegeben sein, wenn ein Auftrag nur irrtümlich angenommen wurde und daher tatsächlich nicht vorlag. Nach heutigem Recht kann bei nichtigen Verträgen unter Umständen ebenfalls eine Geschäftsführung ohne Auftrag angenommen werden, vgl. *Sprau* in: Palandt, § 677, Rdnr. 7, m.w.N. Beides trifft vorliegend aber nicht zu, da der Dritte kein

herrn, nicht den Geschäftsführer. Die Wirkungen treten nur hinsichtlich des Geschäftsführers ein, z.B. indem im obigen Seenotrettungsfall dessen Sachen beschädigt werden.

Auch eine Verpflichtungsermächtigung ist grundsätzlich nicht zulässig.[363] Wenn der Dritte somit für den Geschäftsführer tätig werden will, muß er entweder von diesem bevollmächtigt sein, ihn zu vertreten, oder er muß sonstwie berechtigt für diesen tätig werden. Diese Berechtigung kann der Dritte nun auch nachträglich durch eine Genehmigung seitens des Geschäftsführers erhalten. Die möglichen Beziehungen zwischen den Beteiligten werden dabei nachfolgend zu untersuchen sein.

(aa) Wenn zwischen dem Dritten und dem Geschäftsherrn ein Vertrag im Namen des Geschäftsführers abgeschlossen wird, kann der Geschäftsführer diesen Vertrag genehmigen und die Ansprüche aus dem Vertrag geltend machen. Eine solche Genehmigung ist bei Verträgen grundsätzlich über § 177 BGB möglich. Für eine Genehmigung, so denn der Geschäftsführer eine zu geben bereit ist, muß der Dritte wie ein Vertreter ohne Vertretungsmacht gegenüber dem Geschäftsherrn aufgetreten sein. Eine solche Genehmigung nach §§ 177, 185 BGB bei Vertrag oder Verfügung kann bereits in der Geltendmachung der Ansprüche durch den Geschäftsführer gesehen werden. Durch diese Genehmigung „übernimmt" der Geschäftsführer das von dem Dritte ausgeführte Geschäft. Die Wirkungen treten dann für und gegen ihn ein. Allerdings wird durch § 177 BGB nur das von dem Dritte getätigte Geschäft genehmigt, nicht zwangsläufig auch die von dem Dritten ausgeführte Tätigkeit. Dieses Innenverhältnis ist von dem Außenverhältnis zu trennen, kann aber grundsätzlich auch zusammenfallen. Dies ist je nach Einzelfall zu entscheiden.[364] In den Fällen eines genehmigten Vertragsabschlusses wird allerdings keine Geschäftsführung ohne Auftrag, sondern ein Vertragsverhältnis vorliegen.[365]

Geschäft für den Geschäftsführer, sondern für den Geschäftsherrn führen wollte, allerdings mit Wirkung für den Geschäftsführer.

[363] Siehe nur *Heinrichs* in: Palandt, § 185, Rdnr. 13 und 3, m.w.N.

[364] Intern wird eine unberechtigte Geschäftsführung ohne Auftrag, wenn denn der Dritte gegenüber dem Geschäftsführer eine solche übernimmt und durchführt, über § 684 Satz 2 BGB genehmigt.

[365] Im Rahmen eines solchen genehmigten Vertragsverhältnisses hat der Genehmigende grundsätzlich für das Verschulden seines Vertreters ohne Vertretungsmacht einzustehen, vgl. BGH, Urteil vom 13. November 1954, NJW 1955, 297. Durch die Genehmigung einer unberechtigten Geschäftsführung ohne Auftrag werden grundsätzlich Ansprüche auf Schadensersatz gegen den Vertreter ohne Vertretungsmacht bzw. den unberechtigten Geschäftsführer (hier den Dritten) ausgeschlossen. Dies kann allerdings durch einen Vorbehalt des Ge-

(bb) Möglich ist auch, daß der Dritte mit einer vierten Person einen Vertrag zugunsten des Geschäftsherrn abschließt und hierfür z.B. Mittel des Geschäftsführers verwendet. Für eine Genehmigung, so denn der Geschäftsführer eine zu geben bereit ist, muß der Dritte wiederum wie ein Vertreter ohne Vertretungsmacht, diesmal gegenüber der vierten Person, aufgetreten sein. Mit der Beauftragung der vierten Person, mit welcher er einen Vertrag schließt, übernimmt und führt der Dritte eine Geschäftsführung ohne Auftrag gegenüber dem Geschäftsherrn aus. Will der Geschäftsführer nunmehr Ansprüche aus Geschäftsführung ohne Auftrag gegenüber dem Geschäftsherrn geltend machen, kann er den Vertragsschluß des Dritten genehmigen, sofern dieser ihn verpflichten wollte. Dadurch würde der Geschäftsführer an die Stelle des Dritten treten und könnte die Ansprüche aus der Geschäftsführung ohne Auftrag des Dritten gegenüber dem Geschäftsherrn geltend machen.

Wenn der Dritte nicht den Geschäftsführer verpflichten wollte, also nicht als Vertreter ohne Vertretungsmacht gegenüber der vierten Person aufgetreten ist, kann der Geschäftsführer grundsätzlich auch keinen Vertrag zwischen dem Dritten und der vierten Person genehmigen. Es ist dann auch kein Übergang der Ansprüche aus Geschäftsführung ohne Auftrag vom Dritten auf den Geschäftsführer möglich. Der Geschäftsführer muß sich dann an den Dritten wenden, um seine Aufwendung ersetzt zu erhalten.[366]

(cc) Ähnliches gilt für den Fall, daß der Dritte direkt gegenüber dem Geschäftsherrn tätig wird, ohne mit diesem einen Vertrag zu schließen. Der Dritte hat die Geschäftsführung ohne Auftrag gegenüber dem Geschäftsherrn ausgeführt. Dies muß er für den Geschäftsführer gemacht haben. Sehr fraglich ist aber schon, ob hier immer ein Vertrag im Sinne des § 177 BGB vorliegt, welcher von dem Geschäftsführer genehmigt werden kann. In der Regel wird der Dritte – z.B. in dem obigen Seenotrettungsfall[367] – keinen Vertrag abschließen. Die Handlung bei § 177 BGB muß jedoch dem Gesetzeswortlaut nach der Abschluß eines Vertrages sein („Schließt jemand ... einen Vertrag, ...“). Hierunter fallen alle mehrseitigen Rechtsgeschäfte.[368] Entsprechend anwendbar sind die Vertretungsvorschriften auch auf geschäftsähnliche Handlungen, nicht jedoch auf Realakte.[369] Bei der Geschäftsführung ohne Auftrag handelt es sich zwar

---

schäftsherrn, hier des genehmigenden Geschäftsführers, verhindert werden. Vgl. *Wittmann* in: Staudinger (1995), § 684 Rdnr. 11.

[366] Hierzu noch später, B. V. 1. c)

[367] BGHZ 67, 368.

[368] *Heinrichs* in: Palandt, § 178, Rdnr. 1; vgl. auch *ders.* in: Palandt, Überbl v § 104 Rdnr. 12.

[369] *Heinrichs* in: Palandt, Einf v § 164, Rdnr. 3.

um eine Rechtshandlung in der Unterart der rechtsgeschäftsähnlichen Handlung, aber aufgrund der überwiegend rein tatsächlichen Art der Übernahme der Geschäftsführung ohne Auftrag sind die Vorschriften über die Rechtsgeschäfte, zu denen auch die §§ 164 ff. BGB zählen, grundsätzlich nicht anwendbar.[370]

Die Übernahme der Geschäftsführung ohne Auftrag stellt kein Rechtsgeschäft dar.[371] Gegen ein Rechtsgeschäft spricht, daß durch einseitigen Willen einem anderen grundsätzlich keine Pflichten auferlegt werden können und daß § 682 BGB nur die Haftung für Minderjährige mindert, aber kein Rechtsgeschäft für Geschäftsfähige voraussetzt.[372] Gegen ein Rechtsgeschäft spricht auch § 686 BGB, da nur der richtige Geschäftsherr verpflichtet wird, nicht aber der zu Unrecht angenommene.[373] Da der Begriff „Genehmigung" z.B. in §§ 182 ff., 1001 und 1726 a.F.[374] BGB unterschiedlich verwendet wird, können aus § 684 Satz 2 BGB keine Rückschlüsse gezogen werden.[375] § 685 BGB gilt nur für einen Sonderfall[376] und hilft ebenfalls nicht weiter.[377] Schließlich findet § 179 BGB grundsätzlich nur im Verhältnis zwischen Vertreter und „Drittem" Anwendung, nicht aber zwischen „Geschäftsführer" und „Geschäftsherr".[378]

Auch eine genehmigungsfähige Verfügung[379] wird nicht immer vorliegen. So kann der Dritte wie z.B. im obigen Seenotrettungsfall Gegenstände des Geschäftsführers einsetzen, ohne darüber einen Vertrag zu schließen oder über sie zu verfügen. Die Fälle der Geschäftsführung ohne Auftrag sind überwiegend rein tatsächlicher Art.[380] Die Geschäftsübernahme selbst ist eine Rechtshandlung, so daß die Vorschriften über die Rechtsgeschäfte, insbesondere §§ 177,

---

[370] *Sprau* in: Palandt, Einf v § 677, Rdnr. 2; *Dorn*, S. 55, m.w.N.
[371] *Dorn*, S. 46 ff.
[372] *Dorn*, S. 46 f.
[373] *Dorn*, S. 50.
[374] Aufgehoben durch das Kindschaftsrechtsreformgesetz (KindRG) von 16. Dezember 1997, BGBl. 2942.
[375] *Dorn*, S. 49.
[376] *Sprau* in: Palandt, § 685 Rdnr. 1: „Ausnahmevorschrift".
[377] *Dorn*, S. 50.
[378] *Dorn*, S. 49. *Dorn* verwendet hier die Begriffe in einer anderen Bedeutung, da er vom klassischen Personenverhältnis bei § 179 BGB und Geschäftsführung ohne Auftrag ausgeht. Der von ihm bezeichnete Vertreter ist der Dritte, während der von ihm bezeichnete Dritte der Geschäftsherr ist. Der von ihm bezeichnete Geschäftsführer ist hier der Dritte, der als Geschäftsherr bezeichnete ist der Geschäftsführer.
[379] Rechtsgeschäfte, die unmittelbar darauf gerichtet sind, auf ein bestehendes Recht einzuwirken (es zu belasten), es zu verändern, zu übertragen oder aufzuheben, vgl. *Brox*, BGB AT, Rdnr. 102; *Heinrichs* in: Palandt, Überbl v § 104 Rdnr. 16, m.w.N.
[380] Vgl. *Sprau* in: Palandt, Einf v § 677 Rdnr. 2.

185 BGB, nicht anwendbar sind.[381] Eine Genehmigung wird daher auch nur im Falle der §§ 177, 185 BGB, mithin bei Abschluß eines Vertrages oder einer Verfügung, anzunehmen sein, und auch nur bei der Ausführung der Geschäftsführung ohne Auftrag.

Wenn der Geschäftsführer die Handlung des Dritten genehmigt, wird hiervon nur die Beziehung des Geschäftsführers zum Dritten berührt. Eine Genehmigung der Handlung des Dritten gegenüber dem Geschäftsherrn ist dem Geschäftsführer nicht möglich, da kein genehmigungsfähiger Vertrag vorliegt. Auch eine entsprechende Anwendung der Vorschriften über Rechtsgeschäfte auf die Geschäftsführung ohne Auftrag scheidet wie dargestellt aus.

Andererseits ist es grundsätzlich möglich, eine unberechtigte Geschäftsführung ohne Auftrag gemäß § 684 Satz 2 BGB zu genehmigen. Dafür muß zwischen dem Dritten und dem Geschäftsführer aber eine solche unberechtigte Geschäftsführung ohne Auftrag vorliegen. Wie bereits erwähnt, schließt der Dritte das Geschäft allein zulasten des Geschäftsführers und zugunsten des Geschäftsherrn. Einen Geschäftsführungswillen zugunsten des Geschäftsführers wird man hier nicht annehmen können. In diesem Fall ist schon keine Geschäftsführung ohne Auftrag gegeben, unabhängig von einer möglicherweise gegebenen oder nicht gegebenen Berechtigung. Der Geschäftsführer muß sich hier sodann an den Dritten halten, um Ersatz für seine Aufwendungen zu erhalten.[382]

Ergebnis wäre somit, daß bei einem eigenmächtigen Tätigwerden des Dritten in Form einer tatsächlichen Handlung ein Anspruch des Geschäftsführers gegen den Geschäftsherrn aus §§ 677, 683, 670 BGB nicht besteht. Gleiches gilt auch für den Vertragsabschluß des Dritten mit einer vierten Person zugunsten des Geschäftsherrn, sofern der Dritte nicht als Vertreter des Geschäftsführers aufgetreten ist. Dies ist unabhängig davon, ob der Geschäftsführer der Handlung des Dritten zustimmt oder nicht, da der Geschäftsführer das Geschäft, welches zwischen Drittem und Geschäftsherrn oder zwischen vierter Person und Geschäftsherr stattfand, nicht ohne weiteres an sich ziehen kann.

Für den obigen Fall in BGHZ 67, 368 macht dies vorliegend keinen Unterschied, da der Dritte als Kapitän zur Handlung verpflichtet war und zugleich als Repräsentant den Geschäftsführer verpflichten konnte. In den sonstigen Fällen, in denen kein Dritter mit einer solch speziellen Stellung wie ein Kapitän handelt, ergeben sich jedoch Probleme.

---

[381] Vgl. *Sprau* in: Palandt, Einf v § 677 Rdnr. 2.
[382] Hierzu noch später, B. V. 1. c).

(b) Der Dritte hat gegen den Geschäftsherrn keinen Anspruch aus Geschäftsführung ohne Auftrag. Er erfüllt zwar die Voraussetzungen, hat jedoch keinen Schaden, da er keine eigenen Aufwendungen gemacht hat. Der Geschäftsführer hat gegen den Geschäftsherrn keinen Anspruch aus Geschäftsführung ohne Auftrag, dafür aber einen Schaden. Der Dritte könnte nun einem Anspruch des Geschäftsführers ausgesetzt sein mit der Folge, daß er durch die Geschäftsführung einen Schaden erleidet, da er dem Geschäftsführer dessen Schaden ersetzen muß. Der Dritte kann somit von dem Geschäftsherrn nach §§ 677, 683, 670 BGB Ersatz für diesen, nunmehr ihm entstandenen Schaden verlangen. Der Dritte könnte nun seinen Anspruch auf Ersatz gegenüber dem Geschäftsherrn auf den Geschäftsführer übergehen lassen, so daß dieser einen Anspruch gleich gegen den Geschäftsherrn geltend machen kann. Als Lösungsmöglichkeiten bieten sich hier die §§ 670, 255 ff. BGB an. Eine Drittschadensliquidation ist, wie oben dargestellt, nicht möglich. Solange der Geschäftsführer keine Ansprüche gegenüber dem Dritten geltend macht, kann diesem kein Schaden entstehen.

Es ist anerkannt, daß Aufwendungen im Sinne des § 670 BGB auch Verbindlichkeiten sein können.[383] Besteht ein Aufwendungsersatzanspruch, hier z.B. des Dritten gegenüber dem Geschäftsherrn, so kann der Anspruchsinhaber nach § 257 BGB verlangen, daß er von der Verbindlichkeit befreit wird. Der Dritte ist also einem Ersatzanspruch des Geschäftsführers ausgesetzt und hat einen Anspruch auf Befreiung davon gegen den Geschäftsherrn. Den Befreiungsanspruch kann der Dritte grundsätzlich abtreten, allerdings nicht an Dritte, sondern wegen § 399 BGB nur an den Gläubiger der zu tilgenden Schuld.[384] Dies ist hier der Geschäftsführer. Der Befreiungsanspruch wandelt sich mit der Abtretung in einen Geldanspruch um.[385] Der Dritte hat damit gegen den Geschäftsherrn einen Anspruch, den er an den Gläubiger, den Geschäftsführer, abtreten kann. Der Geschäftsführer kann sodann diesen Anspruch, der sich in einen Anspruch auf die geschuldete Leistung – regelmäßig Geld – umwandelt, gegen den Geschäftsherrn geltend machen.

---

[383] *Sprau* in: Palandt, § 670, Rdnr. 2; *Heinrichs* in: Palandt, Vorb v § 249, Rdnr. 46.

[384] BGH, Urteil vom 12. März 1993, NJW 1993, 2232; Urteil vom 20. März 1978, BGHZ 71, 167 (170); Urteil vom 27. Februar 1964, BGHZ 41, 203 (205); Urteil vom 20. Dezember 1956, BGHZ 23, 17 (22); Urteil vom 22. Januar 1954, BGHZ 12, 136 (141), m.w.N.; *Heinrichs* in: Palandt, § 257, Rdnr. 1 und § 399, Rdnr. 4, jeweils m.w.N.; vgl. auch *Heinrichs* in: Palandt, Vorb v § 249, Rdnr. 46, m.w.N.

[385] BGH, Urteil vom 20. März 1978, BGHZ 71, 167, 170; Urteil vom 27. Februar 1964, BGHZ 41, 203 (205); Urteil vom 20. Dezember 1956, BGHZ 23, 17 (22); Urteil vom 22. Januar 1954, BGHZ 12, 136 (141), m.w.N.; *Heinrichs* in: Palandt, Vorb v § 249, Rdnr. 46, § 257, Rdnr. 1 und § 399, Rdnr. 4, jeweils m.w.N.

Zugleich muß aber auch der Dritte tatsächlich einem Schadensersatzanspruch des Geschäftsführers ausgesetzt sein. Dies wird man annehmen können, wenn (wie im Fall aus BGHZ 67, 368) eine Sache des Geschäftsführers zerstört wurde. Der Geschäftsführer kann dann gegen den Dritten einen Anspruch aus unerlaubter Handlung haben. Auch vertragliche Ansprüche können in Betracht kommen, wenn der Dritte z.B. für die Vermeidung von Schäden verantwortlich war. Bei der Einwirkung auf Sachen ist auch § 904 Satz 2 BGB zu berücksichtigen.[386]

Letztendlich ergeben sich jedoch Ausfallrisiken. So muß sich nicht zwangsläufig ein Anspruch des Geschäftsführers gegen den Dritten ergeben, z.B. wenn dieser schuldlos oder nicht widerrechtlich handelt. Neben der Billigkeitshaftung nach § 829 BGB, für die es häufig bereits an der Widerrechtlichkeit fehlen kann, gibt hier § 904 BGB einen verschuldensunabhängigen Anspruch. Ein verschuldensunabhängiger Anspruch aus § 231 BGB dürfte regelmäßig daran scheitern, daß der Dritte keine Selbsthilfe im Sinne des § 229 BGB gegenüber dem Geschäftsführer ausübt und daher für den Geschäftsführer auch nicht die Voraussetzungen des § 231 BGB erfüllt sind. Zudem müßte auf eine Sache des Geschäftsführers eingewirkt werden. Der Geschäftsführer hätte dann gegen den Dritten keinen Anspruch auf Schadensersatz, den der Dritte in Form des Befreiungsanspruchs gegen den Geschäftsherrn hätte und den er dann an den Geschäftsführer abtreten könnte. In diesen Fällen bliebe der Geschäftsführer mithin auf seinem Schaden sitzen.

In diesem Fall wird man dem Geschäftsführer jedoch einen Bereicherungsanspruch aus § 812 Abs. 1 Satz 1, 2. Alternative BGB zusprechen müssen, also eine Nichtleistungskondiktion in Form der Eingriffskondiktion. Der Geschäftsherr hat hier aufgrund der Handlung des Dritten – aufgrund des Gebrauchs oder Verbrauchs fremder Sachen (des Geschäftsführers) – einen Vermögensvorteil erhalten. Dieser Vermögensvorteil besteht hier in der Ersparung von Aufwendungen oder auch in dem Nichtentstehen von Lasten[387], welche der Geschäftsherr an sich für die Geschäftsführung hätte aufbringen müssen. Dadurch kann der Geschäftsführer immerhin zumindest die bei dem Geschäftsherrn noch vorhandene Bereicherung erhalten.[388]

---

[386] Nach wohl überwiegender Ansicht richtet sich der Anspruch aus § 904 Satz 2 BGB gegen den Einwirkenden, hier also gegen den Dritten. Dieser hat dann gegen den Begünstigten, hier den Geschäftsherrn, einen Anspruch auf Befreiung. Vgl. *Bassenge* in: Palandt, § 904, Rdnr. 5 f., m.w.N.

[387] Vgl. *Sprau* in: Palandt, § 812 Rdnr. 24 ff. sowie 28 f., m.w.N.

[388] Die Einzelheiten, insbesondere die weiteren Einzelheiten betreffend z.B. die Frage der verschärften Haftung nach § 819 BGB, sollen an dieser Stelle nicht problematisiert werden; hier ist je nach Einzelfall zu entscheiden.

(c) Besteht zwischen Geschäftsführer und Drittem ein Arbeitsverhältnis, so kann zudem die arbeitsrechtliche Beschränkung der Arbeitnehmerhaftung zu berücksichtigen sein. Der Arbeitnehmer haftet im Rahmen seiner Tätigkeit für seinen Arbeitgeber nicht unbeschränkt für von ihm verursachte Schäden, sondern haftet je nach Art der Schäden und des Verschuldens in Anwendung des § 254 BGB zu einem bestimmten Anteil (wobei eine volle oder auch gar keine Haftung nicht ausgeschlossen ist) und hat gegebenenfalls gegen seinen Arbeitgeber einen – nicht abdingbaren[389] – Freistellungsanspruch gegenüber dem Geschädigten.[390] Der Anspruch des Arbeitnehmers geht auf Aufwendungsersatz und ergibt sich aus § 670 BGB.[391] Er wird damit begründet, daß der Arbeitnehmer nicht der strengen Haftung ausgesetzt sein soll, gegen welche er sich nicht versichern kann, wenn er aufgrund seines Arbeitsverhältnisses zu gefahrgeneigter Arbeit verpflichtet ist.[392] Hinzu kommt, daß die volle Haftung für den Arbeitnehmer die Existenzvernichtung bedeuten kann.[393] Mittlerweile wird die Haftungsmilderung für jede Art von Tätigkeit und nicht nur für gefahrgeneigte Arbeit angenommen.[394] Der Umfang der Haftungserleichterung bestimmt sich nach dem Grad des Verschuldens.[395]

Für den Fall der Geschäftsführung ohne Auftrag bedeutet dies: Hierauf können diese Grundsätze nicht ohne weiteres übertragen werden, da die arbeitsrechtliche Haftungsbeschränkung zugunsten des Arbeitnehmers wirkt, wenn dieser Schäden beim Arbeitgeber oder bei außenstehenden Personen verursacht hat. Hinsichtlich der Schäden wird es sich in der Regel um deliktische Ansprüche handeln. Im Fall der Geschäftsführung ohne Auftrag führt der Dritte als Arbeitnehmer jedoch ein Geschäft für den Geschäftsherrn und wendet damit gerade Schäden von diesem ab. Freistellungsansprüche des Dritten als Arbeitnehmer gegen den Geschäftsführer und im Hinblick auf den Geschäftsherrn kommen dann grundsätzlich nicht in Betracht. Dies kann nur der Fall sein, wenn der Dritte als Handelnder im Rahmen der Geschäftsführung ohne Auftrag Schäden

---

389 BAG, Urteil vom 5. Februar 2004, Az.: 8 AZR 91/03, Ziffer 30 ff., abrufbar unter www.bundesarbeitsgericht.de; *Küttner*, Nr. 30 Arbeitnehmerhaftung, Rdnr. 25, m.w.N.

390 Zu den Einzelheiten siehe BAG GS, Beschluß vom 27. September 1994, NJW 1995, 210, m.w.N.; *Putzo* in: Palandt, § 611, Rdnr. 156 f., m.w.N.; *Küttner*, Nr. 30 Arbeitnehmerhaftung, Rdnr. 8 ff.; *Schaub*, § 85, Rdnr. 5 ff.

391 *Schaub*, § 85, Rdnr. 1, m.w.N.

392 *Küttner*, Nr. 30 Arbeitnehmerhaftung, Rdnr. 10, m.w.N.

393 *Küttner*, Nr. 30 Arbeitnehmerhaftung, Rdnr. 10, m.w.N.

394 *Küttner*, Nr. 30 Arbeitnehmerhaftung, Rdnr. 11, m.w.N.

395 Zu den weiteren Einzelheiten vgl. *Küttner*, Nr. 30 Arbeitnehmerhaftung, Rdnr. 12 ff., m.w.N.

bei dem Geschäftsherrn verursacht.[396] Zu Art und Umfang der Ansprüche und deren Voraussetzungen gilt dann das oben Gesagte. Die Grundsätze über die Haftungsbeschränkung bei Arbeitnehmern können somit auch bei der Geschäftsführung ohne Auftrag Anwendung finden, wenn der Dritte als Arbeitnehmer bei dem Geschäftsherrn einen Schaden verursacht. Zu beachten ist aber, daß hier grundsätzlich Ansprüche des Geschäftsherrn in voller Höhe gegen den Dritten als Arbeitnehmer bestehen.[397] Der Dritte hat lediglich die Möglichkeit, Freistellung von Seiten des Geschäftsführers gegenüber den Ansprüchen des Geschäftsherrn zu verlangen. Schäden auf Seiten des Dritten selbst sind direkt vom Arbeitgeber zu erstatten, sofern es sich um eine Tätigkeit im Rahmen des Arbeitsverhältnisses handelt.[398] Dies bedeutet aber, daß im Rahmen von Arbeitsverhältnissen der Geschäftsführer als Arbeitgeber in der Regel die Aufwendungen des Dritten tragen muß. Denn wenn es sich um eine Tätigkeit im Rahmen des Arbeitsverhältnisses handelt, hat der Dritte als Arbeitnehmer einen Anspruch auf Freistellung.

Hat der Dritte durch seine Handlung Schäden bei dem Geschäftsführer, seinem Arbeitgeber, verursacht, z.B. durch Verwendung der Sachen des Geschäftsführers, kann unter Berücksichtigung der arbeitsrechtlichen Haftungsverteilung ein Anspruch des Geschäftsführers als Arbeitgeber gegen den Dritten entfallen. In diesem Fall hätte der Geschäftsführer auch keinen Anspruch gegen den Dritten, von welchem der Geschäftsherr den Dritten im Rahmen des Aufwendungsersatzes befreien müßte. Dadurch könnte wiederum der Dritte dem Geschäftsführer mittels einer Abtretung keinen Ersatz für seine Schäden verschaffen. Diese Haftungslücke ist jedoch hinzunehmen, da sie der allgemeinen Haftungsverteilung im Rahmen des Arbeitsrechts entspricht. So kann der Dritte bei leichter

---

[396] Entstehen können jedoch auch Schäden beim Geschäftsführer als Arbeitgeber, z.B. durch Verwendung von Eigentum des Geschäftsführers, für welche der Dritte haften könnte. Siehe hierzu noch nachfolgend im Text. Der Dritte kann diesbezüglich entstandenen Ansprüchen des Geschäftsführers gegenüber dem Geschäftsherrn einen Befreiungsanspruch geltend machen, vgl. bereits oben.

[397] Vgl. BGH, Urteil vom 19. September 1989, BGHZ 108, 305: „Zu Lasten außerhalb des Arbeitsverhältnisses stehender Dritter ist für eine Beschränkung der Haftung des Arbeitnehmers nach Maßgabe der in der Rechtsprechung entwickelten Grundsätze zur gefahrgeneigten Arbeit kein Raum."; ferner Urteil vom 21. Dezember 1993, NJW 1994, 852: „Es wird daran festgehalten, daß die Grundsätze zur Beschränkung der Haftung des Arbeitnehmers bei gefahrgeneigter Tätigkeit nicht zu Lasten eines außerhalb des Arbeitsverhältnisses stehenden Dritten gelten (Bestätigung von BGHZ 108, 305 ...)". Der Arbeitnehmer trägt damit regelmäßig das Risiko der Insolvenz seines Arbeitgebers.

[398] Hier kommen bei Personenschäden vor allem Ansprüche aus der gesetzlichen Unfallversicherung in Betracht, vgl. SGB VII vom 7. August 1996 (BGBl. I S. 1254), zuletzt geändert durch Artikel 6 des Gesetzes vom 30. Juli 2004 (BGBl. I S. 2014), hier insbesondere auch § 104 SGB VII.

Fahrlässigkeit von Ansprüchen des Geschäftsführers frei sein. Der Schaden verbleibt dann regelmäßig beim Arbeitgeber. Im übrigen verbleibt dem Geschäftsführer noch die Möglichkeit, über eine Eingriffskondiktion zumindest die Bereicherung auf seiten des Geschäftsherrn abzuschöpfen.

(d) Voraussetzung für die Geltendmachung des Zahlungsanspruchs des Dritten gegen den Geschäftsherrn durch den Geschäftsführer ist schließlich eine Abtretung des Ersatzanspruchs des Dritten an den Geschäftsführer. Eine solche Abtretung ist grundsätzlich auch stillschweigend möglich.[399] Häufig wird sie sogar in dem Kausalgeschäft bereits enthalten sein.[400] Im Rahmen von Vertragsverhältnissen kann man eine solche stillschweigende Abtretung durchaus begründen. So kann man aufgrund der jeweiligen Nebenpflichten zu dem geschlossenen Vertrag auch eine Abtretungspflicht annehmen.[401] Der Arbeitnehmer hat gegen den Arbeitgeber regelmäßig einen Anspruch auf Freistellung von gegen ihn gerichteten Ansprüchen. Auf der anderen Seite ergibt sich daher für den Arbeitnehmer ebenfalls die Pflicht, den Arbeitgeber von „Schäden freizustellen". Dies erfolgt vorliegend über die Abtretung.[402] Sofern dies aufgrund des Vertrages nicht möglich ist, z.B. weil keine vertraglichen Beziehungen zwischen den Parteien der zu erreichenden Abtretung bestehen, muß man einen Abtretungsvertrag zwischen dem Dritten und dem Geschäftsführer verlangen. Hierbei ist zu beachten, daß eine Verweigerung der Abtretung rechtsmiß-

---

399 *Heinrichs* in: Palandt, § 398, Rdnr. 7 und 3, m.w.N.

400 *Heinrichs* in: Palandt, § 398, Rdnr. 7 und 3, m.w.N.

401 Vgl. hierzu *Larenz*, Schuldrecht I, § 32 II, S. 443, der im Dombrandfall des Reichsgericht (Urteil vom 26. April 1913, RGZ 82, 206) eine Abtretungspflicht der Ansprüche der geschädigten Kirche gegen den Schädiger gegenüber dem unterhaltungsflichtigen Fiskus aus dem zugrundeliegenden „besonderen Rechtsverhältnis und dem Grundsatz des § 242" BGB annimmt. Von *Thiele*, AcP 167 (1967), 225 und auch von *Heinrichs* in: Palandt, § 421 Rdnr. 8, wird eine analoge Anwendung des § 255 BGB vertreten. Das Reichsgericht hatte damals noch auf Geschäftsführung ohne Auftrag abgestellt, die jedoch mangels Geschäftsführungswillens ausscheidet (vgl. *Heinrichs* in: Palandt, § 421 Rdnr. 8; *Larenz*, Schuldrecht I, § 32 II, S. 442). Ebenso scheiden Ansprüche aus Bereicherungsrecht aus, da durch die Leistung keine anderweitigen Ansprüche untergehen (vgl. *Heinrichs* in: Palandt, § 421 Rdnr. 8; *Oetker* in: MüKo, § 255 Rdnr. 1; *Thiele*, AcP 167 (1967), 215). Gegen eine entsprechende Anwendung des § 255 BGB vor allem *Larenz*, Schuldrecht I, § 32 II, S. 443; vgl. ferner BGH, Urteil vom 27. März 1969, BGHZ 52, 39 und Urteil vom 8. Januar 1959, BGHZ 29, 157 (161 f.).

402 Eine Abtretungspflicht des Dienstverpflichteten (auch in entsprechender Anwendung des § 255 BGB) ist in der Rechtsprechung anerkannt. Vgl. hierzu BGH, Urteil vom 23. Mai 1989, BGHZ 107, 325 (329), m.w.N.; Urteil vom 9. April 1964, BGHZ 41, 292 (294); Urteil vom 22. Juni 1956, BGHZ 21, 112 (119 f.), m.w.N.; Urteil vom 19. Juni 1952, BGHZ 7, 30 (49); *Putzo* in: Palandt, § 616 Rdnr. 32, m.w.N.; vgl. auch BGH, Urteil vom 26. Januar 1989, BGHZ 106, 313 (320 f.).

bräuchlich sein kann. Wenn kein anerkennenswertes schutzwürdiges Interesse betroffen ist, kann sich eine Verweigerung als unbillig und rechtsmißbräuchlich erweisen.[403] Beide Parteien eines Schuldverhältnisses haben sich so zu verhalten, dass Rechtsgüter des anderen Teils nicht verletzt werden.[404] Letztendlich liegt es jedoch auch im Interesse des Arbeitnehmers, nicht in den Rechtsstreit und die Auseinandersetzung mit einbezogen zu werden.

Arbeitsrechtlich läßt sich eine solche Pflicht zur Abtretung aus den arbeitsrechtlichen Treue- und Fürsorgepflichten herleiten. Die Fürsorgepflicht definiert sich regelmäßig als Verpflichtung des Arbeitgebers, seine Rechte aus dem Arbeitsverhältnis so auszuüben und die im Zusammenhang mit dem Arbeitsverhältnis stehenden Interessen des Arbeitnehmers so zu wahren, wie dies unter Berücksichtigung der Belange des Betriebs und der Interessen der gesamten Belegschaft nach Treu und Glauben billigerweise möglich ist.[405] Die Fürsorgepflicht – ebenso wie die Treuepflicht des Arbeitnehmers – hat mittlerweile auch in § 241 Abs. 2 BGB n.F. eine gesetzliche Grundlage gefunden, wobei lediglich ein seit langem anerkannter Rechtsgrundsatz kodifiziert wurde.[406] Auf Arbeitnehmerseite werden diese Nebenpflichten als Treuepflichten bezeichnet.[407] So kann der Dritte als Arbeitnehmer verpflichtet sein, zur Abwendung von Schäden bei seinem Arbeitgeber, dem Geschäftsführer, den Befreiungsanspruch gegenüber dem Geschäftsherrn an den Geschäftsführer abzutreten.

Der Schaden des Dritten, der dem Schaden des Geschäftsführers entsprechen muß, muß eine Verbindlichkeit im Sinne des § 257 BGB darstellen. Als Verbindlichkeit im Sinne des § 257 BGB gelten Aufwendungen im Sinne des § 256 BGB.[408] Aufwendung im Sinne des § 256 BGB ist die freiwillige Aufopferung von Vermögenswerten im Interesse eines anderen, worunter auch Ansprüche aus § 670 BGB fallen können.[409] Der Dritte opfert hier auch Vermögenswerte, indem er sich einem Schadensersatzanspruch aussetzt. Dieser Schadensersatzanspruch ist der Schadensersatzanspruch des Geschäftsführers gegen den Dritten. Der Dritte gestattet sodann durch die Abtretung des Befreiungsanspruchs, welchen er gegen den Geschäftsherrn hat, die Geltendmachung von

---

[403] Vgl. BGH, Urteil vom 25. November 1999, NJW-RR 2000, 1220, m.w.N.
[404] Vgl. *Heinrichs* in: Palandt, Ergänzungsband § 241 Rdnr. 7, m.w.N.; vgl. auch den Überblick von *Heinrichs* in: Palandt, § 242 Rdnr. 23 ff.
[405] *Küttner*, Nr. 193 Fürsorgepflicht, Rdnr. 3; vgl. zur Treuepflicht *ders.*, a.a.O., Nr. 406 Treuepflicht, Rdnr. 1.
[406] *Heinrichs* in: Palandt Ergänzungsband, § 241, Rdnr. 1.
[407] *Küttner*, Nr. 406 Treuepflicht, Rdnr. 1.
[408] *Heinrichs* in: Palandt, § 257, Rdnr. 1.
[409] *Heinrichs* in: Palandt, § 256, Rdnr. 1.

Ansprüchen des Geschäftsführers gegen den Geschäftsherrn. Zugleich wendet er die Geltendmachung von Ansprüchen gegen sich selbst ab.

(e) In dem Fall BGHZ 67, 368 war zugleich noch ein weiteres Problem gegeben. Der Kapitän hat die Besatzung eines anderen Schiffes gerettet, und der Reeder des Kapitäns hat den Reeder des Geretteten in Anspruch genommen. Der BGH führt hierzu aus, der Kapitän mag zwar ein Geschäft des Geretteten geführt haben. Zugleich habe er aber auch „ein Geschäft desjenigen besorgt, der zur Rettung dieser Personen verpflichtet ist. Eine solche Pflicht obliegt auch dem Reeder, dessen Schiff in Seenot gerät. Sie folgt bereits daraus, daß er für die Sicherheit aller Personen zu sorgen hat, die sich mit seinem Wissen an Bord seines Schiffes aufhalten."[410] In der vorgenannten Konstellation, daß verschiedene Reeder beteiligt sind, mag sich dies aus den besonderen Gegebenheiten im Seerecht ergeben.

Aber auch sonst wird man, z.B. über eine arbeitgeberseitige Fürsorgepflicht – hier des Geschäftsherrn gegenüber seinen Leuten –, wie sie sich z.B. auch aus § 618 BGB ergibt, eine Pflicht zum Schutz des Arbeitnehmers, soweit es sich um einen solchen handelt, annehmen müssen. Für den Arbeitgeber ergibt sich somit eine Pflicht zum Schutz seiner Arbeitnehmer, welche sich auch als sein Geschäft darstellt, wofür er mithin schließlich auch aufzukommen hat. Wird der Dritte nun tätig, um – vergleichbar dem obigen Seenotrettungsfall – Arbeitnehmern des Geschäftsherrn (als Arbeitgeber) zu helfen, so trifft den Geschäftsherrn über die Fürsorgepflicht auch eine Pflicht, den Dritten von Ansprüchen des Geschäftsführers freizustellen. Diese Ansprüche kann der Dritte sodann wieder an den Geschäftsführer abtreten, so daß erneut eine Verbindung zwischen Geschäftsführer und Geschäftsherr gegeben ist. Wenn die vierte Person kein Arbeitnehmer des Geschäftsherr sein sollte, sondern vielmehr „selbständig" (nicht im arbeitsrechtlichen Sinne) handelt, kann diese vierte Person selbst Geschäftsherr sein und den Ansprüchen des Dritten auf Freistellung sowie des Geschäftsführers auf Zahlung nach Abtretung verpflichtet sein.

Nach der vorliegenden Lösung richten sich die einzelnen Ansprüche des Geschäftsführers auf Schadensersatz zuerst gegen den Dritten, welcher seine Ansprüche gegen den Geschäftsherrn abtreten kann. Die Ansprüche des Geschäftsherrn, z.B. wegen Herausgabe oder Schlechterfüllung, richten sich ebenfalls in erster Linie gegen den Dritten, der sodann die Befreiung von diesen Ansprüchen vom Geschäftsführer verlangen kann.

---

[410] Siehe BGH NJW 1977, 530 (531).

Für Fälle wie den Eingangsfall BGHZ 67, 368 = NJW 1977, 530 bedeutet dies, dass zusätzlich noch eine Abtretung verlangt werden muß. Anderenfalls kann der Geschäftsführer keine Ansprüche direkt gegen den Geschäftsherrn geltend machen.

c) Eigenmächtiges Handeln eines fremden Dritten

Zu betrachten ist schließlich der Fall bei der Geschäftsführung ohne Auftrag, daß ein Dritter, der nicht zum Lager, zu den Leuten des Geschäftsführers gehört, Geschäfte des Geschäftsherrn ausführt und das Erlangte dem Geschäftsführer zukommen läßt. In diesen Fällen hat der Geschäftsführer seinen Risiko- und Geschäftsbereich nicht erweitert. Er erhält das Erlangte, ohne hierfür eine Veranlassung gegeben zu haben, und sei es auch nur in der Form, daß der Dritte grundsätzlich für ihn tätig ist. In solchen Fällen wird man den Geschäftsführer kaum haften lassen können. Überlegenswert wäre allenfalls, die Handlungen des Dritten sowohl als Geschäftsführung ohne Auftrag gegenüber dem Geschäftsführer als auch als Geschäftsführung ohne Auftrag gegenüber dem Geschäftsherrn zu betrachten. Ansprüche des Geschäftsherrn gegen den Geschäftsführer und umgekehrt aus Geschäftsführung ohne Auftrag können sich dann allerdings nicht ergeben, da zwischen diesen beiden keine direkten Beziehungen bestehen und keine Handlungen von diesen beiden vorgenommen wurden.

Auch die Geschäftsführung ohne Auftrag gegenüber dem Geschäftsführer gibt keinen Anspruch auf Genehmigung eines eventuell mit dem Geschäftsherrn abgeschlossenen Geschäfts. Hier ist allenfalls ein Aufwendungsersatz möglich; im übrigen bestimmen sich die Ansprüche nach den Vorschriften über die Vertretung ohne Vertretungsmacht.[411]

Die Handlung des Dritten wird man z.B. dem Geschäftsführer nur zurechnen können, wenn dieser die Geschäftsführung durch den Dritten veranlaßt hat. Als Veranlassung reicht hier jedoch eine bloße Kenntnis nicht aus. Allein die Zurechnung der Kenntnis begründet noch keinen Anspruch. Vielmehr müßte man dem Geschäftsführer die Handlung des Dritten als eigene zurechnen können, um ihn in die Haftung einzubeziehen. Ebenfalls könnte man eine Haftung für Hilfspersonen annehmen. Da der Dritte hier jedoch nicht als Hilfsperson des Geschäftsführers gilt, kommen solche Zurechnungen auch nicht in Betracht.

---

[411] Vgl. *Heinrichs* in: Palandt, § 178, Rdnr. 4, m.w.N.; *Seiler* in: MüKo (3.), vor § 677, Rdnr. 6, m.w.N.; BGH, Urteil vom 4. Oktober 1977, BGHZ 69, 323 (327), m.w.N.; Urteil vom 4. Mai 1955, BGHZ 17, 181 (188), m.w.N.

In solchen Fällen können daher zwischen dem Geschäftsführer und dem Geschäftsherrn allenfalls Ansprüche aus Bereicherungsrecht (z.B. Eingriffskondiktion) in Betracht kommen. Im übrigen müssen sich sowohl der Geschäftsführer als auch der Geschäftsherr jeweils an den Dritten selbst halten. So kann der Geschäftsführer gegen den Dritten bei Beschädigung seiner Sachen z.B. Ansprüche aus § 823 BGB haben; der Geschäftsherr kann gegen den Dritten Ansprüche aus Geschäftsführung ohne Auftrag (§§ 677, 681 Satz 2, 667 BGB) geltend machen.

d) Endergebnis zur Geschäftsführung ohne Auftrag

Für die Geschäftsführung ohne Auftrag ist folglich festzuhalten, dass nur bei einer Geschäftsführung ohne Auftrag auf Veranlassung des Geschäftsführers eine Haftung direkt über die Vorschriften der Geschäftsführung ohne Auftrag erfolgt. Bei der eigenmächtigen Geschäftsführung ohne Auftrag des Dritten, der zu den Leuten des Geschäftsführers gehört und in dessen Lager steht, was vornehmlich bei (angestellten) Arbeitnehmern der Fall ist, ist eine direkte Anwendung nicht möglich. Der Dritte muß vielmehr seine jeweiligen Ansprüche aus Geschäftsführung ohne Auftrag abtreten. Diese Ansprüche wandeln sich aufgrund eines bestehenden Arbeitsverhältnisses gegebenenfalls in Ansprüche auf Freistellung um.[412] Grundlage hierfür sind jedoch ebenfalls die Vorschriften über die Geschäftsführung ohne Auftrag. Bei der eigenmächtigen Geschäftsführung ohne Auftrag eines fremden Dritten sind keine Ansprüche aus Geschäftsführung ohne Auftrag gegeben. Hier kommen zwischen Geschäftsführer und Geschäftsherr lediglich andere Ansprüche in Betracht, z.B. – wie dargestellt – aus ungerechtfertigter Bereicherung.

[412] Siehe hierzu oben, B. V. 1. b) cc) (3) (b).

2. Zurechnung bei der Geschäftsanmaßung

Nach der Feststellung, daß sich aus der Geschichte der Geschäftsanmaßung keine geeigneten Schlüsse ziehen lassen, und der Feststellung der Rechtsnatur der Geschäftsanmaßung, ist es nun auch hier notwendig, auf die Möglichkeiten einer Zurechnung einzugehen. Dieser Teil der Arbeit soll sich mit den einzelnen Zurechnungsmöglichkeiten bei der Geschäftsanmaßung beschäftigen.

Als Zurechnungsnormen kommen nach dem BGB die §§ 166, 278 und 831[413] BGB in Betracht. Nicht von vornherein auszuschließen ist aber auch eine Zurechnung auf der Grundlage der gesetzlichen Regelung selbst, also aus § 687 Abs. 2 BGB. So kann es möglich sein, daß sich die Zurechnung bereits aus dieser Vorschrift ergibt, das Dreipersonenverhältnis sozusagen mit erfaßt wird. Dies war bei der Veranlassung im Rahmen der Geschäftsführung ohne Auftrag der Fall.

Wie bei der Geschäftsführung ohne Auftrag soll auch hier in drei Fallgruppen mit jeweils unterschiedlicher Stellung des Dritten unterteilt werden. Als möglicher Sachverhalt lässt sich hier insbesondere – wie oben auch schon erwähnt – der Verkauf einer Sache des Geschäftsherrn durch den Dritten annehmen.[414]

a) Veranlassung durch den Geschäftsführer

In der hier vorgesehenen ersten Fallgruppe wird der Dritte von dem Geschäftsführer veranlaßt, das für beide fremde Geschäft des Geschäftsherrn zu besorgen. Der Dritte handelt hier auf Weisung des Geschäftsführers. Er ist gewissermaßen dessen verlängerter Arm, das Werkzeug des Geschäftsführers. Die ausgeführte Handlung entspricht genau dem „Wunsch" des Geschäftsführers. Dieser weiß nicht nur von der Handlung des Dritten, sondern er will diese Handlung auch. Der Geschäftsführer hätte hier somit genauso gut selbst handeln können; die Handlung des Dritten erscheint daher wie eine Handlung des Geschäftsführers.

Wie eingangs bereits beschrieben, stimmt der Ablauf einer drittwirkenden Geschäftsanmaßung im Wesentlichen mit der „normalen" bloß zweiseitigen Geschäftsanmaßung, welche in § 687 Abs. 2 BGB geregelt ist, überein. Der Ablauf ist, abgesehen von dem Fremdgeschäftsführungswillen, im Wesentlichen auch identisch mit der Geschäftsführung ohne Auftrag. Der Dritte übt unbe-

---

413 § 831 BGB ist allerdings keine Zurechnungsnorm im eigentlichen Sinne, sondern vielmehr eine eigenständige Anspruchsgrundlage für eigenes Verschulden. Hier ist aber festzuhalten, daß eine Lösungsmöglichkeit über § 831 BGB nicht von vornherein auszuschließen ist, weswegen § 831 BGB hier in diesem Zusammenhang genannt werden soll.

414 *Helm* in: BMJ-Gutachten III, S. 360.

rechtigterweise ein für ihn fremdes Geschäft des Geschäftsherrn aus. Der Unterschied ist nun, daß der Dritte das aus dieser Handlung Erlangte nicht erhält beziehungsweise nicht behält, sondern daß dieses Erlangte dem Geschäftsführer zukommt.[415]

Ob bei dem Dritten etwas anderes zurückbleibt, ist an dieser Stelle weniger von Bedeutung.[416] Der Geschäftsherr möchte auf das Erlangte zugreifen, und das befindet sich bei dem Geschäftsführer. Nur insofern der Dritte einen Teil des Erlangten zurückbehält, besteht für den Geschäftsherrn eventuell die Möglichkeit, mittels eines Anspruchs aus § 687 Abs. 2 BGB gegen den Dritten vorzugehen. Ein Zugriff auf das eventuell als Ersatz für das Erlangte nun bei dem Dritten Befindliche soll später kurz angesprochen werden. Auszugehen ist hier aber vielmehr davon, daß der Dritte das aus seiner Handlung Erlangte dem Geschäftsführer zukommen lässt und der Geschäftsherr gegen den Geschäftsführer vorgehen will. Ob es sich bei der Handlung des Dritten zugunsten des Geschäftsführers um eine Geschäftsanmaßung nach § 687 Abs. 2 BGB handelt, ist im Folgenden zu klären.

***aa)** § 687 Abs. 2 BGB*

Eventuell könnte sich die Zurechnung gleich aus dem zugrunde liegenden Schuldverhältnis ergeben, also aus § 687 Abs. 2 BGB selbst.[417] Bevor man sich „entfernteren" Zurechnungsnormen und -möglichkeiten zuwendet, erscheint es angebracht zu untersuchen, ob nicht in dem betroffenen Schuldverhältnis selbst eine Zurechnungsmöglichkeit und damit eine Lösung des Problems gefunden werden kann. Dazu muß es sich bei der Handlung des Dritten aber auch um eine Geschäftsanmaßung im Sinne des § 687 Abs. 2 BGB handeln.

---

[415] Nicht Schwerpunkt sein sollen vorerst mögliche Ansprüche gegen den Dritten selbst. Dazu kann gegebenenfalls an anderer Stelle Stellung genommen werden.

[416] Siehe hierzu unten, B. V. 2. a) aa) (2).

[417] § 687 BGB: „(1) Die Vorschriften der §§ 677 bis 686 finden keine Anwendung, wenn jemand ein fremdes Geschäft in der Meinung besorgt, daß es sein eigenes sei.

(2) Behandelt jemand ein fremdes Geschäft als sein eigenes, obwohl er weiß, daß er nicht dazu berechtigt ist, so kann der Geschäftsherr die sich aus den §§ 677, 678, 681, 682 ergebenden Ansprüche geltend machen. Macht er sie geltend, so ist er dem Geschäftsführer nach § 684 Satz 1 verpflichtet."

§ 681 BGB: „Der Geschäftsführer hat die Übernahme der Geschäftsführung, sobald es tunlich ist, dem Geschäftsherrn anzuzeigen und, wenn nicht mit dem Aufschube Gefahr verbunden ist, dessen Entschließung abzuwarten. Im übrigen finden auf die Verpflichtungen des Geschäftsführers die für einen Beauftragten geltenden Vorschriften der §§ 666 bis 668 entsprechende Anwendung."

§ 667 BGB: „Der Beauftragte ist verpflichtet, dem Auftraggeber alles, was er zur Ausführung des Auftrags erhält und was er aus der Geschäftsbesorgung erlangt, herauszugeben."

(1) Die Haftung des Geschäftsführers

Die Handlung an sich, welche der Dritte bei der drittwirkenden Geschäftsanmaßung durchführt, entspricht der Handlung, welche in § 687 Abs. 2 BGB als Geschäftsanmaßung beschrieben wird: Der Dritte übt wissentlich und unberechtigt ein fremdes Geschäft nicht für den Geschäftsherrn aus. § 687 Abs. 2 BGB setzt allerdings voraus, daß der Dritte das fremde Geschäft für sich, „als sein eigenes" führt. Hier läßt der Dritte das aus dem fremden Geschäft Erlangte aber dem Geschäftsführer zukommen. Insofern erscheint eine Lösung über § 687 Abs. 2 BGB fraglich. Für eine solche Lösung kann hier aber sprechen, daß der Geschäftsführer die Handlung rein theoretisch auch selbst vorgenommen haben könnte. Wenn er die Handlung auch selbst vornehmen könnte, dann könnte der Vorgang der unberechtigten Fremdgeschäftsführung auch als seine eigene Tat und somit als Geschäftsanmaßung im Sinne des § 687 Abs. 2 BGB erscheinen. Dies wäre zumindest dann nicht von vornherein fernliegend, wenn der Geschäftsführer den Dritten - wie hier - zu der Handlung veranlaßt hat. Diese Annahme erscheint jedoch sehr theoretisch. Gehandelt hat der Dritte, nicht aber der Geschäftsführer. Eine Lösung über § 687 Abs. 2 BGB in der Art anzunehmen, daß die Handlung des Dritten für den Geschäftsführer und die Erlangung durch den Geschäftsführer sich als eine normale Geschäftsanmaßung darstellt, würde eine Handlung des Geschäftsführers voraussetzen. Zumindest müßte man dem Geschäftsführer eine solche Handlung unterstellen, um ihn mit in den § 687 Abs. 2 BGB einzubeziehen. Die Handlung des Dritten und die Erlangung durch den Geschäftsführer müßte als eine Geschäftsanmaßung des Geschäftsführers konstruiert werden. So müßte allein die Erlangung durch den Geschäftsführer sich als seine Handlung darstellen. Oder, wenn der Geschäftsführer den Dritten zu der Handlung veranlaßt hat, müßte die Veranlassung eine Handlung des Geschäftsführers darstellen. Der Dritte wäre bei einer solchen Lösung von vornherein außen vor.

Eine solche Lösung nach § 687 Abs. 2 BGB befürwortet *Ebert*[418]. Seiner Meinung nach „kann auch derjenige ‚ein fremdes Geschäft als eigenes behandeln', der lediglich den Auftrag zur Durchführung entsprechender Handlungen (gegeben hat)"[419]. Dabei wird zum einen darauf abgestellt, daß dies schon rein begrifflich so sein kann. Ferner wird es damit begründet, daß auch schon „die Durchführung der erforderlichen, unmittelbar noch nicht rechtsverletzenden Vorbereitungshandlungen zu dem Gesamtvorgang der Behandlung des fremden Geschäfts als eigenes gehört"[420]. Danach soll „der Auftraggeber den Tatbestand des § 687 Abs. 2 BGB (erfüllen), wenn er zum Zwecke der Erzielung eines ei-

[418] Die Geschäftsanmaßung, S. 160.
[419] Die Geschäftsanmaßung, S. 160.
[420] *Ebert*, S. 160.

genen Vorteils einem andern den Auftrag für die eigentlichen rechtsverletzenden Handlungen erteilt und dieser den Auftrag ausführt"[421].

Fraglich ist aber - wie oben schon angedeutet - bereits die begriffliche Ausdehnung des Wortlauts. So heißt es, „jemand" müsse ein fremdes Geschäft „als sein eigenes" behandeln. Der Wortlaut „als sein eigenes" deutet dabei auf den Begriff „jemand" hin; „als sein eigenes" bezieht sich auf „jemand". Dies deutet darauf hin, daß derjenige, für den das Geschäft geführt wird, derjenige ist, der das Geschäft auch selbst führt. Also müßte dieser „jemand" das Geschäft als das seinige betrachten und für sich handeln, nicht aber für einen anderen. Ansonsten müßte man davon ausgehen, daß mit „ein fremdes Geschäft als sein eigenes führen" nur die Geschäftsführung an sich gemeint ist, andererseits aber keinerlei Bezug mehr zu dem Erlangten besteht. Der Geschäftsführer des § 687 Abs. 2 BGB würde somit ein Geschäft dann als eigenes führen, wenn es nur um die Handlung an sich ginge, nicht aber auch darum, etwas zu erlangen.

Aber auch wenn hier begrifflich noch Spielraum wäre, so ist doch die weitere Annahme *Eberts* verfehlt. Auch wenn die Vorbereitungshandlungen zum „Gesamtvorgang" einer Geschäftsanmaßung gehören, so gehören sie doch nicht unmittelbar zu der Geschäftsanmaßung. Hierbei handelt es sich vielmehr um eine Handlung, die zwar damit in einem Zusammenhang stehen mag. Die eigentliche Handlung ist davon aber nicht betroffen. Nur der Dritte tätigt ein an sich fremdes Geschäft, nicht aber der Geschäftsführer.

Aus der Sicht des Dritten bedeutet dies: Er begeht letztendlich die Geschäftsanmaßung. Dies ergibt sich aus der wissentlichen und unberechtigten Behandlung eines fremden Geschäfts. Für wen er handelt, ist für die Art seiner Handlung, die eine Geschäftsanmaßung darstellt, an sich irrelevant. Nur direkt unter § 687 Abs. 2 BGB ist der Herausgabeanspruch des Geschäftsherrn aufgrund der Drittwirkung – der Dritte handelt, während der Geschäftsführer das Erlangte erhält – nicht ohne weiteres zu fassen. Die Handlung des Dritten an sich stellt sich jedoch immer noch als eine Geschäftsanmaßung dar.

Ebert beruft sich für seine Ansicht auf verschiedene Fundstellen. Diesen soll hier nun nachgegangen werden.

So vertritt *Steffen* im RGRK[422] die Ansicht, daß „gegebenenfalls eine unzulässige Eigengeschäftsführung allein bei dem Dritten vorliegen" kann, soweit der

---

[421] *Ebert*, S. 160.
[422] § 687, Rdnr. 35. (12. Auflage 1978).

Dritte den Geschäftsführer[423] beauftragt hat, und beruft sich dazu wiederum auf eine Entscheidung des Reichsgerichts. Weitere Ausführungen macht *Steffen* nicht. Diese Reichsgerichtsentscheidung[424] allerdings geht davon aus, daß in den Fällen, in denen jemand ein fremdes Geschäft im Auftrag eines Dritten besorgt (so wie § 760 des Ersten Entwurfes zum BGB es behandelte[425]), gerade *keine* Lösung in § 687 Abs. 2 zu finden sei. Wörtlich heißt es dort: „Hieraus (aus der Streichung des § 760 des Ersten Entwurfes) ergibt sich jedenfalls soviel, daß Fälle der vorliegenden Art (jemand besorgt ein fremdes Geschäft im Auftrag eines anderen) nicht von dem § 687 Abs. 2 des BGB betroffen werden." Daraus den Schluß zu ziehen, daß in den Fällen der Geschäftsanmaßung im Auftrag eines anderen § 687 Abs. 2 BGB anzuwenden sei, erscheint doch sehr fraglich.

Allerdings ist auch der Schluß des Reichsgerichts nicht einfach nachvollziehbar. § 760 des Ersten Entwurfes sollte die Anwendung der Vorschrift über die Geschäftsanmaßung ausschließen. Durch die Streichung kann man aber dann eher davon ausgehen, daß § 687 Abs. 2 BGB anwendbar ist.[426] Diese Schlußfolgerung ist aber auch nicht zwingend; allein der nicht erfolgte Ausschluß des § 687 Abs. 2 BGB sagt noch nichts über die Anwendbarkeit desselben.[427] Damit gelangt man aber wieder nur zum Ausgangspunkt, also der ursprünglichen Frage, ob § 687 Abs. 2 BGB hier anwendbar ist oder nicht.

Chrestin geht in seiner Abhandlung davon aus, daß es schon „in Hinblick auf ähnliche gesetzliche Bestimmungen (z.B. § 278 ...)" genügt, daß der Dritte[428] „den unechten Geschäftsführungswillen hat" und die Handlung „nicht selbst vornimmt, sondern sich dazu eines Gehilfen bedient".[429] *Chrestin* stellt hier auf den Grundgedanken ab, daß man für die Handlungen seiner Hilfspersonen haften soll, vor allem wenn man diese noch selbst zu solch einer Handlung beauftragt hat. Dieser Gedanke wird hier aber nicht näher ausgeführt. Diese Begründung ist allerdings recht pauschal und daher kaum ausreichend als Grundlage einer Haftung des Geschäftsführers. Ferner geht er selbst davon aus, daß die ähnlichen gesetzlichen Bestimmungen, die er zur Begründung seiner Ansicht heranzieht (§ 278), wegen ihres anderen Regelungsgehaltes nicht einwandfrei

---

[423] *Steffen* verwendet hier die Terminologie im umgekehrten Sinne, indem er den Handelnden als Geschäftsführer, den Empfänger als Dritten bezeichnet.
[424] RG JW 32 (1903), Beilage, 141.
[425] Siehe dazu oben, B. III. 1. c) cc) und B. III. 2. c) cc) (2).
[426] Vgl. *Wohlfarth*, LZ 26 (1932), 450.
[427] Vgl. *Wohlfarth*, LZ 26 (1932), 450.
[428] Auch *Chrestin* verwendet hier die Terminologie im gleichen Sinne wie *Steffen*.
[429] *Chrestin*, S. 53.

passen.[430] *Chrestin* erkennt somit die Notwendigkeit einer Haftung, ohne deren Begründung aber weiter auszuführen. Es wird allerdings schon gesehen, welches Problem sich für die Zurechnung ergibt: Keine der im BGB vorhandenen Normen für die Zurechnung beziehungsweise die Gehilfenhaftung paßt auf Anhieb.

Auch *Nipperdey* geht in seiner Kommentierung im Staudinger davon aus, daß „in solchen Fällen eine unerlaubte Eigengeschäftsführung des Dritten[431] anzunehmen" sei, „jedenfalls dann, wenn ihm die Vorteile des Geschäfts zugeflossen sind".[432] *Nipperdey* gibt damit dem Geschäftsherrn einen Anspruch gegen den Geschäftsführer direkt, soweit dieser etwas erlangt hat. Eine Begründung dazu fehlt. Hier findet sich nur ein Verweis auf *Wohlfarth*, der aber die Vorschrift des § 687 Abs. 2 BGB in solchen „Dreiecksfällen" grundsätzlich nur auf den Dritten anwendet und den Geschäftsführer außen vor läßt.[433] Haften soll nur der Dritte nach § 687 Abs. 2 BGB.[434] Der Geschäftsführer hafte nur nach allgemeinen Vorschriften bzw. nach Delikt.[435] Eine Haftung des Geschäftsführers über § 687 Abs. 2 BGB sei schon aufgrund der Stellung dieser Vorschrift im System nicht möglich; § 687 Abs. 2 kenne gar keine anderen, dritten Personen neben dem Geschäftsherrn und dem Geschäftsführer.[436] Hier wird von *Wohlfarth* auch die Nähe der Geschäftsanmaßung zum Deliktsrecht herausgestellt, wie es sich bereits oben[437] bei der Rechtsnatur gezeigt hat.

Lent befürwortet eine analoge Anwendung des § 687 Abs. 2 BGB mit der Begründung, bei der Beauftragung zur Behandlung eines fremden Geschäfts handele es sich um ein bewußtes Zusammenwirken, welches es nahelege, alle Beteiligten als Geschäftsführer und Gesamtschuldner analog § 687 Abs. 2 BGB haften zu lassen.[438] Auf den ersten Blick könnte man durchaus den Dritten und den Geschäftsführer hier als eine „Gruppe" auffassen, welche gemeinsam eine Geschäftsanmaßung begehen. Danach wären dann folglich beide als Geschäftsführer nach § 687 Abs. 2 BGB haftbar. Zudem ergäben sich dem Geschäftsherrn gegenüber keine Probleme hinsichtlich der Herausgabe, da beide als Einheit betrachtet werden: Der Geschäftsführer, der das Objekt der Geschäftsan-

---

430 *Chrestin*, S. 53.
431 *Nipperdey* verwendet ebenfalls die Terminologie wie *Steffen* und *Chrestin*. Zu lesen ist mithin „Geschäftsführer".
432 *Nipperdey* in: Staudinger (11. Aufl.), § 687, Rdnr. 9.
433 *Wohlfarth*, LZ 26 (1932), 450 f.
434 *Wohlfarth*, LZ 26 (1932), 450 f.
435 *Wohlfarth*, LZ 26 (1932), 451.
436 *Wohlfarth*, LZ 26 (1932), 451.
437 Siehe oben, B. IV. 2. b) dd).
438 *Lent*, S. 147 ff., 158 ff. (nach Wohlfarth, LZ 26 (1932), 449 f.); vgl. auch *Ebert*, S. 158 f.

maßung erlangt hat, müßte es dem Geschäftsherrn ohne weiteres bereits aus § 687 Abs. 2 BGB selbst herausgeben.[439] Gegen diese Auffassung spricht jedoch, daß auch innerhalb einer Gruppe Handlungen zuzurechnen sind. Hier ist es gerade fraglich, ob man die beiden zu einer solchen Gruppe zusammenfassen darf mit dem Ergebnis – und sicher auch dem Ziel –, die Zurechnung auf alle und eine umfassende Haftung zu erreichen. Der Geschäftsführer hat hier nicht gehandelt, ihm muß die Handlung des Dritten also noch zugerechnet werden. Ist dies allein dadurch möglich, daß er den Dritten beauftragt hat, also den Erfolg herbeigeführt haben wollte? Außerdem ergeben sich hier keine großen Unterschiede zur Ansicht *Chrestins*: Der Geschäftsführer soll für die Handlung des Gehilfen haften, weil er diese Handlung wollte. Der Unterschied liegt hier nur darin, daß *Chrestin* eine Haftung nach allgemeinen Haftungsgrundsätzen annimmt, während *Lent* mehr auf das gemeinsame Wirken abstellt. Die Situation ist aber bei beiden die gleiche. Ausschlaggebend ist für beide der Wille des Geschäftsführers. Dieser Wille des Geschäftsführers richtet sich nun einmal auf die Erlangung dessen, was der Dritte durch seine Handlung erlangt. In allen Fällen wird der eigentliche Geschäftsführer, der Dritte, aber außen vor gelassen. Beachtung geschenkt wird meist nur dem Willen des Geschäftsführers. Sicherlich ist der Geschäftsführer hier die treibende Kraft und Initiator des Ganzen. Aber er handelt nicht. Und den Dritten nur wegen der Initiative des Geschäftsführers nicht zu beachten, ginge zu weit. Schließlich ist die Handlung des Dritten bei der Lösung der Problematik auch zu berücksichtigen.

Eine Lösung nach § 687 Abs. 2 BGB ist somit – so aussichtsreich und einleuchtend es auch im ersten Moment vielleicht erscheinen mag – nicht ohne weiteres möglich. Dies zeigen auch die eben behandelten Stellungnahmen. Eine klare Begründung ist ihnen nicht zu entnehmen. Zudem wird das Problem nicht sehr ausführlich behandelt. Insbesondere die Vernachlässigung der Handlung des Dritten und die pauschale Zusammenrechnung von Geschäftsführer und Drittem erscheinen hier unangemessen. Der Dritte begeht zwar noch eine Geschäftsanmaßung, diese kann aber nicht nur deshalb dem Geschäftsführer als seine eigene zugerechnet werden mit der Folge eines Herausgabeanspruchs des Geschäftsherrn gegen den Geschäftsführer aus § 687 Abs. 2 BGB, weil er die Handlung des Dritten wollte oder weil er das aus der Geschäftsanmaßung des Dritten Erlangte erhalten hat. Die Handlung des Dritten ist bei der Lösung zu berücksichtigen.

---

[439] Lediglich hinsichtlich des Dritten könnten sich Einschränkungen nach z.B. § 275 Abs. 1 BGB n.F. ergeben, sofern man nicht eine Entlastung des Dritten über §§ 818 Abs. 3, 280 Abs. 1 BGB a.F. oder analog § 848 BGB ablehnt. Zur Haftung des Dritten auch noch später.

Eine andere Betrachtungsweise – mit dem Ergebnis der direkten Anwendung des § 687 Abs. 2 BGB – könnte sich jedoch ergeben, wenn man ebenso wie bei der Geschäftsführung ohne Auftrag ein Schuldverhältnis zwischen Geschäftsführer und Geschäftsherr annehmen kann. Grundlage hierfür wäre – wie bei der Geschäftsführung ohne Auftrag – eine Unterscheidung zwischen Übernahme und Ausführung. Der Geschäftsführer entschließt sich zur Übernahme und verwirklicht bereits damit die Geschäftsanmaßung, während die Ausführung dann durch seine Leute erfolgt und ihm durch seine Übernahme zuzurechnen ist.

Die Voraussetzungen des § 687 Abs. 2 BGB werden als die gleichen wie bei einer Geschäftsführung ohne Auftrag bezeichnet.[440] Lediglich hinsichtlich der subjektiven Voraussetzungen fehlt der Wille, das objektiv fremde Geschäft[441] auch als fremdes zu führen.[442] Unterscheidet man somit wie bei der Geschäftsführung ohne Auftrag zwischen Übernahme und Ausführung, kann man in der Veranlassung seiner Leute durch den Geschäftsführer auch eine Übernahme der Geschäftsanmaßung sehen. Die Ausführung ist ihm dann durch seine Übernahme ohne weiteres zuzurechnen.

Hierfür müssen die Voraussetzungen der Geschäftsanmaßung jedoch denen der Geschäftsführung ohne Auftrag tatsächlich entsprechen. Insbesondere ist es erforderlich, daß tatsächlich eine Unterscheidung zwischen Übernahme und Ausführung wie bei der Geschäftsführung ohne Auftrag auch bei der Geschäftsanmaßung besteht.

§ 687 Abs. 2 BGB spricht von seinem Wortlaut her von einer „Behandlung" eines fremden Geschäfts als eigenes. Dies könnte beim unbefangenen Lesen darauf hindeuten, daß nur die Ausführung selbst erfaßt ist. Eine ausdrückliche Erwähnung der Übernahme – wie z.B. bei der Geschäftsführung ohne Auftrag in den §§ 678, 683 BGB – findet sich in § 687 Abs. 2 BGB nicht. § 687 Abs. 2 BGB ist zudem nur eine Rechtsfolgenverweisung[443], so daß aus einer Anwendung z.B. der §§ 678, 681 Satz 1, 683 BGB keine Rückschlüsse auf eine Übernahme gezogen werden können. Jedoch wird auch bei der Geschäftsanmaßung der Geschäftsführer einen Willen dahingehend entwickeln, das Geschäft als eigenes zu führen, bevor er zur Ausführung des Geschäfts schreitet oder – bei

---

[440] Vgl. nur *Seiler* in: MüKo (3.), § 687, Rdnr. 8.
[441] Unter § 687 Abs. 2 BGB fallen grundsätzlich nur objektiv fremde Geschäfte, vgl. BGH, Urteil vom 23. September 1999, NJW 2000, 72; *Seiler* in: MüKo (3.), § 687, Rdnr. 14; *Sprau* in: Palandt, § 687 Rdnr. 2.
[442] *Seiler* in: MüKo (3.), § 687, Rdnr. 8.
[443] *Wittmann* in: Staudinger, Vorbem zu § 677, Rdnr. 14.

der drittwirkenden Geschäftsanmaßung – seine Leute zur Ausführung veranlaßt.

Eine Unterscheidung zwischen Geschäftsanmaßung und Geschäftsführung ohne Auftrag läßt sich aber über die unterschiedlichen Willensrichtungen und die unterschiedlichen Arten der Handlungen feststellen. So ist bei der Geschäftsanmaßung ein Eingriff in fremde Rechte erforderlich. Für die Geschäftsführung ohne Auftrag ist jedoch nur ein Handeln im Interesse des Geschäftsherrn notwendig, nicht aber zwangsläufig ein Eingriff in fremde Rechte. Entscheidend ist, daß bei der Geschäftsführung ohne Auftrag ein bestimmter Zustand erst herbeigeführt werden soll, während bei der Geschäftsanmaßung auf einen bereits bestehenden Zustand eingewirkt wird. Diese Unterteilung ist zwar streitig; mit *Ebert*, der diese Unterscheidung in seiner Arbeit dargestellt hat, ist hier aber von dieser unterschiedlichen Zielrichtung auszugehen.[444]

Nach *Ebert* ist hier von einer unterschiedlichen Bedeutung des Begriffs „fremdes Geschäft" bei Geschäftsführung ohne Auftrag und Geschäftsanmaßung auszugehen. Ansatzpunkt für diese Unterscheidung ist regelmäßig die Frage der Abgrenzung und Anwendung der Tatbestände der §§ 662, 677 und 687 Abs. 2 BGB. Wie dargestellt, bezieht sich der Unterschied auf die unterschiedlichen Zustände, welche erreicht oder verändert werden sollen. Nach *Ebert* kann man auch zwischen Interessenkreisen bei der Geschäftsführung ohne Auftrag und Rechtskreisen bei der Geschäftsanmaßung unterscheiden.[445]

Diese Unterscheidung bei dem Begriff „fremdes Geschäft" führt jedoch zu keiner Lösung hinsichtlich der Frage, ob bei der Geschäftsanmaßung wie bei der Geschäftsführung ohne Auftrag ebenfalls von einer Trennung zwischen Übernahme und Ausführung auszugehen ist. Dies ist hier aber zu bejahen. Auch wenn man einen Unterschied zwischen Geschäftsführung ohne Auftrag und Geschäftsanmaßung beim Fremdgeschäftsführungswillen und auch beim Begriff des fremden Geschäfts annimmt, entspricht die Geschäftsanmaßung dennoch im übrigen der Geschäftsführung ohne Auftrag. Es findet sich ebenso wie dort eine Unterscheidung zwischen Übernahme und Ausführung. Der Geschäftsführer entwickelt auch bei der Geschäftsanmaßung einen Willen dahingehend, ein fremdes Geschäft auszuführen. Erst nach dieser Willensbildung, welche die Übernahme darstellt, folgt die Ausführung durch ihn selbst oder durch seine Leute als Dritte. Welche „Kreise" – Interessenkreise oder Rechtskreise – betroffen sind, hat für die Ausführung an sich keine Bedeutung. Die Unterteilung nach der Willensrichtung und dem entsprechenden Eingriff in

[444] Vgl. Die Geschäftsanmaßung, S. 46 ff., insbesondere S. 52 f.
[445] S. 53.

fremde Kreise bei der Geschäftsanmaßung, die Handlung in oder für fremde Kreise bei der Geschäftsführung ohne Auftrag führt nicht zu einer unterschiedlichen Ausführung. Die Handlungen an sich bleiben jeweils identisch, auch wenn sie sich letztendlich auf unterschiedliche Geschäfte richten oder unterschiedliche Rechte oder Interessen betreffen.

Unterscheidet man aber nun zwischen Übernahme und Ausführung, ist die Lösung über § 687 Abs. 2 BGB in den Fällen, in denen der Geschäftsführer den Dritten zur Handlung veranlaßt, anzunehmen. In diesen Fällen wird man eine Lösung über § 687 Abs. 2 BGB entsprechend den Ausführungen zur Geschäftsführung ohne Auftrag durch Dritte auf Veranlassung des Geschäftsführers annehmen müssen.

Durch die Bildung des Willens, ein fremdes Geschäft als eigenes zu behandeln, übernimmt der Geschäftsführer die Geschäftsanmaßung. Die Behandlung bedeutet vorliegend auch die Übernahme des fremden Geschäfts. Das Behandeln bezieht sich insoweit nicht auf die bloße Ausführung, sondern besteht vielmehr auch aus der Übernahme, da das Behandeln hier umfassend zu verstehen ist. Damit wird auch berücksichtigt, daß die Geschäftsanmaßung von den Voraussetzungen her der Geschäftsführung ohne Auftrag im wesentlichen entspricht. Mit der Übernahme ist bereits der wesentliche Vorgang abgeschlossen. Die weitere Handlung, die Behandlung des fremden Geschäfts als eigenes, ist „lediglich" die Ausführung der bereits „übernommenen" Geschäftsanmaßung. Die Geschäftsanmaßung bleibt jedoch eine Geschäftsanmaßung allein des Geschäftsführers. Alle weiteren Handlungen stellen Handlungen auf Veranlassung des Geschäftsführers dar und sind damit wie seine eigenen zu behandeln. § 687 Abs. 2 BGB spricht insoweit auch nur von der „Behandlung" eines fremden Geschäfts als eigenes. Der Anspruch aus § 687 Abs. 2 BGB richtet sich somit gegen den Geschäftsführer, der die Vorteile aus der Tat erlangt hat.

Bei der Ausführung des nun begründeten Schuldverhältnisses können sodann die Handlungen des Dritten dem Geschäftsführer voll zugerechnet werden, sollte der Dritte hierbei weitere schuldhafte Verstöße begehen. Dies erfolgt über § 278 BGB. § 278 BGB gilt insofern für alle Schuldverhältnisse, „insbesondere auch für Legalobligationen"[446]. Das Schuldverhältnis entsteht bereits mit der Übernahme. So entsteht im vorliegenden Fall das Schuldverhältnis bereits in dem Zeitpunkt, in dem der Geschäftsführer den Dritten zu der Geschäftsanmaßung veranlaßt. § 687 Abs. 2 Satz 1 BGB („Behandelt jemand ein fremdes Geschäfts als eigenes...") wird so ausgelegt, daß bereits die Anweisung des Geschäftsführers die Behandlung eines fremden Geschäfts darstellt. § 278

[446] *Mugdan* II, S. 16; vgl. auch *Heinrichs* in: Palandt, § 278 Rdnr. 2, m.w.N.

BGB ist dann anwendbar. Der Geschäftsherr kann sodann Ansprüche auf Schadensersatz aus §§ 687 Abs. 2 Satz 1, 678 BGB geltend machen, welche sich über § 278 BGB auch auf Handlungen des Dritten beziehen können. Bei weiterem, nicht schuldhaftem Handeln des Dritten wären Verstöße des Dritten im Rahmen der Geschäftsanmaßung über §§ 687 Abs. 2 Satz 1, 678 BGB ebenfalls zu berücksichtigen, da insofern das Übernahmeverschulden des Geschäftsführers ausreicht. Eine Zurechnung über § 278 BGB ist daher im Rahmen der Geschäftsanmaßung grundsätzlich nicht notwendig.

Zu unterscheiden von der Zurechnung fremden Verschuldens, für welches sodann wie eigenes einzustehen ist,[447] ist die Zurechnung von Wissen entsprechend § 166 Abs. 1 BGB. Bei der Wissenszurechnung, welche nachfolgend auch noch ausführlicher anzusprechen sein wird, wird die für Inhalt und/oder Wirksamkeit eines Rechtsgeschäft oder einer Handlung notwendige Kenntnis des Vertretenen diesem über seinen Wissensvertreter zugerechnet, so daß die Kenntnis des Wissensvertreters ausreicht, um die jeweiligen Voraussetzungen anzunehmen.[448]

Eine Kenntnis von Handlungen des Dritten und den notwendigen Voraussetzungen kann dem Geschäftsführer grundsätzlich über § 166 Abs. 1 BGB zugerechnet werden. Die entsprechende Anwendung des § 166 BGB auf den Tatbestand der Wissenszurechnung ist in ständiger Rechtsprechung, aber auch allgemein anerkannt.[449] Somit kann auch allein der Dritte von der Fremdheit des Geschäfts wissen, während der Geschäftsführer davon nicht ausgeht. Das fehlende Wissen kann ihm dann entsprechend zugerechnet werden. Allerdings ist hier zu berücksichtigen, daß der Geschäftsführer, wenn er das Geschäft nicht als fremdes Geschäft ansieht und als eigenes ausführen möchte, einer Haftung wegen Geschäftsanmaßung aufgrund des § 687 Abs. 1 BGB entgehen könnte. Hier stellt sich dann die Frage, ob der Geschäftsführer noch haften soll, wenn er selbst nicht von einem fremden Geschäft ausgeht. Wenn der Geschäftsführer dem Dritten ein konkretes Geschäft anweist und damit ein fremdes Geschäft in dem Glauben, es sei ein eigenes Geschäft, als eigenes Geschäft führen will, wird man dem Geschäftsführer das Wissen des Dritten zurechnen müssen. Sofern der Dritte weiß, daß es sich um ein fremdes Geschäft handelt, haftet der Geschäftsführer somit nach § 687 Abs. 2 BGB hinsichtlich des Erlangten. Die Kenntnis des Dritten, daß es sich um ein fremdes Geschäft handelt, ist dem Ge-

---

[447] Vgl. nur *Heinrichs* in: Palandt, § 278 Rdnr. 1.

[448] Vgl. nur *Heinrichs* in: Palandt, § 166, Rdnr. 1, 4, 6 ff. und 9, jeweils m.w.N.

[449] Vgl. nur *Heinrichs* in: Palandt, § 166, Rdnr. 6, m.w.N.; kritisch *Koller*, JZ 1998, 75 ff., der sich vor allem gegen die unbeschränkte Verwendung des Gleichstellungsarguments bei Mehrpersonenunternehmen wendet.

schäftsführer hier grundsätzlich entsprechend § 166 BGB als Wissen zuzurechnen.[450] Gegen eine Haftung des Geschäftsführers spricht allerdings, dass er bereits das Geschäft als eigenes übernommen hat und es auch in dem Glauben führen will, daß es ein eigenes sei. Bereits mit der Übernahme hat die Geschäftsausführung begonnen. Fraglich könnte somit sein, ob hier der Zeitpunkt der Übernahme entscheidend ist oder ob auch noch eine Kenntniserlangung während der Ausführung genügt. Nach § 990 Abs. 1 Satz 2 BGB muß ein Besitzer grundsätzlich erst ab dem Zeitpunkt haften, ab dem er die entsprechende Kenntnis erlangt. Dies wäre vorliegend im Moment der Ausführung. Entscheidend ist für den Anspruch aus § 687 Abs. 2 BGB, was aus der Ausführung erlangt wird. So heißt es in § 681 Satz 2 BGB, „im übrigen", also neben der Übernahme, fänden die Vorschriften der §§ 666 bis 668 entsprechende Anwendung. Nach § 667 BGB ist das herauszugeben, was aus der Geschäftsbesorgung erlangt ist. Da die Ausführung als Geschäftsbesorgung selbst aber bereits durch den bösgläubigen Dritten erfolgt, ist auch mit der Geschäftsbesorgung bereits Bösgläubigkeit gegeben. Der Geschäftsführer muß dann auch für die Kenntnis seines Dritten einstehen. Die Kenntnis des Dritten ist damit dem Geschäftsführer zuzurechnen.[451]

Die Kenntnis des Dritten ist dem Geschäftsführer zuzurechnen, so daß der Geschäftsführer ab dem Zeitpunkt der Kenntnis des Dritten von der unberechtigten Behandlung eines fremden Geschäfts aus der Geschäftsanmaßung haftet.[452] Die Haftung des Geschäftsführers ohne eigene Kenntnis ist vorliegend hinzunehmen, da er sich hier ja gerade das Wissen seiner Hilfsperson zurechnen lassen muß, die er selbst eingesetzt hat. Die Zurechnung von Bösgläubigkeit – vergleichbar hier dem Wissen von der unberechtigten Behandlung eines fremden Geschäfts als eigenem – ist zudem allgemein anerkannt.[453] Auch hier hat der Geschäftsführer daher für das Wissen des Dritten einzustehen.

---

[450] Die Zurechnung von Wissen in dieser Form ist weitgehend anerkannt. Streitig ist hauptsächlich die Begründung. Insbesondere für den Fall, daß nicht nur Wissen, sondern auch Handlungen zugerechnet werden sollen, wird an späterer Stelle noch auszuführen sein. Zur Frage und vor allem Begründung der Zurechnung von Bösgläubigkeit beim Besitzerwerb vergleiche die zusammenfassende Darstellung in „20 Probleme aus dem BGB – Das Eigentümer-Besitzer-Verhältnis" von *Gursky*, 6. Auflage, S. 63 ff.; ferner vor allem *Richardi*, AcP 169, 385 ff.; *Schultz*, NJW 1990, 477 ff.; jeweils m.w.N.

[451] Vgl. zur Problematik bei § 990 BGB *Bassenge* in: Palandt, § 990 Rdnr. 6 a.E., m.w.N.

[452] So auch *Wittmann* in: Staudinger (1995), § 687 Rdnr. 12 a.E.; *Nipperdey* in: Staudinger (11. Auflage), § 687 Rdnr. 8, m.w.N.; vgl. auch *Ebert*, S. 160.

[453] Vgl. BGH, Urteil vom 9. Mai 2000, Az.: XI ZR 220/99, abrufbar unter www.bundesgerichtshof.de; Urteil vom 25. März 1982, BGHZ 83, 293, m.w.N.; *Ebert*, S. 160, m.w.N.; *Heinrichs* in: Palandt, § 166 Rdnr. 4 und 9, m.w.N.

(2) Die Haftung des Dritten

Fraglich ist lediglich, ob auch eine eigene Haftung des Dritten aus § 687 Abs. 2 BGB möglich ist. Wenig problematisch erscheint es, die Behandlung eines fremden Geschäfts durch den Dritten anzunehmen. Der Dritte hat hier durch die Ausführung des fremden Geschäfts dieses ebenfalls behandelt. Ebenso ist es möglich, daß der Dritte etwas aus der Handlung erlangt hat, was er nun herausgeben könnte. Problematisch ist jedoch, daß der Dritte, wenn er von dem Geschäftsführer zu der Geschäftsanmaßung veranlaßt wurde, das Geschäft in der Regel nicht als eigenes behandelt. Er behandelt das Geschäft vielmehr als ein Geschäft des Geschäftsführers. Hinzukommen kann auch noch die Problematik, daß der Dritte unter Umständen, je nach der Komplexität des Sachverhaltes, nicht weiß, welches Geschäft er im einzelnen ausführt.

Behandelt der Dritte das wissentlich fremde Geschäft nicht für sich, sondern für den Geschäftsführer, so ist dies nicht mehr vom Wortlaut des § 687 Abs. 2 BGB erfaßt. § 687 Abs. 2 BGB setzt voraus, daß der Handelnde das Geschäft „als eigenes" behandelt. In den vorgenannten Konstellationen – der Dritte will nur für den Geschäftsführer handeln – liegt diese Voraussetzung nicht vor.[454]

Wohlfarth[455] will dagegen § 687 Abs. 2 BGB nur auf ein Zweipersonenverhältnis reduzieren. Seiner Ansicht nach „denke § 687 an keinen Dritten" und könne dies auch nicht aufgrund seiner Stellung im System. § 687 BGB berücksichtige nur den Geschäftsherrn und den Geschäftsführer. Ob der Geschäftsführer, im Sinne *Wohlfarths* der Handelnde, für sich oder einen anderen handele, sei für § 687 BGB „völlig gleichgültig". Diese Auslegung steht jedoch im klaren Widerspruch zum Wortlaut des § 687 Abs. 2 BGB, der eine Behandlung des fremden Geschäfts „als eigenes" fordert. Dies ist bei der Behandlung des fremden Geschäfts für einen anderen nicht möglich. Der Dritte haftet hier nicht selbst aus § 687 Abs. 2 BGB.

Keine Probleme ergeben sich auch in den Fällen, in denen der Dritte auf Veranlassung des Geschäftsführers handelt, sich der Fremdheit des Geschäfts aber nicht bewußt ist. Hier ist allein von der Kenntnis des Geschäftsführers auszugehen, der die Geschäftsanmaßung bereits übernommen hat. Allein seine Kenntnis ist hier bei der Frage der Behandlung eines fremden Geschäfts als eigenes ausschlaggebend. Daß er sich dabei des Dritten als Hilfsperson bedient, ändert nichts daran, daß er ein fremdes Geschäft als eigenes behandeln möchte und behandeln läßt. Auf den Dritten hat dies im Rahmen der Geschäftsanmaßung keinen Einfluß. Eine eigene Haftung des Dritten aus § 687 Abs. 2 BGB

[454] Ebenso *Ebert*, S. 163 f., m.w.N.; ferner schon RG JW 32 (1903), Beil. 141.
[455] LZ 26 (1932), 450 f.

scheidet – entgegen *Wohlfarth*, der nur den handelnden Dritten, welchen er als Geschäftsführer bezeichnet, haften läßt – in jedem Fall auch aus, wenn der Dritte kein Bewußtsein hat, in ein fremdes Recht einzugreifen. Dies wäre jedoch Voraussetzung für eine Haftung des Dritten selbst nach § 687 Abs. 2 BGB. Der Dritte erfüllt in diesem Fall nicht die Tatbestandsmerkmale und kann daher allenfalls nach anderen Vorschriften haften.

Lent befürwortet eine Haftung des Dritten ebenfalls auf Herausgabe durch entsprechende Anwendung des § 830 BGB.[456] *Ebert* lehnt die von *Lent* angestrebte Lösung einer Haftung auch des Dritten auf Herausgabe mit der Begründung ab, § 830 BGB sei auf das Schadensersatzrecht zugeschnitten, nicht auf den Anspruch auf Herausgabe des Erlangten.[457] Nach ihm soll zudem der „Hauptzweck des § 687 Abs. 2 BGB, den Rechtsbruch unrentabel zu machen, indem dem Rechtsverletzer die aus dem rechtswidrigen Handeln erlangten Vorteile entzogen werden", dazu führen, daß grundsätzlich nur derjenige in Anspruch genommen werden kann, der die Vorteile erlangt hat.[458] Dies ist vorliegend nicht der Dritte. Allenfalls wenn der Geschäftsherr Ansprüche auf Schadensersatz aus §§ 687 Abs. 2 Satz 1, 678 BGB gegen den Geschäftsführer und aus unerlaubter Handlung gegen den Dritten geltend macht, kann eine Haftung beider über § 830 BGB in Betracht kommen.

Nur wenn der Dritte das fremde Geschäft zugleich auch für sich führen will, kann man eine Haftung des Dritten aus § 687 Abs. 2 BGB annehmen, soweit der Dritte selbst etwas erlangt hat.[459]

bb) Unabhängig davon kann neben § 687 Abs. 2 BGB auch eine Haftung nach § 285 BGB n.F. in Betracht kommen. § 285 BGB n.F. ist grundsätzlich auch anwendbar auf Ansprüche aus unerlaubter Handlung und Geschäftsführung ohne Auftrag.[460] Voraussetzung wäre aber, daß der Geschäftsführer etwas für z.B. die verkaufte Sache des Geschäftsherrn erlangt hat. Dies kann grundsätzlich auch der Verkaufserlös als commodum ex negotiatione sein.[461] War die Sache bereits im Besitz des Geschäftsführers, kann ein Anspruch nach § 285 BGB n.F. nicht bestehen, da auf den dinglichen Herausgabeanspruch des Eigentümers gegen den Besitzer § 285 BGB n.F. keine Anwendung findet.[462] Die §§

[456] Vgl. *Ebert*, S. 163.
[457] *Ebert*, S. 163, m.w.N.
[458] *Ebert*, S. 163.
[459] Vgl. *Ebert*, S. 164, m.w.N.
[460] *Heinrichs* in: Palandt, Ergänzungsband, § 285, Rdnr. 3, m.w.N.
[461] *Heinrichs* in: Palandt, Ergänzungsband, § 285, Rdnr. 7, m.w.N.
[462] *Heinrichs* in: Palandt, Ergänzungsband, § 285, Rdnr. 4, m.w.N.

989, 990 BGB gehen insofern vor.[463] Der Verkaufserlös wäre in diesem Fall zudem kein Surrogat, da er ein Surrogat für das Eigentum darstellt, während der Besitzer nur die Besitzverschaffung, also nicht das Eigentum schuldet.[464]

Hat erst der Dritte für den Geschäftsführer auf die veräußerte Sache zugegriffen, müßte sich der Herausgabeanspruch hinsichtlich der Sache gegen den Dritten richten. Gleiches würde sich dann für den Anspruch auf den Ersatz ergeben. Allein der Dritte besaß die Sache und kann daher Schuldner sein. Der Dritte selbst hat in der hier anzunehmenden Konstellation jedoch keinen Ersatz erhalten, da dieser Ersatz sich beim Geschäftsführer befindet. Der Geschäftsführer muß den Ersatz nicht nach § 285 BGB n.F. herausgeben, da er nur das Surrogat erhielt, ohne die Sache zuvor besessen zu haben. Er hat nicht das Surrogat für die Sache erhalten, sondern nur das Surrogat. § 285 BGB n.F. kommt daher nicht zur Anwendung.

cc) Eine Lösung nach § 687 Abs. 2 BGB direkt ist daher in Fällen der Veranlassung anzunehmen.

b) Eigenmächtiges Handeln des „angestellten" Dritten

Ebenso wie bei der Geschäftsführung ohne Auftrag können sich auch hier bei der Geschäftsanmaßung andere Lösungen ergeben, wenn der Dritte eigenmächtig und ohne Veranlassung durch den Geschäftsführer handelt. Betrachtet werden soll hier zuerst der Fall, daß der Dritte bereits in einer Beziehung zu dem Geschäftsführer steht. Hinsichtlich der Art der Beziehung zwischen Geschäftsführer und Drittem ist im Folgenden davon auszugehen, daß der Dritte zu dem Geschäftsführer in einem Anstellungsverhältnis steht, mithin Arbeitnehmer des Geschäftsführers ist. Wesentlich soll in jedem Fall sein, daß der Dritte „zu den Leuten" des Geschäftsführers gehört und in dessen Lager steht. Auch von einer Entlohnung der Dienste des Dritten durch den Geschäftsführer ist auszugehen.

aa) § 687 Abs. 2 BGB

Im Gegensatz zu den Ansprüchen bei der Geschäftsführung ohne Auftrag, bei welcher ein eigener Anspruch für oder gegen den Geschäftsführer bei eigenmächtigem Handeln des Dritten nicht unmittelbar entsteht, könnte sich bei der Geschäftsanmaßung eventuell ein solcher Anspruch direkt aus § 687 Abs. 2 BGB ergeben. Vor einer Prüfung weiterer Möglichkeiten ist dies auch hier zuerst zu untersuchen. Um einen solchen Anspruch des Geschäftsherrn gegen den

[463] *Heinrichs* in: Palandt, Ergänzungsband, § 285, Rdnr. 4, m.w.N.; mit § 687 Abs. 2 BGB ist Anspruchskonkurrenz gegeben.
[464] *Heinrichs* in: Palandt, Ergänzungsband, § 285, Rdnr. 4, m.w.N.

Geschäftsführer bei eigenmächtigem Handeln des Dritten direkt aus § 687 Abs. 2 BGB annehmen zu können, muß es sich bei der Handlung des Dritten aber auch um eine Geschäftsanmaßung des Geschäftsführers im Sinne des § 687 Abs. 2 BGB handeln.

Die Handlung an sich, welche der Dritte auch bei der eigenmächtigen, drittwirkenden Geschäftsanmaßung durchführt, entspricht der Handlung, welche in § 687 Abs. 2 BGB als Geschäftsanmaßung beschrieben wird: Der Dritte übt wissentlich und unberechtigt ein fremdes Geschäft nicht für den Geschäftsherrn aus. § 687 Abs. 2 BGB setzt allerdings voraus, daß der Dritte das fremde Geschäft für sich, „als sein eigenes" führt. Hier läßt der Dritte das aus dem fremden Geschäft Erlangte aber dem Geschäftsführer zukommen. Insofern erscheint eine Lösung über § 687 Abs. 2 BGB fraglich. Für eine solche Lösung kann hier aber sprechen, daß der Geschäftsführer die Handlung auch selbst vorgenommen haben könnte. Wenn er die Handlung auch selbst vornehmen könnte, dann könnte der Vorgang der unberechtigten Fremdgeschäftsführung auch als seine eigene Tat und somit als Geschäftsanmaßung im Sinne des § 687 Abs. 2 BGB erscheinen. Dies erscheint zumindest noch möglich, wenn der Geschäftsführer den Dritten selbst zu der Handlung veranlaßt hat. Jedoch hat – wie hier anzunehmen ist – der Dritte eigenmächtig, ohne Veranlassung durch den Geschäftsführer, gehandelt. Dem Geschäftsführer kann somit nicht unterstellt werden, er habe eine eigene Handlung nur durch Dritte durchführen lassen und hätte diese theoretisch auch selbst durchführen können.

Zusätzlich kommt noch die Problematik hinzu, daß hier nicht der Geschäftsführer gehandelt hat, sondern der Dritte. § 687 Abs. 2 BGB setzt jedoch grundsätzlich die Behandlung eines fremden Geschäfts durch denjenigen voraus, der letztendlich die Sache auch erlangt. Der Geschäftsführer hat hier jedoch das Geschäft nicht „behandelt"; er hat es weder übernommen noch hat er es ausgeführt. Der Geschäftsführer hat auch das fremde Geschäft nicht als sein eigenes betrachtet. Wollte man den Geschäftsführer dennoch haften lassen, so würde man den Dritten unberücksichtigt lassen und den Geschäftsführer aus einem Tatbestand in Anspruch nehmen, von welchem er selbst die wesentlichen Voraussetzungen nicht erfüllt.

Auf der anderen Seite hat auch der Dritte das fremde Geschäft nicht als eigenes behandelt, sondern als ein Geschäft des Geschäftsführers. Dies spricht, wie bereits oben bei der Geschäftsanmaßung auf Veranlassung des Geschäftsführers, gegen eine eigene Haftung des Dritten aus § 687 Abs. 2 BGB.

Wie bereits dargestellt, wird die direkte Anwendung des § 687 Abs. 2 BGB ohne Trennung nach einzelnen Fallgruppen teilweise vertreten, so unter anderem von *Ebert*, *Steffen*, *Chrestin* und *Nipperdey*. *Lent* befürwortet eine entsprechende Anwendung des § 687 Abs. 2 BGB. Die Argumente, die gegen eine Anwendung des § 687 Abs. 2 BGB sprechen, sind ebenfalls schon dargestellt worden. Diese wirken für die vorliegende Konstellation noch stärker. Insbesondere bei der eigenmächtigen Geschäftsanmaßung des Dritten ergeben sich die genannten erheblichen Bedenken. Entgegen der Lösung zu der veranlaßten Geschäftsanmaßung gibt es bei der eigenmächtigen Geschäftsanmaßung keine Übernahme der Geschäftsanmaßung durch den Geschäftsführer, welche dann nur noch durch den Dritten ausgeführt wird. Der Dritte selbst übernimmt die Geschäftsanmaßung und führt diese dann aus. Für eine Lösung müßte daher die Stellung des Dritten zum Geschäftsführer berücksichtigt werden. Eine Lösung über § 687 Abs. 2 BGB direkt ist hier daher nicht möglich.

bb) § 822 BGB

Das Gesetz stellt für die Fälle der eigenmächtigen Geschäftsanmaßung auf den ersten Blick die Regelung des § 822 BGB zur Verfügung.

Dafür wäre jedoch erforderlich, daß der Dritte, welcher hier die Geschäftsanmaßung begeht, als Berechtigter handelt. Er müßte also z.B. die Sache, über welche er verfügt, bereits vom Geschäftsherrn übereignet bekommen haben und nur obligatorisch nach § 812 BGB zur Herausgabe verpflichtet sein. Eine Haftung des Empfängers nach § 822 BGB besteht zudem regelmäßig nicht, wenn der Gläubiger einen Anspruch gegen den Ersterwerber hat.[465] Dies kann der Fall sein, wenn der Ersterwerber unredlich gemäß § 819 Abs. 1 BGB oder verklagt gemäß § 818 Abs. 4 BGB ist. Der Empfänger ist dann von der Haftung nach § 822 BGB frei. Dies gilt selbst dann, wenn der Anspruch gegen den Ersterwerber nicht durchsetzbar ist.[466] Der Empfänger kann somit bessergestellt sein, wenn er von einer unredlichen Person beschenkt wird. Dieses Ergebnis wird jedoch regelmäßig hingenommen.[467] Da bei der Geschäftsanmaßung nach § 687 Abs. 2 BGB regelmäßig von der Unredlichkeit des Ersterwerbers auszugehen ist, findet § 822 BGB vorliegend keine Anwendung.

---

[465] *Sprau* in: Palandt, § 822, Rdnr. 9.

[466] BGH, Urteil vom 9. Januar 1969, NJW 1969, 605 (606); *Sprau* in: Palandt, § 822, Rdnr. 7, m.w.N.

[467] *Sprau* in: Palandt, § 822, Rdnr. 7, m.w.N.; aA *Lieb* in: MüKo, § 822, Rdnr. 6, m.w.N.; vgl. auch *Medicus*, Schuldrecht II, Rdnr. 691; BGH, Urteil vom 9. Januar 1969, NJW 1969, 605 (606).

Notwendig für die Anwendung des § 822 BGB ist außerdem, daß die Zuwendung gegenüber einer dritten Person, hier dem Geschäftsführer als Zuwendungsempfänger, erfolgt. Dies ist dann nicht der Fall, wenn z.B. der Dritte als Vertreter des Geschäftsführers auftritt.[468] Der Begriff des Dritten im Sinne des § 822 BGB wird dabei regelmäßig weit gefaßt. So ist kein Dritter, wer auf seiten des Zuwendungsempfängers steht.[469] Dies trifft insbesondere nach dem Rechtsgedanken des § 278 BGB auch für Gehilfen zu.[470] Da für die vorliegende Fallgestaltung jedoch eine solche Verbundenheit des Dritten zu dem Geschäftsführer angenommen werden soll, kann § 822 BGB auch aus diesem Grund keine Anwendung finden.

Dahinstehen kann damit auch, ob hier nur der Wert des Zugewendeten herauszugeben ist oder das Erlangte an sich, also auch ein erzielter Gewinn, wie es auch für § 816 BGB streitig ist.[471]

cc) § 816 BGB

Vom Wortlaut her anwendbar erscheint auch § 816 BGB. So ist der Dritte, der die Geschäftsanmaßung ausführt, in der Regel ein Nichtberechtigter. Er begeht die Geschäftsanmaßung durch einen Eingriff in fremde Rechte. § 816 Abs. 1 BGB ist somit in einer der beiden Varianten anwendbar. Erhält der Geschäftsführer den rechtlichen Vorteil unentgeltlich, so trifft ihn eine Herausgabepflicht nach § 816 Abs. 1 Satz 2 BGB. Ansonsten richtet sich der Anspruch nur gegen den Dritten, der die Geschäftsanmaßung begangen und dafür etwas erlangt hat. Ein Anspruch gegen den Geschäftsführer aus § 816 BGB kann sich somit nur ergeben, wenn der Dritte nichts erlangt hat. Diesbezüglich ist nochmals darauf hinzuweisen, daß § 687 Abs. 2 BGB durch § 816 BGB nicht ausgeschlossen wird.[472]

Wendet der Dritte dem Geschäftsführer etwas zu und erhält von diesem dafür ein Entgelt, so könnte man annehmen, durch den Erhalt des Entgelts entfalle die Unentgeltlichkeit und der Dritte hafte dem Geschäftsherrn allein. Dieses Ergebnis kann jedoch für den Geschäftsherrn unbefriedigend sein, wenn der

---

468 Vgl. *Sprau* in: Palandt, § 822, Rdnr. 4.

469 *Heinrichs* in: Palandt, § 123, Rdnr. 13, mit zahlreichen Beispielen.

470 *Heinrichs* in: Palandt, § 123, Rdnr. 13, m.w.N.

471 Vgl. dazu schon oben, B. IV. 2. b) cc) zu § 816 BGB. Erlangtes im Sinne von § 822 BGB ist nach wohl überwiegender Meinung nicht nur der ursprünglich kondizierbare Gegenstand, sondern auch dasjenige, was der Empfänger gemäß § 818 Abs. 1 und 2 BGB hätte herausgeben müssen. Befürwortet wird hier auch eine Herausgabe des Surrogats, vgl. *Lorenz* in: Staudinger, § 822 Rdnr. 6, m.w.N.; *Lieb* in MüKo, § 822, Rdnr. 7. Dies ist mangels Anwendbarkeit des § 822 BGB vorliegend jedoch ohne weitere Bedeutung.

472 Siehe schon oben, B. I. 2.

Dritte z.B. redlich handelt und nach § 818 Abs. 3 BGB entreichert ist und der Geschäftsherr nur noch auf das Engelt zugreifen kann. Dieses Ergebnis wird jedoch vom BGH angenommen. So haftet ein Kommissionär regelmäßig nur hinsichtlich seiner Verkaufsprovision, nicht aber hinsichtlich des Kaufpreises.[473]

Für die Geschäftsanmaßung nach § 687 Abs. 2 BGB ist es jedoch notwendig, daß der Dritte weiß, daß er ein fremdes Geschäft unberechtigterweise behandelt. Nur mit dem notwendigen (angemaßten) Eigengeschäftsführungswillen bei Kenntnis der Fremdheit des Geschäfts ist eine Geschäftsanmaßung möglich. Er wird daher auch unredlich im Sinne des § 819 Abs. 1 BGB sein. Aus diesem Grund wird er sich auch nicht auf einen Wegfall der Bereicherung berufen können. Der Geschäftsherr wird dann auch über § 816 BGB das Erlangte von dem Dritten herausverlangen können, was jedoch regelmäßig nur Verkaufsprovisionen[474] und ähnliche zusätzliche Vorteile umfaßt, die der Dritte unmittelbar für die Ausführung der Geschäftsanmaßung erhält.[475] Mehr hat der Dritte durch seine Handlung nicht erlangt, da das Erlangte gleich an den Geschäftsführer gelangt. Aber auch wenn der Dritte als Zwischenstation fungiert, das Erlangte somit wenigstens zwischenzeitlich erhält und mangels Entreicherungsmöglichkeiten direkt aus § 816 BGB in Anspruch genommen werden kann, kann der Berechtigte nach richtiger Ansicht einen den objektiven Wert übersteigenden Mehrerlös nur über § 687 Abs. 2 BGB erhalten.[476] Der Anspruch aus § 687 Abs. 2 BGB behält auch somit noch seine Berechtigung und ist im Folgenden weiter zu prüfen.

dd) § 166 BGB

Eventuell kann hier eine Zurechnung über § 166 Abs. 1 BGB möglich sein. Die Gültigkeit eines in Vertretung vorgenommenen Geschäfts bestimmt sich grundsätzlich nach der Auffassung zu der rechtlichen Natur der Vertretung. Dafür gibt es verschiedene Ansatzmöglichkeiten. So kann angenommen werden, das Rechtsgeschäft komme in der Person des Vertreters zustande und entfalte nur seine Wirkungen gegenüber dem Vertretenen.[477] Es ist aber auch möglich davon auszugehen, der Vertretene sei der rechtsgeschäftlich handelnde Teil, der seine Willenserklärungen durch den Vertreter abgibt.[478] Diese beiden Möglich-

---

[473] BGH, Urteil vom 1. März 1967, BGHZ 47, 128.
[474] Vgl. BGH, Urteil vom 1. März 1967, BGHZ 47, 128.
[475] Vgl. *Ebert*, S. 164, m.w.N.
[476] Vgl. *Medicus*, BR, Rdnr. 726, m.w.N., und bereits oben unter B. IV. 2. b) cc) zu § 816 BGB.
[477] *Mugdan* I, S. 477; vgl. auch Vorentwürfe Redaktoren AT 2, S. 181.
[478] *Mugdan* I, S. 477; vgl. auch Vorentwürfe Redaktoren AT 2, S. 181 f.

keiten sind auch in den verschiedenen Gesetzen des 19. Jahrhunderts berücksichtigt.[479] Der Vorentwurf der Redaktoren von 1876-1887, welcher der Kommission als Vorlage diente, enthält in § 32 eine Entscheidung zugunsten der ersten Auffassung. § 32 lautet: „Die Gültigkeit und Wirksamkeit des Rechtsgeschäfts wird aus der Person des Vertretenen beurtheilt. Aus der Person des Stellvertreters werden beurtheilt die Uebereinstimmung der Willenserklärung mit dem wirklichen Willen, die Mängel der Willensentscheidung (Willensunfähigkeit, Zwang, Betrug, Irrthum) und das Vorhandensein eines rechtlich bedeutsamen Wissens oder Nichtwissens."[480]

In den Motiven zum BGB heißt es: „Der Entw. folgt der ersteren Auffassung. Das Geschäft ist ein Geschäft des Vertreters; aber es wird dem Vertretenen so zugerechnet, als ob es von ihm vorgenommen worden wäre. Daraus ergibt sich, daß die Voraussetzungen der Gültigkeit des Geschäftes in der Person des Vertretenen insoweit gegeben sein müssen, als ohne sie eine Beziehung auf den Vertretenen nicht möglich ist. Nach der Person des letzteren bestimmt sich insbes. die Rechtsfähigkeit, der Inhalt, die Form; hinsichtlich der Geschäftsfähigkeit kommt in Betracht, daß die gesetzliche Vertretung die Aufgabe hat, den Mangel desselben zu beheben. Bei dem Vertreter liegt dagegen die Vornahme des Rechtsgeschäftes. Etwaige Willensmängel können nur da gesucht werden, wo die Willensentscheidung stattgefunden hat, mithin in der Person des Vertreters. (...) Des Weiteren entscheidet die Person des Vertreters, soweit es sich um die Uebereinstimmung des wirklichen mit dem erklärten Willen, um die Erheblichkeit von Zwang, Betrug, Irrthum, Wissen und Wissenmüssen handelt. Bei Auslegungsfragen kommt es ebenfalls auf das an, was der Vertreter gewollt und erklärt hat."[481]

Es gibt jedoch einen Spezialfall, bei welchem auch der Vertretene zu berücksichtigen ist: „Bestimmt sich das Wissen und Wissenmüssen, soweit es rechtlich bedeutsam ist, grundsätzlich nach der Person des Vertreters, so kann doch das Wissen und Wissenmüssen des Vertretenen dann nicht unerheblich sein, wenn der Vertreter auf Grund rechtsgeschäftlicher Ermächtigung handelt und die Ermächtigung auf ein bestimmtes Rechtsgeschäft sich bezieht. Der Vertretene beeinflußt in einem solchen Falle die Willensentscheidung und hat Theil an ihr. Sein Wissen und Wissenmüssen muß daher die gleiche Wirkung haben, wie das des Vertreters."[482] Hierbei wird auf das Wissen oder Wissenmüssen des

[479] Vgl. die Aufzählung in *Mugdan* I, S. 477 und die Ausführungen bei Vorentwürfe Redaktoren AT 2, S. 181 f.
[480] Siehe Vorentwürfe Redaktoren AT 2, S. 9.
[481] *Mugdan* I, S. 477 f.
[482] *Mugdan* I, S. 478; vgl. auch Vorentwürfe Redaktoren AT 2, S. 181.

Vertretenen abgestellt, ebenso wie im Ausgangsfall des § 166 Abs. 1 BGB auf das Wissen des Vertreters abgestellt wird. Insgesamt geht es in jedem Fall aber darum, etwas zu wissen oder wissen zu müssen. Dies hat auch für die folgenden Überlegungen Bedeutung.
Beuthien[483] hat jedoch aufgezeigt, daß eine Trennung nach den verschiedenen Theorien und vor allem eine Entscheidung für die Repräsentationstheorie nicht notwendig ist. So sind die Regelungen des BGB auch im Einklang mit der Geschäftsherrntheorie. Die Handlung des Vertreters ist zudem keine eigene Willenserklärung, sondern eine Willenserklärung des Vertretenen als Geschäftsherr. Dies schließt die Stellvertretung im Willen ein. Die Willenserklärung wird dem Vertretenen sodann als Ganzes zugerechnet. Der auch für die vorliegende Arbeit entscheidende § 166 Abs. 1 Fall 2 BGB soll dabei ebenso wie § 166 Abs. 2 BGB verhindern, daß der Geschäftsherr aus der arbeitsteiligen Stellvertretung mißbräuchlich Vorteil zieht. Jeweils soll „gewährleistet werden, daß Einzelvertretung und arbeitsteiliges Wirtschaften stellvertretungsrechtlich chancengleich sind".[484] „Als Wissenszurechnungsnorm gleicht § 166 I Fall 2 insoweit § 278 S. 1 BGB. Die Bösgläubigkeit des Vertreters wird dem Vertretenen ebenso als eigene Unredlichkeit zugerechnet wie das Verschulden des gesetzlichen Vertreters oder Erfüllungsgehilfen als eigenes Verschulden des Schuldners gilt. Dabei beruht § 278 S. 1 BGB auf demselben Zurechnungsgrund wie § 166 I Fall 2 BGB. Jeweils soll der Geschäftsführer nicht nur den Vorteil arbeitsteiligen Wirtschaftens genießen, sondern auch die damit verbundenen Gefahren tragen. Hätte der Schuldner in Person geleistet oder verhandelt, so hätte der Fehler auch ihm unterlaufen können."[485] Hier zeigt sich insbesondere der bereits eingangs erwähnte Aspekt des arbeitsteiligen Handelns.

(1) Direkte Anwendung des § 166 Abs. 1 BGB

Erster Kritikpunkt hinsichtlich einer direkten Anwendung des § 166 Abs. 1 BGB ist hier bereits, daß sich § 166 BGB auf die rechtsgeschäftliche Stellvertretung bezieht; § 166 BGB befindet sich im Allgemeinen Teil des BGB im Dritten Abschnitt (§§ 104-185), der von den Rechtsgeschäften handelt. Nur für die Stellvertretung findet sich die Regelung der Wissenszurechnung im Gesetz.[486] Erfaßt wird damit auch nur ein Teilbereich des arbeitsteiligen Einsatzes von Hilfskräften.[487] Für die (direkte) Anwendung des § 166 BGB sind somit

[483] Festschrift für Medicus, 1999, Zur Theorie der Stellvertretung im Bürgerlichen Recht, S. 1 ff., mit vielen weitergehenden Nachweisen auch zur Geschichte der verschiedenen Theorien.
[484] *Beuthien* in: Festschrift für Medicus, S. 16.
[485] *Beuthien* in: Festschrift für Medicus, S. 15. Nach *Richardi*, AcP 169 (1969), 385 (387) gibt § 278 BGB selbst keine Grundlage für eine Wissensvertretung.
[486] *Waltermann*, AcP 192 (1992), 186.
[487] *Waltermann*, AcP 192 (1992), 187.

rechtsgeschäftliches Handeln und Handeln als Vertreter erforderlich.[488] Geht es nur um reine Tathandlungen, also bloße Realakte, ist § 166 BGB somit nicht (direkt) anwendbar.[489]

Hier könnte man überlegen, ob nicht das Arbeitsverhältnis zwischen Geschäftsführer und Drittem ein Rechtsverhältnis darstellt, auf welches § 166 angewendet werden kann. Allerdings ist dafür ein Rechtsverhältnis zwischen dem Geschäftsführer und dem Geschäftsherrn notwendig. Für den Geschäftsherrn stellt sich die Handlung des Dritten nur als tatsächliche Handlung dar. Sicherlich kann die Tätigkeit des für den Dritten (und auch den Geschäftsführer) fremden Geschäfts des Geschäftsherrn ein Rechtsgeschäft sein. So mag es sich z.B. verhalten, wenn der Dritte eine Sache des Geschäftsherrn verkauft. Dieses Rechtsgeschäft findet jedoch nur zwischen dem Dritten und dem Käufer statt. Auch Einigung und Übergabe finden nur zwischen dem Dritten und dem Käufer statt. Der Kaufpreis wird an den Dritten oder auch gleich an den Geschäftsführer gezahlt. Der Geschäftsherr ist „nur" dadurch betroffen, daß er seine Sache verliert. Zwischen ihm und dem Geschäftsführer oder dem Dritten bestehen keine rechtsgeschäftlichen Beziehungen. Insofern geht es im Verhältnis des Dritten zum Geschäftsherrn nicht um ein rechtsgeschäftliches Handeln. Allein aus diesem Grund kann § 166 BGB hier nicht direkt anwendbar sein.

Auch der Verweis in § 687 Abs. 2 BGB auf § 682 BGB läßt hier keinen anderen Schluß zu. § 682 BGB spricht zwar die Geschäftsfähigkeit an. Ein Rechtsgeschäft zwischen dem Geschäftsherrn und dem Dritten ist jedoch nicht gegeben.[490] Daher kann auch von § 682 BGB nicht auf die Anwendung des § 166 BGB geschlossen werden.[491]

Ferner ist es für eine Anwendung des § 166 Abs. 1 BGB aber auch notwendig, daß der Dritte in dem Bewußtsein handelt, bestimmte Rechtsfolgen zu verursachen und daß das Erreichen dieser Rechtsfolgen auch dem Willen des Dritten entspricht.[492] Bei der Geschäftsanmaßung nach § 687 Abs. 2 BGB wird der Handelnde aber nicht den Eintritt der Rechtsfolgen des § 687 Abs. 2 BGB wollen.[493] Nach § 687 Abs. 2 BGB müßte der Dritte genau das wieder herausgeben, was er durch die Geschäftsanmaßung erst erlangt hat. Dies wird regel-

---

[488] Vgl. BGH, Urteil vom 9. Februar 1960, JZ 1961, 24 (25); *Waltermann*, AcP 192 (1992), 187; *Ebert*, S. 158 f.
[489] Vgl. *Waltermann*, AcP 192 (1992), S. 187.
[490] Vgl. oben zur Rechtsnatur der Geschäftsanmaßung, B. IV. 2.
[491] So auch *Ebert*, S. 159.
[492] Vgl. *Palm* in: Erman, Einl. § 104, Rdnr. 6, m.w.N., und Vor § 116, Rdnr. 4; *Ebert*, S. 159.
[493] *Ebert*, S. 159.

mäßig nicht in seinem Sinne sein. Wer in fremde Angelegenheit eingreift und das getätigte Geschäft als eigenes behandelt, will das Erlangte auch für sich behalten. Die Rechtsfolge des § 687 Abs. 2 BGB ist somit nicht im Interesse des Dritten.

Dies gilt aber auch bezüglich des Geschäftsführers schon dann, wenn dieser einen Auftrag zu der Geschäftsanmaßung des Dritten gegeben haben sollte. Für den Geschäftsführer gilt hier das gleiche wie für den Dritten im Rahmen des normalen Falles des § 687 Abs. 2 BGB. Der Geschäftsführer will regelmäßig das Geschäft als sein Geschäft betrieben haben und das Erlangte dann auch behalten. Der Eintritt der Rechtsfolgen – Herausgabe des Erstrebten und Erlangten – liegt nicht in seinem Interesse.

Es kann jedoch nicht ausschließlich darauf ankommen, was Geschäftsführer und Dritter tatsächlich erreichen wollen und was nicht. So kommt es insbesondere auf die Schutzwürdigkeit der Interessen bei beiden nicht an. Im Rahmen der Stellvertretung bzw. bei Rechtsgeschäften allgemein kommt es zwar auf den Willen des Handelnden an. Diese Willensbildung vollzieht sich regelmäßig im Rahmen freier Selbstbestimmung.[494] Dies ist ein Grundsatz der Privatautonomie, der sich aus dem Prinzip des Selbstbestimmungsrechts des Menschen ergibt und auch durch Art. 1 und 2 GG geschützt wird.[495] Grenzen finden sich allerdings z.B. in der Gerechtigkeitsidee.[496] So ist Kern eines jeden Rechtsgeschäfts die Willenserklärung, die den Willen des einzelnen darstellt und nach außen kundtut.[497] Eine Rechtsfolge tritt jedoch nicht allein deshalb ein, weil der Erklärende diese will. Die Rechtsfolgen treten vielmehr unabhängig vom Willen des Handelnden kraft Gesetzes ein.[498] Dies gilt insbesondere für geschäftsähnliche Willensäußerungen wie Mahnungen.[499] Willenserklärungen und geschäftsähnliche Willensäußerungen werden gewöhnlich im Bewußtsein der eintretenden Rechtsfolgen und oft sogar in der Absicht, sie hervorzurufen, vorgenommen.[500] Wegen dieser Ähnlichkeit finden die allgemeinen Vorschriften über Willenserklärungen auf geschäftsähnliche Willensäußerungen und Mit-

---

[494] Vgl. *Palm* in: Erman, Einl. § 104, Rdnr. 1.
[495] BVerfG, Beschluß vom 12. November 1958, BVerfGE 8, 274 (328); Beschluß vom 16. Mai 1961, BVerfGE 12, 341 (347); Beschluß vom 04. Juni 1985, BVerfGE 70, 115 (123); *Palm* in: Erman, Einl. § 104, Rdnr. 1.
[496] *Palm* in: Erman, Einl. § 104, Rdnr. 1.
[497] *Palm* in: Erman, Einl. § 104, Rdnr. 4.
[498] *Heinrichs* in: Palandt, Überbl v § 104, Rdnr. 4.
[499] BGH, Urteil vom 17. April 1967, BGHZ 47, 352 (357), m.w.N.
[500] BGH, Urteil vom 17. April 1967, BGHZ 47, 352 (357), m.w.N.

teilungen entsprechende Anwendung.[501] Nicht alle gewünschten und angestrebten Rechtsfolgen werden aber von der Rechtsordnung anerkannt. So kann es sein, daß die Rechtsfolge trotz des entsprechenden Willens des Erklärenden nicht eintritt. Diese Anerkennung der Rechtsfolge durch die Rechtsordnung ist immer erforderlich.[502]

Für die hier betroffene Problematik bedeutet das aber nicht die Rechtmäßigkeit der Geschäftsanmaßung und auch nicht den automatischen Eintritt der Rechtsfolge. Der Geschäftsführer und auch der Dritte wollen hier den Eintritt der Rechtsfolgen nicht. Allein durch die Mißbilligung der Geschäftsanmaßung durch die Rechtsordnung und den Eintritt bestimmter Rechtsfolgen folgt daraus aber noch nicht, daß Geschäftsführer und Dritter die Rechtsfolgen einer Geschäftsanmaßung doch wollen. Es tritt nicht das Gegenteil der von den beiden gewollten Folgen ein, nur um die an sich mißbilligte Geschäftsanmaßung wieder auszugleichen. Der Wille der beiden wird nicht ins Gegenteil umgekehrt. Wenn beide nun eine Rechtsfolge nicht wollen, so findet dieser Wille lediglich keine Beachtung. So kann eine solche Rechtsfolge – Herausgabe des Erlangten – durchaus eintreten, auch wenn beide diese Folge nicht wollen. Der Eintritt der vorgesehenen Rechtsfolge, welche die beiden nicht wollen, führt jedoch nicht dazu, daß Geschäftsführer und Dritter die Rechtsfolge nun wollen. Sieht die Rechtsordnung eine Rechtsfolge vor, so muß diese nicht automatisch dem Willen des Handelnden entsprechen. Der Wille des Handelnden steht hier im Widerspruch zu der von der Rechtsordnung vorgesehenen Rechtsfolge. Entspricht die Rechtsfolge aber nicht dem Willen des Handelnden, so können auch die Vorschriften über Rechtsgeschäfte nicht angewendet werden.[503] Dies muß insbesondere für die Geschäftsanmaßung gelten, die keinen rechtsgeschäftlichen Charakter hat.[504] Daher ist § 166 BGB auch aus diesem Grund nicht direkt anwendbar.

Gegen eine direkte Anwendung des § 166 Abs. 1 BGB sprechen somit mehrere gewichtige Gründe. Seine direkte Anwendung ist hier daher nicht möglich.

(2) Entsprechende Anwendung des § 166 Abs. 1 BGB

Eventuell kann aber über eine entsprechende Anwendung des § 166 Abs. 1 BGB eine Lösung gefunden werden.

---

[501] *Palm* in: Erman, Einl. § 104 Rdnr. 6, m.w.N.; BGH, Urteil vom 17. April 1967, BGHZ 47, 352 (357), m.w.N.

[502] *Palm* in: Erman, Einl. § 104, Rdnr. 4.

[503] Vgl. *Ebert*, S. 159, m.w.N. in Fußnote 443.

[504] Vgl. oben zur Rechtsnatur und ferner auch *Ebert*, S. 159.

Für eine entsprechende Anwendung der betroffenen Norm sind eine planwidrige Regelungslücke sowie ein vergleichbarer Sachverhalt mit vergleichbarer Interessenlage notwendig.[505] Lücke im Gesetz ist „das Fehlen einer *bestimmten*, nach dem Regelungsplan oder dem Gesamtzusammenhang des Gesetzes zu erwartenden Regel“[506].

Eine Regelung über die drittwirkende Geschäftsanmaßung findet sich im BGB – im Gegensatz zur einfachen Geschäftsanmaßung und zu verschiedenen Zurechnungs- und Haftungsmöglichkeiten bei Dritthandlungen, z.B. Vertrag oder Delikt – nicht. Allerdings gab es eine ähnliche Regelung in § 760 des 1. Vorentwurfes zum BGB, welcher später wegen angeblich geringer praktischer Bedeutung gestrichen wurde.[507] Insofern könnte an der Planwidrigkeit der Lücke gezweifelt werden. Die Vorschrift des § 760 des 1. Vorentwurfes regelte jedoch andere Ansprüche als die hier zu untersuchenden; der Fall der drittwirkenden Geschäftsanmaßung wurde damit nicht abgedeckt.[508] Von einer planwidrigen Regelungslücke ist somit auszugehen.[509]

Eine solche Gesetzeslücke kann nun im Wege der Analogie ausgefüllt werden.[510] Voraussetzung ist hier neben der Regelungslücke die Vergleichbarkeit der Sachverhalte und der Interessenlage. Eine Übertragung der im Gesetz gegebenen Regel auf einen nicht geregelten, aber ähnlichen Tatbestand, „gründet sich darauf, daß infolge ihrer Ähnlichkeit in den für die gesetzliche Bewertung maßgebenden Hinsichten beide Tatbestände *gleich zu bewerten* sind“[511]. Einer analogen Anwendung fähig ist jeder Rechtssatz.[512]

§ 166 Abs. 1 BGB erscheint hier deswegen interessant, weil er die Wissenszurechnung ermöglicht. Er regelt die Wissenszurechnung als einzige im Gesetz vorgesehene Norm.[513] § 166 BGB gilt seinem Wortlaut nach nur für Willenser-

---

[505] Zu den Begriffen und einzelnen Voraussetzungen vgl. nur *Larenz/Canaris*, Methodenlehre der Rechtswissenschaft, S. 191 ff., 202 ff.
[506] *Larenz/Canaris*, Methodenlehre, S. 196; siehe auch S. 194 f. und *Engisch*, S. 138 f. und 141 f.
[507] Siehe oben, B. III. 1. c) cc) und B. III. 2. c) cc) (2).
[508] Siehe oben, B. III. 2. c) cc) (2).
[509] Dies nehmen wohl auch *Ebert u.a.* an, wenn sie ohne weiteres auf eine analoge Anwendung zu sprechen kommen.
[510] Vgl. *Larenz/Canaris*, Methodenlehre, S. 202; *Engisch*, S. 146.
[511] *Larenz/Canaris*, Methodenlehre, S. 202.
[512] *Engisch*, S. 150.
[513] *Waltermann*, AcP 192 (1992), 186. Vgl. auch *Richardi*, AcP 169 (1969), 385 (387): § 278 BGB gibt keine Grundlage für eine Wissensvertretung.

klärungen. Nach ständiger Rechtsprechung[514] erstreckt sich diese Vorschrift aber auch entsprechend auf den vergleichbaren Tatbestand der Wissensvertretung.[515] Dies gilt dann, wenn der Geschäftsherr (im Sinne des § 166 BGB) die Kenntnisnahme von Tatsachen einem Dritten übertragen, ihn also gewissermaßen zu seinem Wissensvertreter bestellt hat.[516] Wissensvertreter ist jeder, der nach der Arbeitsorganisation des Geschäftsherrn dazu berufen ist, im Rechtsverkehr als dessen Repräsentant bestimmte Aufgaben in eigener Verantwortung zu erledigen und die dabei anfallenden Informationen zur Kenntnis zu nehmen und gegebenenfalls weiterzugeben.[517] Der Geschäftsherr muß sich des Wissensvertreters im Verkehr wie eines Vertreters bedienen.[518] Hierfür ist rechtsgeschäftliche Vertretungmacht nicht notwendig. Auch eine ausdrückliche Bestellung zum Wissensvertreter ist nicht notwendig.[519] Der Wissensvertreter muß lediglich ein gewisses Maß an Sachzuständigkeit und eigener Verantwortung besitzen.[520]

Die Rechtsprechung spricht hier teils von einer entsprechenden Anwendung des § 166 BGB[521], teils auch nur von einer Heranziehung des in § 166 enthaltenen Rechtsgedankens[522]. Gemeint ist jedoch in allen Fällen eine entsprechende Anwendung des § 166 Abs. 1 BGB. Dies ergibt sich deutlich aus dem Urteil des BGH vom 19.03.1985[523]: Auf der einen Seite heißt es, man könne den Vertretenen „unter Heranziehung des in § 166 BGB enthaltenen Rechtsgedankens" einstehen lassen. Auf der anderen Seite heißt es schon im nächsten Ab-

[514] Vgl. nur BGH, Urteil vom 24. Januar 1992, BGHZ 117, 104 (106 f.), m.w.N.; Urteil vom 19. März 1985, NJW 1985, 2385 (2385), m.w.N.
[515] Vgl. auch *Waltermann*, AcP 192 (1992), 191 f., m.w.N.; *Heinrichs* in: Palandt, § 166, Rdnr. 6, m.w.N.
[516] BGH, Urteil vom 19. März 1985, NJW 1985, 2385 (2385), m.w.N.
[517] *Heinrichs* in: Palandt, § 166, Rdnr. 6, m.w.N.
[518] BGH, Urteil vom 24. Januar 1992, BGHZ 117, 104 (107), m.w.N.
[519] BGH, Urteil vom 24. Januar 1992, BGHZ 117, 104 (106 f.); *Heinrichs* in: Palandt, § 166, Rdnr. 6, m.w.N.
[520] BGH, Urteil vom 19. März 1985, NJW 1985, 2385 (2385).
[521] Unter anderem BGH, Urteil vom 14. Mai 2004, Az.: V ZR 120/03; Urteil vom 15. Januar 2004, Az.: IX ZR 152/00; Urteil vom 30. September 2003, XI ZR 232/02; Urteil vom 26. Mai 2000, Az.: V ZR 399/99; jeweils abrufbar unter www.bundesgerichtshof.de; Urteil vom 24. Januar 1992, BGHZ 117, 104 (106), m.w.N.; Urteil vom 6. Dezember 1988, NJW 1989, 1792 (1793); Urteil vom 22. Juni 1987, NJW 1987, 3250 (3251); Urteil vom 25. März 1982, BGHZ 83, 293 (295 f.), m.w.N.; Urteil vom 10. Dezember 1973, NJW 1974, 458 (459); Urteil vom 10. Februar 1971, BGHZ 55, 307 (311); Urteil vom 15. Januar 1964, BGHZ 41, 17 (22).
[522] BGH, Urteil vom 01. Juni 1989, NJW 1989, 2879 (2880); Urteil vom 22. April 1986, NJW 1986, 2315 (2316); Urteil vom 19. März 1985, NJW 1985, 2583 (2583).
[523] NJW 1985, 2583 (2583).

satz, § 166 BGB sei „entsprechend" anzuwenden. Es ist hier daher davon auszugehen, daß die Rechtsprechung trotz uneinheitlicher Terminologie eine entsprechende Anwendung annimmt.[524] In den genannten Fällen sind die Voraussetzungen einer entsprechenden Anwendung – wie dargestellt (Regelungslücke sowie vergleichbarer Sachverhalt bei vergleichbarer Interessenlage) – gegeben. Zudem ist insbesondere in der neueren Rechtsprechung von einer entsprechenden Anwendung die Rede, während die Anwendung des Rechtsgedankens nur vereinzelt auftaucht.

Eine Kenntnis des Wissensvertreters und eine Zurechnung derselben auf den Geschäftsherrn kann auch im Rahmen der §§ 142, 442[525], 640[526], 819, 892 oder 932 BGB möglich sein.[527] Im Versicherungsrecht ist diese Anwendungsmöglichkeit schon seit langem allgemein anerkannt.[528] Wegen der „Bedürfnisse einer arbeitsteiligen Wirtschaft" wird jedoch häufig eine Erweiterung auch auf nicht vertretungsberechtigte Personen gefordert.[529] Diese Ausdehnung auch auf Fälle, in denen es nicht nur um die im Gesetz in § 166 BGB geregelte rechtsgeschäftliche Vertretung geht, wird über eine entsprechende Anwendung des § 166 BGB erreicht.[530]

Dem Geschäftsführer könnte aber nur das Wissen des Dritten zugerechnet werden, und dies auch nur dann, wenn dieser in einer besonderen Beziehung zu dem Geschäftsführer steht. Das Wissen allein begründet aber noch keine Haftung. Allein die Wissenszurechnung sagt noch nichts über das Einstehen einer Person für Handlungen eines Dritten.[531] Bei der hier gegebenen drittwirkenden Geschäftsanmaßung geht es aber um das Einstehen einer Person für das Handeln einer anderen. Dem Geschäftsführer muß die Handlung des Dritten zurechenbar sein. Eine Zurechnung der Handlung findet aber nicht dadurch statt, daß der Geschäftsführer von der Handlung des anderen weiß. Mittels § 166 Abs. 1 BGB kann aber nur dieses Wissen um eine Handlung zugerechnet wer-

---

[524] Vgl. *Heinrichs* in: Palandt, § 166, Rdnr. 6.

[525] Vgl. § 460 BGB a.F.; siehe auch den durch die Schuldrechtsreform weggefallenen § 464 BGB a.F.

[526] Entspricht § 640 BGB a.F.

[527] *Heinrichs* in: Palandt (54.), Einf. vor § 164, Rdnr. 14.; beispielhaft: *Heinrichs* in: Palandt Ergänzungsband, § 442 Rdnr. 7 und 10.

[528] Vgl. *Raiser*, JZ 1961, S. 27, m.w.N.; *Prölss* in: Prölss/Martin, § 6 Rdnr. 79, m.w.N.; vgl. schon Reichsgericht, Urteil vom 8. März 1921, RGZ 101, 402 (403); siehe auch §§ 2 Abs. 3, 19 VVG.

[529] *Heinrichs* in: Palandt (54.), Einf. vor § 164, Rdnr. 14.

[530] *Heinrichs* in: Palandt (54.), Einf. vor § 164, Rdnr. 14.

[531] So auch *Richardi*, AcP 169 (1969), S. 387 und 393; *Möller*, Verantwortlichkeit des Versicherungsnehmers (1939), S. 27.

den. Dieses Wissen genügt aber nur, wenn es um die Kenntnis beziehungsweise das Kennenmüssen von Tatsachen geht.[532] Dies ist hier aber nicht der Fall. Wenn der Geschäftsführer die Tatsachen kennt, die auf eine Geschäftsanmaßung des Dritten schließen lassen, dann mag er zwar wissen, daß der Dritte eine solche Geschäftsanmaßung begangen hat. Er ist jedoch nicht automatisch selbst derjenige, der die Handlung begangen hat. Die Handlung muß ihm noch gesondert zugerechnet werden, damit sie als seine eigene gelten und er deswegen zur Haftung herangezogen werden kann. Nur über die Wissenszurechnung ist das allerdings nicht möglich. Allein darum bestehen schon Bedenken hinsichtlich einer entsprechenden Anwendbarkeit des § 166 Abs. 1 BGB auf Fälle der drittwirkenden Geschäftsanmaßung.

Der gleiche Gedanke bewegt auch den BGH, wenn er davon ausgeht, daß § 166 BGB „nur den ... Fall der Wissenszurechnung regelt, aber nicht dazu führen kann, daß selbst bei einer entsprechenden Anwendung auf einen Verhandlungsgehilfen dessen Wille an die Stelle des Willens der tatsächlichen Parteien tritt“[533].

Es ist auch nicht möglich, über § 166 BGB das Wissen zuzurechnen mit der Folge, daß dem Geschäftsführer dann als Wissendem die Geschäftsanmaßung als eigene zugerechnet wird. Dies würde gegen die oben[534] gefundenen Ergebnisse zu § 687 Abs. 2 BGB verstoßen; der Dritte kann hier nicht unberücksichtigt bleiben.

Ferner ist hier aber auch kein Rechtsgeschäft zwischen dem Dritten und dem Geschäftsherrn gegeben. Das Rechtsgeschäft findet nur – wie oben bereits dar-

---

532 Vgl. BGH, Urteil vom 25. März 1982, BGHZ 83, 293 (296), m.w.N. Der BGH spricht hier von einer Zurechenbarkeit. Bei dieser Zurechenbarkeit geht es allerdings - wie sich später zeigt - um die Zurechnung von Wissen. Derjenige, der sich anderer zur Erfüllung seiner Aufgaben bediene, müsse sich das „in diesem Rahmen erlangte Wissen des anderen zurechnen lassen“. Es geht also nur um das Wissen, nicht aber direkt um Handlungen des Gehilfen. Nicht die Handlungen werden hier zugerechnet, sondern nur das Wissen. Vgl. auch BGH, Urteil vom 10. Februar 1971, BGHZ 55, 307 (311).

533 BGH, Urteil vom 26. Mai 2000 (V ZR 399/99), abrufbar unter www.bundesgerichtshof.de; siehe auch JuS 2001, 80 (Besprechung von *Emmerich*); ebenso schon OLG München, Urteil vom 14. Januar 1992, NJW-RR 1993, 1168 (1169); das OLG München begründet die Nichtanwendung des § 166 BGB allerdings mit der Schutzfunktion des § 313 BGB; der Zurechnung von Wissen seien daher Grenzen gesetzt. In einem Urteil vom 8. November 1991 (NJW 1992, 899) geht der BGH zwar von einer Zurechnung des Wissens der mit einer der Verhandlungsführung betrauten Hilfsperson aus; dort wurde allerdings der Hilfsperson der tatsächliche Vertragsabschluß überlassen und Wissen im Rahmen des § 138 BGB zugerechnet.

534 Siehe oben, B.V.2. a) cc).

gestellt – zwischen dem Dritten und z.B. einem unbekannten Käufer statt. So ist die Geschäftsanmaßung des Dritten immer nur eine reale Handlung gegenüber dem Geschäftsherrn und keine rechtsgeschäftliche. Dies aber ist notwendige Voraussetzung für die Anwendung des § 166 Abs. 1 BGB.[535]

Zusätzlich paßt § 166 BGB auch von den Rechtsfolgen nicht auf den hier gegebenen Sachverhalt: Wie oben schon gezeigt, wollen der Geschäftsführer und auch der Dritte die Rechtsfolgen der Handlung nicht. Und auch eine Zurechnung des Wissens des Dritten zum Wissen des Geschäftsführers bringt dem Geschäftsherrn noch keine Abhilfe – das Wissen allein genügt für das „Einstehenmüssen" des Geschäftsführers gegenüber dem Geschäftsherrn noch nicht.

Somit ist folgendes festzuhalten: § 166 BGB gilt für Rechtsgeschäfte und für die Wissenszurechnung, und der Eintritt der Rechtsfolgen muß dem Willen des Handelnden entsprechen. Bei einer drittwirkenden Geschäftsanmaßung handelt es sich nicht um ein Rechtsgeschäft, ein Eintritt der in § 687 Abs. 2 BGB vorgesehenen Rechtsfolgen wird vom Handelnden abgelehnt, und eine Wissenszurechnung ist für das Einstehen des Dritten nicht ausreichend. Die Sachverhalte sind somit sehr unterschiedlich und daher nicht gleich zu bewerten.

Eine analoge Anwendung des § 166 Abs. 1 BGB muß daher ausscheiden.

Dieses Ergebnis steht auch im Einklang mit der wohl herrschenden Meinung in der Literatur, welche einer Anwendung der §§ 104 ff. BGB auf die Geschäftsführung ohne Auftrag kritisch gegenübersteht.[536] Grund hierfür ist die Beachtung der Aufteilung in Innen- und Außenverhältnis.[537] Der Geschäftsführer (bei der Geschäftsführung ohne Auftrag) soll demjenigen, mit dem er das Geschäft zugunsten des Geschäftsherrn tätig, verpflichtet sein, nicht aber auch den Geschäftsherrn dadurch verpflichten können. Zwischen Geschäftsführer und Geschäftsherr findet dann über die Vorschriften der Geschäftsführung ohne Auftrag im Innenverhältnis ein schuldrechtlicher Ausgleich statt.[538] Der Geschäftsherr kann eventuell über die §§ 177 ff., 185 BGB das Geschäft auch im Außenverhältnis an sich ziehen. Zwischen dem Geschäftsführer und dem Dritten (im Sinne der gesetzlichen Regelung der §§ 677 ff. BGB) können aber nicht die §§ 164 ff. BGB eingreifen, wenn der Geschäftsführer nicht auch Vertreter des Ge-

[535] Siehe schon oben, B. V. 2. b) dd).
[536] Vgl. nur *Seiler* in: MüKo (3.), vor § 677, Rdnr. 5; *Ebert*, S. 159, Fn. 444, m.w.N.; *Sprau* in: Palandt, Einf v § 677, Rdnr. 2.
[537] Vgl. *Seiler* in: MüKo (3.), vor § 677, Rdnr. 6.
[538] *Seiler* in: MüKo (3.), vor § 677, Rdnr. 6.

schäftsherrn ist.[539] Im anderen Fall würde die vorgesehene Trennung von Außen- und Innenverhältnis mißachtet werden.[540] Der Geschäftsführer hat daher regelmäßig keinen Anspruch auf Genehmigung des von ihm für den Geschäftsherrn vorgenommenen Geschäfts mit dem Vertragspartner.[541]

Zu bedenken ist auch, daß die Fälle der Geschäftsführung ohne Auftrag überwiegend rein tatsächlicher Art sind, weil die Übernahme der Geschäftsführung ohne Auftrag im Verhältnis zum Geschäftsherrn stets ein tatsächliches, kein rechtsgeschäftliches Verhalten ist.[542] Dies paßt ebenfalls nicht zu den Vorschriften über Rechtsgeschäfte und zu § 166 BGB.

Daher muß eine Anwendung der §§ 164 ff. BGB auch bei der Geschäftsführung ohne Auftrag und insbesondere bei der Geschäftsanmaßung ausscheiden.

(3) Anwendung der Grundsätze des § 166 Abs. 1 BGB

Eine weitere Möglichkeit, Gesetzeslücken zu schließen, ist der Rückgang auf ein im Gesetz angelegtes Prinzip.[543] Diese Ausfüllungsmöglichkeit „gründet sich darauf, daß der im Gesetz nicht ausdrücklich geregelte Sachverhalt ein solcher ist, auf den das Prinzip (ebenfalls) zutrifft, ein Grund, hier eine Ausnahme von dem Prinzip zu machen, aber nicht vorliegt"[544]. Dazu bedarf es des Rückgangs auf die ratio legis der Regelung.[545]

Eventuell könnte der Geschäftsführer dem Geschäftsherrn hier also nach dem in § 166 BGB enthaltenen allgemeinen Rechtsgedanken haften. Als Grundsatz muß dabei die Haftung für Personen, durch die jemand einen Vorteil erlangt und die zu diesem Jemand in einer bestimmten Beziehung stehen, gesehen werden. Unter Gefahrtragungsgesichtspunkten muß der Vertretene für den Vertreter haften, da es in seiner Hand liegt, den Vertreter auszusuchen, ihn zu unterweisen und zu kontrollieren.[546] In einer Entscheidung vom 14. Mai

---

[539] Vgl. BGH, Urteil vom 4. Oktober 1977, BGHZ 69, 323 (327); Urteil vom 4. Mai 1955, BGHZ 17, 181 (188), m.w.N.
[540] *Seiler* in: MüKo (3.), vor § 677, Rdnr. 6.
[541] Vgl. nur BGH, Urteil vom 9. Februar 1951, NJW 1951, 398; Urteil vom 8. Juli 1953, LM Nr. 2 zu § 683, m.w.N.; *Heinrichs* in: Palandt, § 178 Rdnr. 4, m.w.N.; ob dem Geschäftsführer im Rahmen des § 679 BGB Vertretungsmacht zusteht, ist umstritten, vgl. *Heinrichs* in: Palandt, § 178 Rdnr. 4, m.w.N.
[542] *Sprau* in: Palandt, Einf v § 677, Rdnr. 2.
[543] Vgl. *Larenz/Canaris*, Methodenlehre, S. 202; *Engisch*, S. 155 f., m.w.N. in Endnote 182.
[544] *Larenz/Canaris*, Methodenlehre, S. 202.
[545] *Larenz/Canaris*, Methodenlehre, S. 202 f.
[546] *Müller-Erzbach*, AcP 106 (1910), 439; vgl. auch *Oertmann*, Das Recht 27 (1923), 75.

2004[547] stellt der BGH fest, daß der „Gesichtspunkt der arbeitsteiligen Organisation als Zurechnungsgrund“ neben der Anweisung oder Vertretung den Anwendungsbereich des § 166 BGB erweitert. Die Frage der Wissenszurechnung lasse sich jedoch nicht im Wege „logischbegrifflicher Stringenz“, sondern nur in wertender Beurteilung entscheiden.[548] Zugleich ist er der Ansicht, daß diese Grundsätze, welche für juristische Personen, insbesondere Gemeinden entwikkelt wurden, auch auf andere Organisationsformen anzuwenden sind.[549] Diese Wissenszurechnung dient dem Ausgleich der strukturellen Besonderheiten bei juristischen Personen.[550] Entscheidend ist, ob der Handelnde nach der Organisation dazu berufen ist, im Rechtsverkehr als dessen Repräsentant bestimmte Aufgaben in eigener Verantwortung zu erledigen.[551] Eine Wissenszurechnung scheidet danach aus, wenn der Wissensträger nicht mit der eigenverantwortlichen Wahrnehmung entsprechender Aufgaben betraut ist.[552]

Eine solche Ansicht – Anwendung des Rechtsgedankens des § 166 BGB – wurde von *Lobe*[553] vertreten. Seiner Ansicht nach hafte der Auftraggeber aus § 687 Abs. 2 nach den Grundsätzen der Stellvertretung. Mit *Ebert*[554] ist aber davon auszugehen, daß dies hier nicht möglich ist. § 166 Abs. 1 BGB wird zwar der allgemeine Rechtsgedanke entnommen, daß derjenige, der „sich im Rechtsverkehr fremder Hilfe bedient und die Wirkung fremden Handelns für sich in Anspruch nimmt, auch die Nachteile daraus in Kauf nehmen muß und sich nicht der eigenen sauberen Hände rühmen darf, wenn andere sie sich für ihn schmutzig gemacht haben“[555]. Wer den Vorteil aus der Tätigkeit des Gehilfen

---

[547] Az.: V ZR 120/03, abrufbar unter www.bundesgerichtshof.de.

[548] BGH, Urteil vom 2. Februar 1996, BGHZ 132, 30 (35); schon Urteil vom 8. Dezember 1989, BGHZ 109, 327 (331), m.w.N.

[549] BGH, Urteil vom 2. Februar 1996, BGHZ 132, 30 (37).

[550] BGH, Urteil vom 2. Februar 1996, BGHZ 132, 30 (35), m.w.N.; vgl. zur Frage der Pflicht juristischer Personen, ihre Organisation und damit die Zurechnung von Wissen ordnungsgemäß einzurichten, die dort angegebenen Fundstellen, insbesondere zu *Taupitz* und *Medicus* in: Karlsruher Forum 1994; siehe auch die Nachweise zum Gleichstellungsargument, mit welchem die Wissenszurechnung bei juristischen Personen gerechtfertigt wird, und hierzu den kritischen Aufsatz von *Koller*, JZ 1998, 75 ff.

[551] BGH, Urteil vom 2. Februar 1996, BGHZ 132, 30 (35).

[552] Vgl. BGH, Urteil vom 24. Januar 1992, BGHZ 117, 104 (106 f.).

[553] *Lobe*, Die Bekämpfung des unlauteren Wettbewerbs, Band 1, S. 370 (nach *Ebert*, S. 158).

[554] Die Geschäftsanmaßung, S. 158 f.

[555] *Raiser*, JZ 1961, 27; vgl. auch *Seiler*, JZ 1967, 527; ferner *Beuthien* in: Festschrift für Medicus, S. 13, 15 und 16; *Reinhardt*, GS Rudolf Schmidt, S. 124 sowie zu § 278 BGB *Sprau* in: Palandt, § 278, Rdnr. 1, m.w.N.; vgl. zu § 8 Abs. 2 UWG n.F. (§ 13 Abs. 4 UWG a.F.) BGH, Urteil vom 5. April 1995, NJW 1995, 2355 (2356), m.w.N., und auch OLG Stuttgart, Urteil vom 08. Februar 1991, NJW-RR 1991, 1333 (1334).

zieht, muß auch die Last des Schadens tragen.[556] Allein die Einschaltung eines Dritten zur Erledigung eigener Aufgaben kann hier zu einer Haftung führen.[557] Dieser Rechtssatz findet sich bereits in den Digesten[558] und wird auch als Utilitätsargument bezeichnet.[559]

> D.50.17.149: Ulpianus 67 ad. ed.
> ex qua persona quis lucrum capit, eius factum praestare debet.[560]

Der Zurechnungsgrund ist hierbei mehr objektiver Art.[561] Dieser Utilitätsgedanke findet sich auch in der Rechtsprechung,[562] wobei er dort im Rahmen der

---

556 *Seiler*, JZ 1967, S. 527; *Hoffmann*, JR 1969, 372, m.w.N.; vgl. auch *Westermann*, JuS 1951, S. 335 und S. 338, m.w.N., der sich jedoch nicht auf § 166 BGB direkt bezieht.

557 *Westermann*, JuS 1951, S. 335 und S. 338, m.w.N.

558 Vgl. Auch *Koller*, JZ 1998, 75, Fn. 8: Parömie des "qui facit per alium, facit per se", m.w.N.; ferner *Schultz*, NJW 1990, 477 (478 f.), m.w.N.
Der Rechtssatz des „qui facit per alium, facit per se" ist auch im angelsächsischen Recht als Principal-Agency-Theorie bekannt, vgl. *von* Caemmerer, FS 100 Jahre Juristentag, 119, m.w.N. Hier haftet der Principal für die Handlungen seiner Angestellten: By master is also understood a principal who employs another to perform some act or do something for him. The law having adopted the maxim of the civil law, qui facit per alium facit per se; the agent is but an instrument, and the master is civilly responsible for the act of his agent, as if it were his own, when he either commands him to do an act, or puts him in a condition, of which such act is a result, or by the absence of due care and control, either previously in the choice of his agent, or immediately in the act itself, negligently suffers him to do an injury. Quelle: http://www.lectlaw.com/def2/m090.htm. Vgl. auch http://www.lectlaw.com/ def/a026.htm: AGENT – (1) A person who performs services for another person under an express or implied agreement and who is subject to the other's control or right to control the manner and means of performing the services. The other person is called a principal. One may be an agent without receiving compensation for services. The agency agreement may be oral or written. (2) The person to whom a power of attorney is given. An agent has authority to act on behalf of the grantor, as specified by the grantor in a power of attorney document. (…) AGENCY - Contracts. An agreement, express , or implied, by which one of the parties, called the principal, confides to the other, denominated the agent, the management of some business; to be transacted in his name, or on his account, and by which the agent assumes to do the business and to render an account of it. As a general rule, whatever a man do by himself, except in virtue of a delegated authority, he may do by an agent. Hence the maxim qui facit per alium facit per se. (…) Agents are liable for their acts, 1, to their principals; and 2, to third person.
Der Rechtssatz des „qui facit per alium, facit per se" stammt aus den Rechtsregeln (Regulae Iuris Bonifacii VIII in Libro Sexto Corporis Iuris Canonici 1298) von Bonifatius VIII. (eigentlich Benedetto Caetani), ca. 1235 bis 1303, Papst von 1294 bis 1303.

559 Vgl. *Seiler*, JZ 1967, S. 527.

560 Englische Übersetzung (nach http://www.constitution.org/sps/sps11.htm): Ulpianus, On the Edict, LXVII. Anyone who profits by the acts of another should guarantee them.

561 *Seiler*, JZ 1967, S. 527.

Wissenszurechnung und der entsprechenden Anwendung von § 166 Abs. 1 BGB angesprochen wird.[563] In den genannten Entscheidungen[564] wurde der Gedanke z.B. im Rahmen des § 990 BGB angewandt, um einem Besitzherrn die Bösgläubigkeit seines Besitzdieners zuzurechnen.[565]

Der BGH führt in seiner Entscheidung vom 9. Februar 1955[566] aus: „Dann kann trotz der Gutgläubigkeit des unmittelbaren Besitzers eine Bösgläubigkeit des Besitzdieners die Haftung begründen, wenn der Besitzer bei der Auswahl und Überwachung des Besitzdieners nicht die im Verkehr erforderliche Sorgfalt beobachtet hat. Das folgt aus einer entsprechenden Anwendung der in den §§ 166 und 831 BGB enthaltenen Rechtsgedanken. Da stets auf die Person des Besitzers abzustellen ist, kann allerdings § 166 BGB nicht schlechthin entsprechend angewandt werden, auch nicht mit der Einschränkung, daß der Besitzer einen Entlastungsbeweis in entsprechender Anwendung des § 831 BGB führen muß. Vielmehr muß dem Besitzer nachgewiesen werden, daß er bei der Auswahl und Überwachung des Besitzdieners nicht sorgfältig verfahren ist. Der Besitzdiener repräsentiert in gewissem Sinn den Besitzherrn tatsächlich und stellt gleichsam das Organ dar, durch das dieser beim Besitzerwerb handelt. Daher ist das Verhalten des Besitzdieners beim Besitzerwerb, nach welchem die Frage seiner Gut- oder Bösgläubigkeit zu beurteilen ist, also insbesondere seine Kenntnis oder sein Kennenmüssen bestimmter Umstände, dem Besitzherrn dann zuzurechnen, wenn es mittelbar als auf dessen eigenem Verhalten beruhend zu erachten ist. Das ist der Fall, soweit das Verhalten des Besitzdieners gerechterweise als von dem Einfluß des Besitzherrn abhängig angesehen werden kann. Das trifft aber dann zu, wenn der Besitzherr, was ihm, wie erwähnt, zu beweisen ist, den Besitzdiener nicht sorgfältig ausgewählt und beaufsichtigt hat. In dem Fall hat er die Verantwortung für die Handlungsweise des Besitzdieners beim Besitzerwerb zu tragen."

Der BGH stellt dabei auf den Gedanken aus § 166 BGB und § 831 BGB ab, wobei er eine Exkulpation nicht zulassen möchte. Begründet wird die Haftung

---

[562] Erstmals im Urteil vom 9. Februar 1955, BGHZ 16, 259 (264); ferner Urteil vom 9. Februar 1960, BGHZ 32, 53 (56 ff.); vgl. *Waltermann*, AcP 192 (1992), S. 190 f., m.w.N. aus der Rechtsprechung.

[563] Siehe oben, B. V. 2. b) dd).

[564] BGH, Urteil vom 9. Februar 1955, BGHZ 16, 259 (264); ferner Urteil vom 9. Februar 1960, BGHZ 32, 53 (56 ff.); vgl. *Waltermann*, AcP 192 (1992), S. 190 f., m.w.N. aus der Rechtsprechung.

[565] Zur Frage und vor allem Begründung der Zurechnung von Bösgläubigkeit beim Besitzerwerb vergleiche die zusammenfassende Darstellung in „20 Probleme aus dem BGB – Das Eigentümer-Besitzer-Verhältnis" von *Gursky*, 6. S. 63 ff.

[566] BGHZ 16, 259 (264 f.).

damit, daß der Besitzdiener gewissermaßen für den Besitzherrn und vor allem wie dieser handelt. Der Besitzdiener hätte hier auch selbst handeln können, so daß ihm auch die Handlung an sich zugerechnet werden muß.

In seinem Urteil vom 9. Februar 1960[567] führt der BGH aus: „Wohl aber rechtfertigt es sich, wie in jenem Urteil geschehen ist, das Verhalten des Besitzdieners, nach welchem die Frage seiner Gut- oder Bösgläubigkeit zu beurteilen ist, dann dem Besitzherrn zuzurechnen, wenn es mittelbar auf dessen eigenem Verhalten beruht, der Besitzherr also, ähnlich wie im Falle der Stellvertretung der Vertretene durch seine Vollmacht, die Voraussetzung dafür geschaffen hat, daß der Besitzdiener zugunsten des Besitzherrn tätig geworden ist. (...) Es steht auch nicht, wie in den Fällen der §§ 278, 831 BGB, die Haftung für ein von einem anderen ausgehendes Verhalten in Frage, sondern entsprechend § 166 BGB die Zurechenbarkeit des Kennens oder Kennenmüssens. (...) Auch dann hat der Besitzherr den bösgläubigen Erwerb des Besitzdieners in einer Weise veranlaßt, die ihm eine Verantwortung aufbürdet, wenn er den Besitzdiener vollkommen, selbständig im Rechtsverkehr für sich handeln läßt, so daß die Besitzergreifung durch den Besitzdiener im Rahmen einer ihm vom Besitzherrn zur freien Entscheidung zugewiesenen Tätigkeit geschah, wenn also der Besitzdiener die wirtschaftliche Funktion des Besitzherrn erfüllt und an dessen Stelle tritt. Wer als Unternehmer im Wirtschaftsleben zur Erlangung von Eigentum den Besitz einer Sache mittels seiner Angestellten als der Besitzdiener erwirbt, ohne sich um die Berechtigung zum Besitz zu kümmern, vielmehr den Angestellten die Prüfung überläßt, kann sich, wenn diese bösgläubig sind, dem wirklichen Eigentümer gegenüber nicht darauf berufen, er habe sich berechtigterweise für den Eigentümer gehalten."

Auch hier steht der Gedanke im Vordergrund, daß der Besitzherr sich nicht aus der Haftung zurückziehen darf, wenn er Dritte für sich handeln läßt. Der BGH stellt allerdings auch deutlich heraus, daß es sich in diesen Fällen nicht um eine Zurechnung fremden Verhaltens handelt, sondern lediglich um eine Zurechnung von Wissen.

Jedoch sagt die Zurechnung des Wissens noch nichts über das Einstehen für eine „Hilfsperson". Damit steht nur fest, daß der Geschäftsführer von dem Eingriff weiß. Seine Haftung ist dadurch noch nicht begründet. Bei der Wissenszurechnung handelt es sich somit „nicht um ein Problem des Einstehens für Dritte"[568]. So wird dieser Fall auch in der Rechtsprechung behandelt: Der BGH

[567] BGHZ 32, 53 (56 ff.).
[568] So auch *Richardi*, AcP 169 (1969), S. 387 und 393; *Möller*, Verantwortlichkeit des Versicherungsnehmers (1939), S. 27.

geht in solchen Fällen nicht von der „Haftung für ein von einem anderen ausgehenden Verhalten" aus; in Frage stehe vielmehr „entsprechend § 166 BGB die Zurechenbarkeit des Kennens oder Kennenmüssens".[569] Vom Kennen oder Kennenmüssen auf das Einstehen für Dritte zu schließen, ist, wie oben bereits gezeigt, nicht durch den Gedanken des § 166 BGB gedeckt.

Eine Zurechnung ist somit nicht nach § 166 Abs. 1 BGB möglich, weder direkt noch analog noch nach dem enthaltenen Rechtsgedanken.

ee) *§ 278 BGB*

Fraglich ist, ob hier eine Zurechnung nach § 278 BGB[570] möglich ist. § 278 BGB stellt gegenüber dem gemeinen Recht eine Neuerung dar. Die Frage der Haftung für Hilfspersonen bei Erfüllung eines bestehenden Schuldverhältnissen war umstritten.[571] Auf der einen Seite wurde vertreten, für den jeweiligen Fall zu prüfen, ob der Schuldner sich Dritter bedienen durfte.[572] War das der Fall, so haftete er nur für die Auswahl beziehungsweise Aufsicht über diese Hilfspersonen.[573] War es ihm dagegen nicht erlaubt, Dritte heranzuziehen, so sollte seine Haftung „unbedingt" sein.[574] Auf der anderen Seite wurde teilweise eine regelmäßige Haftung für Gehilfen angenommen.[575] Diesen Standpunkt vertrat vor allem der Code Civil in Art. 1384[576] und ihm folgend auch der hessische und

569 BGH, Urteil vom 9. Februar 1960, BGHZ 32, 53 (58) = JZ 1961, 25.

570 § 278 S. 1 BGB: „Der Schuldner hat ein Verschulden seines gesetzlichen Vertreters und der Personen, deren er sich zur Erfüllung seiner Verbindlichkeit bedient, in gleichem Umfange zu vertreten wie eigenes Verschulden."

571 So die Motive, siehe *Mugdan* II, S. 16, m.w.N.

572 *Mugdan* II, S. 16, m.w.N.

573 *Mugdan* II, S. 16, m.w.N.

574 *Mugdan* II, S. 16, m.w.N.

575 *Mugdan* II, S. 16.

576 Aktuelle Fassung des Art. 1384 des Code Civil: „On est responsable non seulement du dommage que l'on cause par son propre fait, mais encore de celui qui est causé par le fait des personnes dont on doit répondre, ou des choses que l'on a sous sa garde.
Toutefois, celui qui détient, à un titre quelconque, tout ou partie de l'immeuble ou des biens mobiliers dans lesquels un incendie a pris naissance ne sera responsable, vis-à-vis des tiers, des dommages causés par cet incendie que s'il est prouvé qu'il doit être attribué à sa faute ou à la faute des personnes dont il est responsable.
Cette disposition ne s'applique pas aux rapports entre propriétaires et locataires, qui demeurent régis par les articles 1733 et 1734 du code civil.
Le père et la mère, en tant qu'ils exercent l'autorité parentale, sont solidairement responsables du dommage causé par leurs enfants mineurs habitant avec eux.
Les maîtres et les commettants, du dommage causé par leurs domestiques et préposés dans les fonctions auxquelles ils les ont employés.
Les instituteurs et les artisans, du dommage causé par leurs élèves et apprentis pendant le temps qu'ils sont sous leur surveillance.

der bayerische Entwurf.[577] So statuiert Art. 1384 Code Civil eine verschuldensunabhängige Haftung ohne Entlastungsmöglichkeit für die unerlaubten Handlungen die eigenen Leute.[578] Abgestellt wird hierfür auf den Utilitätsgrundsatz, nach dem billigerweise derjenige, der den Vorteil aus einer Handlung des Gehilfen zieht, auch die Nachteile in Kauf nehmen muß.[579]

Die Kommission stellte allerdings fest, daß es Entscheidungen gibt, welche zwar von der erstgenannten Ansicht ausgehen, jedoch in Einzelfällen auch eine allgemeine Haftung zulassen.[580] Diesen Standpunkt, welcher mit der Zeit teils

---

La responsabilité ci-dessus a lieu, à moins que les père et mère et les artisans ne prouvent qu'ils n'ont pu empêcher le fait qui donne lieu à cette responsabilité.
En ce qui concerne les instituteurs, les fautes, imprudences ou négligences invoquées contre eux comme ayant causé le fait dommageable, devront être prouvées, conformément au droit commun, par le demandeur, à l'instance."
Übersetzung nach *Gotthardt* in: von Bar, Deliktsrecht in Europa, S. 75 f.: „Man haftet nicht nur für den Schaden, den man durch eigenes Verhalten verursacht, sondern auch für denjenigen, der durch Leute verursacht wird, für die man haftet, oder durch Sachen, deren Halter man ist.
Wer aus welchem Rechtsgrund auch immer Inhaber eines Grundstücks oder eines Teils eines Grundstücks oder Inhaber beweglicher Sachen ist, in denen ein Brand entstanden ist, haftet gegenüber Dritten nicht für Schäden, die durch diesen Brand entstanden sind, es sei denn daß nachgewiesen werden kann, daß dieser auf sein Verschulden oder auf das Verschulden von Personen, für die er haftet, zurückzuführen ist.
Diese Bestimmung ist nicht auf die Beziehung zwischen Vermietern und Mietern anwendbar, die den Artikeln 1733 und 1734 Code civil unterstellt bleiben.
Soweit der Vater und die Mutter elterliche Gewalt ausüben, haften sie als Gesamtschuldner für den Schaden, der durch ihre gemeinsamen minderjährigen Kinder, die mit ihnen zusammenwohnen, verursacht worden ist.
Die Dienstherrn und Geschäftsherrn haften für den Schaden, der von ihren Dienstboten und Verrichtungsgehilfen in Wahrnehmung derjenigen Aufgaben verursacht worden ist, zu deren Erfüllung sie sie beschäftigen.
Die Lehrer und Handwerksmeister haften für denjenigen Schaden, den ihre Schüler und Lehrlinge während derjenigen Zeit verursachen, in der sie sich unter ihrer Aufsicht befinden.
Vater, Mutter und Handwerksmeister haften nach den oben erwähnten Bestimmungen nur dann, wenn sie nicht nachweisen können, daß sie das der Haftung zugrundeliegende Verhalten nicht verhindern konnten.
Bei Lehrern sind Verschulden, Nachlässigkeit oder Fahrlässigkeit, die gegen sie als Ursache der schädigenden Handlung geltend gemacht werden, durch den Kläger nach den allgemeinen Regeln nachzuweisen."

[577] Vgl. *Mugdan* II, S. 16, m.w.N.
[578] *Seiler*, JZ 1967, 525 (527), m.w.N.
[579] *Seiler*, JZ 1967, 525 (527), m.w.N.; vgl. auch S. 529; siehe hierzu auch schon die Ausführungen im vorangegangenen Abschnitt.
[580] Vgl. *Mugdan* II, S. 16, m.w.N.

erweitert oder verallgemeinert wurde[581], hielt sie für „legeslativ im höchsten Grade beachtenswerth“[582]. Sie kam daher zu folgendem Schluß: „Mit Recht läßt sich für den heutigen Verkehr sagen, daß der Schuldner, der sich der Hülfe Dritter bei der Bewirkung der Leistung bedient, im eigenen Interesse und folgeweise auch auf seine eigene Gefahr handelt. In seiner Eigenschaft als Schuldner, der zu Leistung verpflichtet ist, kann er sich der Verantwortung, nach Maßgabe der von ihm in dem betr. Schuldverhältnisse zu beobachtenden Diligenz, für diejenigen nicht entschlagen, welche er bei den ihm dem Gläubiger gegenüber obliegenden Handlungen zuzieht. Wenn der Schuldner eine Leistung versprochen hat, so erblickt der heutige Verkehr in diesem Versprechen auch die Übernahme einer Garantie für das ordnungsgemäße Verhalten derjenigen, deren Mitwirkung bei der Leistung sich zu bedienen dem Schuldner ausdrücklich oder stillschweigend gestattet ist.“[583] Der Standpunkt der erstgenannten Ansicht „führt zu größten praktischen Unzulänglichkeiten, ruft eine Menge von Streitigkeiten hervor und beeinträchtigt die Rechtssicherheit im höchsten Maße“[584]. Auch § 115 des Schweizer Obligationenrechts habe diesen Standpunkt daher verlassen. Schließlich „erscheint es hiernach gerechtfertigt, im Anschlusse an dieses Gesetz schlechthin die Haftung des Schuldners für das Verschulden seiner Leute zu bestimmen“[585]. Dieser Grundsatz soll allgemein für alle Schuldverhältnisse bestehen, „insbes. auch für Legalobligationen“.[586] Die Haftung für gesetzliche Vertreter sollte nach Ansicht der Kommission „der Vollständigkeit wegen erwähnt“ werden, sei aber nicht zu bezweifeln.[587]

An dieser Stelle wird in den Motiven noch ein weiterer Fall behandelt. Ausdrücklich offen läßt der Entwurf die Frage, ob bei einem Betrug des Vertreters bei Abschluß eines Rechtsgeschäftes rechtsgeschäftliche Pflichten verletzt werden oder ob es sich um ein Delikt handelt.[588] Dies kann hier allerdings keine große Hilfe sein bei der Suche nach einer geeigneten Lösung. So betrifft diese Frage nicht den Fall einer Geschäftsanmaßung und – was vor allem wichtig ist – es wird eben gerade keine Entscheidung getroffen. Der Satz kann daher nur insoweit helfen, als feststeht, daß durch das Gesetz selbst keine eindeutige Regelung bei der Unterscheidung von vertraglichen und deliktischen Ansprüchen getroffen wurde.

---

581 Vgl. *Mugdan* II, S. 16.
582 *Mugdan* II, S. 16.
583 *Mugdan* II, S. 16.
584 *Mugdan* II, S. 16.
585 *Mugdan* II, S. 16.
586 *Mugdan* II, S. 16.
587 *Mugdan* II, S. 17.
588 Vgl. *Mugdan* II, S. 17, erste Fußnote, *).

Festzuhalten ist aber vor allem, daß § 278 BGB nur innerhalb von Schuldverhältnissen – dann aber gleich welcher Art, vertraglich oder gesetzlich – Anwendung findet.[589] Die Haftung des Schuldners für seine Hilfspersonen ist dann unbedingt. Haftungsgrund ist auch hier wie bei § 166 BGB das Einstehenmüssen für arbeitsteiliges Handeln; der Geschäftsführer soll neben den Vorteilen der Arbeitsteilung auch die Nachteile tragen.[590]

(1) Direkte Anwendung des § 278 BGB

Eine Anwendung des § 278 BGB ist nach § 664 Abs. 1 Satz 3 BGB im Auftragsrecht vorgesehen. Dort hat der Beauftragte für ein Verschulden eines zulässigerweise herangezogenen Gehilfen nach § 278 BGB einzustehen. § 664 Abs. 1 Satz 3 BGB ist jedoch schon bei der Geschäftsführung ohne Auftrag nicht anwendbar.[591] Verweisungen aus dem Recht über die Geschäftsführung ohne Auftrag auf § 664 BGB bestehen nicht. Daher gibt es auch keine Verweisung von der Geschäftsanmaßung auf § 664 BGB. § 278 BGB ist daher zumindest über das Auftragsrecht nicht ohne weiteres anwendbar.

§ 278 BGB ist – wie oben bereits dargelegt[592] – bei der Geschäftsführung ohne Auftrag ohne weiteres jederzeit anwendbar. Der Geschäftsführer ohne Auftrag kann sich bei der Ausführung des fremden Geschäfts seiner Leute oder sogar Dritter bedienen, muß also nicht in eigener Person tätig werden.[593] Verletzt er bei der Ausführung des Geschäfts eine Pflicht, so macht er sich schadensersatzpflichtig. Zugleich haftet er aber auch für seine Gehilfen nach § 278 BGB.[594] Notwendig ist hierfür aber auch ein bestehendes Schuldverhältnis; eine Haftung wird nur für die Ausführung einer bereits bestehenden Geschäftsführung ohne Auftrag vorgesehen. Insofern könnte auch eine Anwendung bei der Geschäftsanmaßung in Betracht kommen, die ebenfalls ein Schuldverhältnis darstellt und nicht den Auftragsvorschriften unterliegt. § 278 BGB setzt aber schon nach seinem Wortlaut („Der Schuldner...“; „...zur Erfüllung seiner Verbindlichkeit...“) ein Schuldverhältnis voraus. Dieses Schuldverhältnis muß al-

---

[589] Vgl. BGH, Urteil vom 7. März 1972, BGHZ 58, 207 (212); Urteil vom 9. Februar 1955, BGHZ 16, 259 (262); Urteil vom 29. April 1953, BGHZ 9, 316 (317); Urteil vom 3. Juli 1951, BGHZ 3, 46 (49); Urteil vom 8. März 1951, BGHZ 1, 248 (249); *Grundmann* in: MüKo (4.), § 278 Rndr. 15; *Heinrichs* in: Palandt, § 278 Rdnr. 2 ff.

[590] Vgl. hierzu auch oben zu § 166 BGB und *Beuthien* in: Festschrift für Medicus, S. 15; nach *Richardi*, AcP 169 (1969), 385 (387), bietet § 278 BGB selbst keine Grundlage für eine Wissensvertretung.

[591] *Sprau* in: Palandt, § 664 Rdnr. 1 a.E., mit Hinweis auf BGH NJW 1977, 530.

[592] Siehe oben, B. V. 1. a)

[593] *Sprau* in: Palandt, § 677 Rdnr. 2; vgl. BGH, Urteil vom 25. November 1976, BGHZ 67, 368 (370 f.), m.w.N.

[594] *Sprau* in: Palandt, § 677 Rdnr. 15.

lerdings im Zeitpunkt der Zurechnung schon bestehen.[595] Das bereits bestehende Schuldverhältnis ist sozusagen Voraussetzung für die Haftung des Schuldners.[596] *Westermann* nennt diese Haftung daher auch „Einschaltungshaftung“[597]: „Nur bei einer im Augenblick des Tätigwerdens des Gehilfen bestehenden Verpflichtung kann von einer Einschaltung und folglich einem Handeln des H (des Gehilfen) „an Stelle des G (des Schuldners)“ die Rede sein.“[598] Der Schuldner läßt einen anderen „an seiner Stelle *in einem bestimmten Pflichtverhältnis* handeln“[599]. Es kommt dabei „auf die Verletzung schuldrechtlicher Pflichten“ an; die Pflichten wirken zwischen den am Schuldverhältnis Beteiligten.[600] § 278 BGB gilt allgemein für alle Schuldverhältnisse ohne Rücksicht auf den Entstehungsgrund.[601] Erfaßt werden somit auch gesetzliche Schuldverhältnisse.[602]

Da ein Schuldverhältnis bereits bestehen muß, um § 278 BGB anwenden zu können, kann § 278 BGB nicht auf die Geschäftsanmaßung angewendet werden, wenn diese begangen wird. Wird die Geschäftsanmaßung begangen, so entsteht das gesetzliche Schuldverhältnis erst.[603] Gesetzliche Schuldverhältnisse entstehen, wenn die Voraussetzungen der maßgeblichen Rechtsnorm erfüllt sind.[604] Bis zu dieser Übernahme der Geschäftsanmaßung ist das Schuldverhältnis aber noch nicht entstanden, so daß § 278 BGB nicht auf ein bereits bestehendes Schuldverhältnis angewendet werden kann.

Diese Ausführungen zeigen schon deutlich, daß eine Haftung des Dritten nach § 278 BGB hier nicht möglich ist: Bei der Geschäftsanmaßung handelt es sich nicht um ein bereits bestehendes Schuldverhältnis, wenn der Dritte erst in die Rechte des Geschäftsherrn ohne weitere Veranlassung des Geschäftsführers eingreift. Durch diese Handlung entsteht erst das Schuldverhältnis. Für die Anwendung des § 278 BGB fehlt somit schon dessen wichtigste Vorausset-

---

[595] BGH, Urteil vom 7. März 1972, BGHZ 58, 207 (212), m.w.N.
[596] Vgl. *Grundmann* in: MüKo, § 278, Rdnr. 1 und 15 ff., m.w.N.; *Westermann*, JuS 1961, S. 340 und 341.
[597] JuS 1961, S. 334 f., 338.
[598] *Westermann*, JuS 1961, S. 340.
[599] *Westermann*, JuS 1961, S. 334 f., 338; Hervorhebung vom Verfasser.
[600] Vgl. *Westermann*, JuS 1961, S. 334 f., 338.
[601] *Mugdan* II, S. 16; *Grundmann* in: MüKo, § 278, Rdnr. 15; vgl. *Westermann*, JuS 1961, S. 341.
[602] *Mugdan* II, S. 16; *Grundmann* in: MüKo, § 278, Rdnr. 15; *Heinrichs* in: Palandt, § 278 Rdnr. 2.
[603] Vgl. *Seiler* in MüKo (3.), vor § 677, Rdnr. 4 und 8, zur Geschäftsführung ohne Auftrag nach § 677 BGB.
[604] *Heinrichs* in: Palandt, Einf v § 305, Rdnr. 5.

zung, nämlich das Bestehen eines Schuldverhältnisses. § 278 BGB kann hier daher nicht direkt anwendbar sein.

Sollte zwischen Geschäftsführer und Geschäftsherr bereits ein Schuldverhältnis aus anderem Grund bestehen, würde der Dritte bei Ausführung der Geschäftsanmaßung grundsätzlich bei bestehendem Schuldverhältnis tätig. Voraussetzung für eine Zurechnung des Verschuldens über § 278 BGB ist jedoch, daß der Erfüllungsgehilfe in Erfüllung einer Verbindlichkeit des Schuldners handelt.[605] Der Geschäftsführer müßte hier daher den Dritten zur Erfüllung einer Verpflichtung eingesetzt haben. Der Dritte ist hier jedoch von sich aus ohne weitere Weisung des Geschäftsführers tätig geworden. Fraglich ist, ob das Anstellungsverhältnis zwischen Geschäftsführer und Drittem hierfür ausreicht. Regelmäßig ist erforderlich, daß die schuldhafte Handlung in innerem sachlichem Zusammenhang mit den Aufgaben steht, die der Schuldner dem Erfüllungsgehilfen im Hinblick auf die Vertragserfüllung zugewiesen hat.[606] Für Handlungen nur bei Gelegenheit der Vertragserfüllung haftet der Schuldner nicht.[607] Allerdings wird man § 278 BGB immer anwenden können, solange durch die Übertragung der Tätigkeit auf den Gehilfen Schädigungen erleichtert werden.[608] Letztendlich wird dies auch Fallfrage sein. Wenn zwischen Geschäftsherr und Geschäftsführer nun doch schon ein Schuldverhältnis bestand, ist es jeweils Fallfrage, ob der Dritte noch im sachlichen Zusammenhang mit der Verpflichtung tätig wird oder nicht. In ersterem Fall könnte man eine Geschäftsanmaßung, für welche der Geschäftsführer einzustehen hat, gegebenenfalls bejahen. Allerdings ist dafür auch immer Voraussetzung, daß der Geschäftsführer den Dritten bereits zu der Ausführung angewiesen hat, der Dritte also mit dem Willen des Geschäftsführers tätig wird. Da der Dritte hier eigenmächtig tätig wird, ist eine Haftung des Geschäftsführers wegen Geschäftsanmaßung über § 278 BGB vorliegend zu verneinen.

(2) Entsprechende Anwendung des § 278 BGB

Für eine analoge Anwendung des § 278 BGB bedarf es hier wiederum des Vorliegens vergleichbarer Sachverhalte. Mit § 278 BGB wird festgelegt, daß in allen Schuldverhältnissen eine Haftung des Schuldners für die Einschaltung

---

[605] *Heinrichs* in: Palandt, § 278 Rdnr. 12; BGH, Urteil vom 3. Juni 1993, BGHZ 123, 1 (14), m.w.N.

[606] BGH, Urteil vom 26. April 1991, BGHZ 114, 263 (270), m.w.N.; *Heinrichs* in: Palandt, § 278 Rdnr. 18, m.w.N.

[607] Vgl. nur *Heinrichs* in: Palandt, § 278 Rdnr. 18, m.w.N.

[608] *Medicus*, Schuldrecht I, § 30 III 1. d), Rdnr. 333, m.w.N.; *Heinrichs* in: Palandt, § 278 Rdnr. 19 a.E., m.w.N.

von Hilfspersonen besteht. Ein vergleichbarer Sachverhalt wäre hier z.B. das Vorliegen eines dem Schuldverhältnis ähnlichen Verhältnisses.

So dehnt die herrschende Meinung den Anwendungsbereich auch auf „jedes dem Schuldverhältnis ähnliche Verhältnis, das erfüllt werden kann“, aus.[609] Dies entspricht auch der Intention des Gesetzgebers, wonach der Grundsatz des § 278 BGB auch für Legalobligationen gelten soll.[610] Auch bei öffentlichrechtlichen Fürsorgepflichten soll eine Anwendung des § 278 BGB möglich sein.[611] Ferner wird über § 328 BGB und den Vertrag mit Schutzwirkung zugunsten Dritter § 278 BGB weitreichend angewandt.[612] Im öffentlichen Recht findet § 278 BGB ebenfalls Anwendung.[613]

Die Geschäftsanmaßung ist jedoch im Moment des Eingreifens kein bereits bestehendes Schuldverhältnis. Auch eine „schuldrechtsähnliche Beziehung“[614] liegt hier nicht vor. Somit fehlt für die Anwendung des § 278 BGB - wie bei § 166 BGB - eine wichtige Voraussetzung. Eine Analogie ist daher aufgrund der fehlenden Vergleichbarkeit der Sachverhalte und der Interessenlage zumindest unter diesem Gesichtspunkt nicht möglich.

Fraglich ist aber, ob nicht eine Ähnlichkeit darin gesehen werden kann, daß § 278 BGB auf das Einschalten einer Hilfsperson abstellt. Mit Hilfe dieser Konstruktion könnte man das Erfordernis des Vorliegens eines Schuldverhältnisses umgehen und allein schon aufgrund der Einschaltung eine Haftung begründen. Die Formulierung zeigt aber, daß doch noch ein Schuldverhältnis notwendig sein muß. Anderenfalls wäre die „Einschaltung“ einer Hilfsperson auch wenig sinnvoll. Eine Umgehung wäre allenfalls möglich, wenn man auf eine generelle Gehilfenhaftung abstellt. Der Geschäftsherr (im Sinne der hier verwendeten Terminologie der Geschäftsführer) müßte folglich grundsätzlich für alle Personen einstehen, die er beschäftigt und die für ihn tätig werden. Eine solche Haftung ist auf der Grundlage des § 278 BGB aber nicht möglich. § 278 BGB geht erkennbar von einem Schuldverhältnis aus. Dieses Schuldverhältnis oder – für eine analoge Anwendung – eine zumindest schuldrechtsähnliche Beziehung

---

[609] So schon *Westermann*, JuS 1961, S. 340, mit Beispielen; ähnlich *Grundmann* in: MüKo, § 278, Rdnr. 15.
[610] *Mugdan* II, S. 16.
[611] *Westermann*, JuS 1961, S. 340.
[612] *Grundmann* in: MüKo, § 278, Rdnr. 17; *Westermann*, JuS 1961, S. 340.
[613] Vgl. BGH, Urteil vom 23. November 1995, NJW 1996, 464 (465), m.w.N., der von einer Anwendung des „Rechtsgedankens“ des § 278 BGB spricht, obwohl es in § 62 Satz 2 VwVfG heißt: „Ergänzend gelten die Vorschriften des Bürgerlichen Gesetzbuchs entsprechend.“
[614] *Grundmann* in: MüKo, § 278, Rdnr. 15.

sind für § 278 BGB eine unumstößliche Voraussetzung. Bei den Beratungen zum Entwurf des BGB ging man von einem Schuldverhältnis aus. Der Schuldner sollte immer dann und nur dann nach § 278 BGB (im ersten Entwurf § 224 Abs. 2) haften, wenn er sich der Hilfe anderer Personen zur *Bewirkung der Leistung* bedient. Notwendig war hier also auch das Bewirken einer Leistung, also ein Schuldverhältnis. Diese Voraussetzung war auch unumstritten. Der Entwurf ging wie selbstverständlich davon aus, daß nur die Haftung für die Einschaltung von Hilfspersonen in ein Schuldverhältnis mit dem (späteren) § 278 BGB geregelt wird. Die Voraussetzung des Vorliegens eines Schuldverhältnisses wird nicht problematisiert. Eine besondere Erwähnung dieser Voraussetzung findet nicht statt, das Vorliegen des Schuldverhältnisses wird einfach unterstellt. Umstritten war lediglich die Frage, wie der Schuldner für seine Hilfspersonen haften sollte. Das gemeine Recht unterschied zwischen einer erlaubten Einschaltung von Hilfspersonen und einer unerlaubten.[615] Bei der erlaubten Einschaltung sollte der Schuldner nur für die richtige Auswahl und Aufsicht haften, bei der unerlaubten dagegen allgemein.[616] Auf einem anderen Standpunkt, dem sich der Entwurf anschloß, standen wie bereits erwähnt neben dem Code civil auch der hessische und der bayerische Entwurf, wonach der Schuldner grundsätzlich für das Verschulden seiner Hilfspersonen haften sollte.[617] Dieser Ansicht folgte der Entwurf mit der Begründung, der „heutige" Verkehr erwarte die Übernahme eine Garantie für eine ordnungsgemäße Leistung[618], außerdem führe die erstgenannte Ansicht zu praktischen Unzuträglichkeiten und Streitigkeiten und beeinträchtige die Rechtssicherheit.[619] Beiden Ansichten gemeinsam war aber, daß ein bereits bestehendes Schuldverhältnis Voraussetzung der Haftung war.

Aus dieser Sicht es nicht möglich, auf das Vorliegen eines Schuldverhältnisses oder einer ähnlichen Beziehung zu verzichten. Eine Anwendung des § 278 BGB auf andere Beziehungen ist somit nicht möglich.[620] § 278 BGB ist hier folglich nicht entsprechend anwendbar.

(3) Anwendung des Rechtsgedankens des § 278 BGB

Aus den genannten Gründen - Haftung für die Einschaltung von Hilfspersonen in ein bestehendes Schuldverhältnis oder eine ähnliche Beziehung - ist auch eine Anwendung nur des Rechtsgedankens des § 278 BGB auf die hier bespro-

---

[615] *Mugdan* II, S. 16.
[616] *Mugdan* II, S. 16.
[617] *Mugdan* II, S. 16.
[618] *Mugdan* II, S. 16.
[619] *Mugdan* II, S. 16.
[620] Ähnlich auch *Westermann*, JuS 1961, S. 341.

chene Fallgruppe nicht möglich. Der Rechtsgedanke besagt, daß der Schuldner gegenüber dem Gläubiger für seinen Geschäfts- und Gefahrenkreis verantwortlich ist und zu diesem auch die vom Schuldner eingesetzten Hilfspersonen gehören, somit in Schuldverhältnissen für Hilfspersonen gehaftet werden soll. Insofern ist § 278 BGB die zur allgemeinen Einrichtung erhobene Haftung eines jeden Schuldners, um dem Gefahrtragungsgrundsatz gerecht zu werden, da nur der Schuldner über die Hinzuziehung von Gehilfen entscheiden und diese kontrollieren kann.[621] Wer den Vorteil der Arbeitsteilung in Anspruch nimmt, soll auch deren Nachteil tragen, nämlich das Risiko, daß der an seiner Stelle handelnde Gehilfe schuldrechtlich geschützte Interessen des Gläubigers des Schuldverhältnisses verletzt.[622] Ein solches Schuldverhältnis liegt hier aber gerade nicht vor.

§ 278 BGB scheidet hier mithin allgemein aus.

ff) § 831 BGB
Möglich ist unter Umständen aber eine Anwendung des § 831 BGB.

(1) Direkte Anwendung des § 831 BGB
Wie oben[623] bereits festgestellt, ist die Geschäftsanmaßung gemäß § 687 Abs. 2 BGB am besten als quasideliktische Vorschrift einzuordnen. Diese Einordnung läßt eine Anwendung des § 831 BGB hier als passend erscheinen. Notwendig ist für eine direkte Anwendung aber unter anderem, daß der Dritte ein Verrichtungsgehilfe ist und für diese Verrichtung bestellt wurde. Hier zeigen sich mehrere Probleme.

Das erste Problem ist, daß es sich bei dem Dritten um einen Verrichtungsgehilfen handeln muß. Als Verrichtungsgehilfe kann nur bezeichnet werden, wer in die Organisationssphäre des Geschäftsherrn (hier des Geschäftsführers) eingegliedert und dessen Weisungen unterworfen ist.[624] Die auch heute noch gültigen Grundsätze hat das Reichsgericht 1918 wie folgt aufgestellt: „Zu einer Ver-

---

[621] Vgl. *Müller-Erzbach*, AcP 106 (1910), 428.
[622] Vgl. auch oben zu § 166 BGB und *Hoffmann*, JR 1969, 372, m.w.N.; *Beuthien* in: Festschrift für Medicus, S. 15; *Grundmann* in: MüKo, § 278 Rdnr. 3, m.w.N.; *Heinrichs* in: Palandt, § 278, Rdnr. 1, m.w.N.; BGH, Urteil vom 23. November 1995, NJW 1996, 464 (465), m.w.N.; Urteil vom 27. Juni 1985, BGHZ 95, 128 (132), m.w.N.; Urteil vom 8. Februar 1974, BGHZ 62, 119 (124); ferner *Raiser*, JZ 1961, S. 27; *Seiler*, JZ 1967, S. 527; vgl. zu § 8 Abs. 2 UWG n.F. (§ 13 Abs. 4 UWG a.F.) BGH, Urteil vom 5. April 1995, NJW 1995, 2355 (2356), m.w.N.; vgl. auch OLG Stuttgart, Urteil vom 8. Februar 1991, NJW-RR 1991, 1333 (1334).
[623] B. IV. 2. b) dd).
[624] *Medicus*, Schuldrecht II, Rn. 851, m.w.N.

richtung bestellt ist, wem von einem anderen, von dessen Weisungen er mehr oder minder abhängig ist, eine Tätigkeit übertragen worden ist. Diese kann tatsächlichen oder rechtlichen Charakters, entgeltlich oder unentgeltlich, dauernd oder vorübergehend, niederer oder höherer Art sein, und die Bestellung kann sich auf einen ganzen Geschäftskreis oder eine einzelne Tätigkeit beziehen."[625] Dem Verrichtungsgehilfen wird dabei regelmäßig der Selbständige gegenübergestellt, welcher durch seine autonome Tätigkeit gekennzeichnet wird.[626] Dies gilt jedoch nur als Faustregel[627], denn ausschlaggebend ist der jeweilige Einsatz[628]. Eine solche Faustregel läßt sich auch bezüglich der vertraglichen Beziehungen aufstellen: So ist der Dienstverpflichtete in der Regel Verrichtungsgehilfe, nicht dagegen aber der Werkunternehmer.[629] Ein Unternehmer haftet in der Regel „durchweg für das Verhalten seiner Arbeitnehmer"[630]. Der Dritte ist somit, soweit er z.B. Angestellter des Geschäftsführers ist, in die Organisationssphäre des Geschäftsführers (als Geschäftsherr im Sinne des § 831 BGB) eingegliedert. Insoweit dürfte der Dritte regelmäßig als Verrichtungsgehilfe des Geschäftsführers anzusehen sein. Von einer entsprechenden Stellung des Dritten soll zumindest für diese Fallgruppe auch ausgegangen werden.

Der Geschäftsherr im Sinne des § 831 BGB – welcher vorliegend der Geschäftsführer ist – haftet jedoch nur für Schäden, die der Verrichtungsgehilfe „in Ausführung der Verrichtung begeht".[631] Dazu muß die schädigende Handlung zu den Tätigkeiten gehören, welche die Ausführung der aufgetragenen Verrichtung darstellen.[632] Über einen äußeren Zusammenhang hinaus ist es erforderlich, „daß das Handeln der Hilfsperson mit dem ihr übertragenen Aufgabenkreis nach Zweck und Art objektiv in einem engen oder unmittelbaren inneren (sachlichen) Zusammenhang steht".[633] Ein solcher Zusammenhang ist dann

---

[625] Reichsgericht, Urteil vom 25. März 1918, RGZ 92, 345 (346); vgl. auch BGH, Urteil vom 12. Juni 1997, BGH WM 1998, 257 (259); BGH, Urteil vom 30. Juni 1966, BGHZ 45, 311 (313); *Zeuner* in: Soergel, § 831, Rdnr. 15; vgl. auch schon die Motive, *Mugdan* II, S. 411.

[626] *Belling/Eberl-Borges* in: Staudinger, § 831, Rdnr. 59, m.w.N.; auch *Stein* in: MüKo, § 831, Rdnr. 27, m.w.N.

[627] *Belling/Eberl-Borges* in: Staudinger, § 831, Rdnr. 60, m.w.N.; vgl. auch *Kupisch*, JuS 1984, 250 (254).

[628] *Belling/Eberl-Borges* in: Staudinger, § 831, Rdnr. 60.

[629] *Belling/Eberl-Borges* in: Staudinger, § 831, Rdnr. 60; vgl. BGH, Urteil vom 24. Juni 1953, BGH MDR 1953, 666 (667).

[630] *Stein* in: MüKo, § 831, Rdnr. 32; vgl. auch *Zeuner* in: Soergel, § 831, Rdnr. 17.

[631] Siehe hierzu *Belling/Eberl-Borges* in: Staudinger, § 831, Rdnr. 77; *Kupisch*, JuS 1984, 250 (254).

[632] BGH, Urteil vom 30. Oktober 1967, BGH VersR 1968, 92 (93); *Belling/Eberl-Borges* in: Staudinger, § 831, Rdnr. 77, m.w.N.

[633] *Belling/Eberl-Borges* in: Staudinger, § 831, Rdnr. 78, m.w.N. aus der Rechtsprechung; ähnlich auch *Fikentscher*, Schuldrecht, § 107, I. 2. c).

nicht mehr gegeben, wenn der Gehilfe mit den geschädigten Rechtsgütern „rein zufällig" in Berührung kommt und die deliktische Handlung „völlig losgelöst" von den ihm übertragenen Aufgaben begeht.[634] Es muß sich mithin noch um eine im Leistungsbereich liegende Fehlleistung handeln.[635] Eine solche Fehlleistung kann aber angenommen werden, wenn der Dritte im Rahmen der Geschäftstätigkeit für den Geschäftsführer ein fremdes Geschäft führt. Das Vorliegen dieser Voraussetzung mag sicherlich Fallfrage sein. Problematisch erscheint, daß der Gehilfe nicht immer solche Schutzpflichten oder auch Sorgfaltspflichten gegenüber fremdem Eigentum hat.[636] So wird man schwerlich eine unerlaubte Handlung „in Ausführung der Verrichtung" annehmen können, wenn der Dritte als Gehilfe und auch der Geschäftsführer vorher zu der betroffenen Sache in keiner Beziehung standen. Dies kann z.B. der Fall sein, wenn der Gehilfe auf eine fremde Sache ohne Wissen des Geschäftsführers zugreift, ohne daß zwischen dem Geschäftsführer und dem betroffenen Geschäftsherrn eine Beziehung bestand. Dies kann man sich z.B. so vorstellen, daß der Gehilfe, der Dritte, einfach eine Sache des Geschäftsherrn verkauft, die er selbst erlangt hat. Hat der Geschäftsführer die Sache vorher, z.B. vom Geschäftsherrn selbst, erlangt, so ist eine Beziehung zwischen dem Geschäftsführer und dem Geschäftsherrn ebenso wieder gegeben wie zwischen dem Geschäftsherrn und dem Dritten als Gehilfen. In solchen Fällen ist eine Handlung „in Ausführung der Verrichtung" anzunehmen. In den anderen hier angesprochenen Fällen erscheint eine Haftung des Geschäftsführers daher nicht gegeben, wenn zu der betroffenen Sache vor der Handlung des Dritten keinerlei Beziehung bestand.

Festzuhalten ist hier, daß der Gehilfe „in Ausführung der Verrichtung" handelt, wenn der Geschäftsherr und der Geschäftsführer vor der unerlaubten Handlung schon in einer Beziehung zueinander standen, der Gehilfe folglich bereits eine Beziehung zu der Sache und damit eventuell Sorgfaltspflichten hatte. Eine Anwendung des § 831 BGB scheitert somit nicht grundsätzlich an den Merkmalen „Verrichtungsgehilfe" beziehungsweise „in Ausführung der Verrichtung". Ausgehend von dem Fall, daß der Dritte erst noch auf die Sache des Geschäftsherrn zugreifen muß, ohne vorher mit ihr in Kontakt gestanden zu haben, ist eine zumindest direkte Anwendung des § 831 BGB nicht möglich.

Dieses Ergebnis ist insoweit sicherlich nicht überraschend. Schließlich kann der Angestellte im Rahmen seiner Tätigkeit ein Delikt begehen. Und ein Delikt ist der Geschäftsanmaßung schon wegen der ähnlichen Rechtsnatur nicht fremd. Allerdings mag es auf den ersten Blick sehr fraglich erscheinen, ob der Dritte

[634] BGH, Urteil vom 14. Februar 1989, BGH NJW-RR 1989, 723 (725), m.w.N.
[635] *Fikentscher*, Schuldrecht, § 107, I. 2. c).
[636] Vgl. *Stein* in: MüKo, § 831, Rdnr. 28.

selbst noch im Rahmen der Geschäftsanmaßung ein Geschäftsführer *ohne Auftrag* ist, wenn er bei dem Geschäftsführer, für den er handelt, angestellt ist. Hier könnte man annehmen, der Dritte handele nicht ohne Auftrag; er hat schließlich den Auftrag des Geschäftsführers. Gegen diese Annahme spricht jedoch Folgendes: Der Dritte kann trotz seines Anstellungsverhältnisses noch fremde Geschäfte führen, ohne vom Geschäftsführer dazu beauftragt zu sein. Als Dritter handelt er eigenmächtig zugunsten des Geschäftsführers. Allein die Anstellung als Auftrag zu betrachten, würde sicherlich den Begriff des Auftrags überspannen und voraussetzen, daß jeder Arbeitgeber seine Angestellten zu rechtswidrigen Handlungen beauftragt. Ein Angestellter kann somit grundsätzlich auch Geschäftsführer ohne Auftrag sein, auch wenn er vom Geschäftsführer, bei dem er angestellt ist, beauftragt wurde. Davon geht auch *Ebert* aus.[637]

Ferner kommt es sogar noch nicht einmal auf den Auftrag des Geschäftsführers an. Den Auftrag kann nur derjenige zulässigerweise geben, den das betroffene Geschäft angeht. Dies ist hier nur der Geschäftsherr. Der Dritte handelt somit auch ohne Auftrag, wenn der Geschäftsführer ihm einen solchen erteilt. Ausschlaggebend ist im Verhältnis zum Geschäftsherrn nur der Auftrag des Geschäftsherrn selbst. Zwischen Drittem und Geschäftsführer wäre allerdings zumindest ein Auftragsverhältnis gegeben, wie es auch schon im römischen Recht anerkannt war.[638] Grundsätzlich ist ein Handeln in Ausführung einer Verrichtung jedoch möglich.

Bei der Prüfung der einzelnen Merkmale des § 831 BGB zeigt sich, daß die direkte Anwendung nicht ohne Zweifel ist. So kann man zwar davon ausgehen, daß der Dritte in der Regel ein Delikt (im Sinne der §§ 823 ff. BGB) begeht, wenn er die Geschäftsanmaßung für den Geschäftsführer ausführt. Dies ist jedoch nicht zwingend. Auch die Voraussetzungen „Verrichtungsgehilfe“ und „in Ausführung“ müssen – wie dargestellt – nicht immer unbedingt vorliegen. Insbesondere wenn der Dritte nicht in einem Abhängigkeitsverhältnis zu dem Geschäftsführer (als Geschäftsherr im Sinne des § 831 BGB) steht (was hier allerdings angenommen werden sollte) oder vorher keine Beziehung zwischen Geschäftsführer und Geschäftsherrn bestand, fehlt es an diesen Voraussetzungen.

Zudem besteht ein großer Unterschied hinsichtlich der gegebenen Rechtsfolgen. Während § 831 BGB nur Schadensersatz gibt, ist die Rechtsfolge bei § 687 Abs. 2 BGB Herausgabe des Erlangten. Bei einer direkten Anwendung des

[637] Die Geschäftsanmaßung, S. 164.
[638] Vgl. oben, B. III. 1. a).

§ 831 BGB läßt sich dieser Unterschied in der Tat nicht überbrücken.[639] Aus diesen Gründen muß eine Haftung des Dritten direkt nach § 831 BGB ausscheiden.

§ 831 BGB ist hier daher nicht direkt anwendbar.

(2) Entsprechende Anwendung des § 831 BGB
Eine Anwendung des § 831 BGB als geeignete Lösung ist hier dennoch nicht völlig von der Hand zu weisen. So sind beide Normen – § 687 Abs. 2 BGB und § 831 BGB – dem Deliktsrecht zuzuweisen[640]; hierzu wird noch auszuführen sein. Es gibt aber auch noch einen weiteren Anknüpfungspunkt. § 687 Abs. 2 BGB und § 831 BGB befassen sich mit ähnlichen oder sogar identischen Sachverhalten. Beide Normen regeln die Rechtsfolgen bei Eingriffen in fremde Rechte. § 687 Abs. 2 BGB gewährt die Herausgabe des durch den Eingriff Erlangten, § 831 BGB Schadensersatz. Die Rechtsfolge mag hier zwar unterschiedlich sein. Jedoch sind hier vergleichbare Sachverhalte betroffen, und diese Tatsache kann als Anknüpfungspunkt genommen werden.

(a) § 831 BGB legt die Haftung des „Geschäftsherrn“ (im Sinne des § 831 BGB; nicht im Sinne der hier verwendeten Terminologie) für seine Verrichtungsgehilfen fest. Dem „Geschäftsherrn“ wird hier aber nicht fremdes Verschulden, das Verschulden seines Verrichtungsgehilfen, vorgeworfen, sondern eigenes Verschulden bei der Auswahl bzw. Überwachung des Gehilfen. Der „Geschäftsherr“ steht somit dafür ein, daß die von ihm gewählten Verrichtungsgehilfen sorgfältig ausgewählt bzw. überwacht werden, so daß diese im Rahmen ihrer Verrichtung keine Schäden bei dritten Personen anrichten. Sollten jene nun Schäden anrichten, so haftet der „Geschäftsherr“, wenn auch ihm ein Vorwurf gemacht werden kann, wobei dieser Schuldvorwurf regelmäßig vermutet wird. Diese Vermutung findet ihren Grund in der mangelnden Möglichkeit des betroffenen Dritten, die Sphäre des „Geschäftsherrn“ zu überblikken und Organisationsmängel aufzudecken. Der Geschädigte steht den Haftungsvoraussetzungen, die er zu beweisen hat, fern.[641] Er kann nichts über die Art der Anstellung und der Überwachung des Gehilfen wissen und nur schlecht Beweismittel sichern.[642] Dies aufzuklären soll durch die Verschuldensvermu-

---

[639] Auf den „unüberbrückbaren Unterschied“ stellt auch *Ebert* ab, wenn er die Anwendung des § 831 BGB ablehnt, vgl. *Ebert*, S. 159.
[640] Zu § 687 Abs. 2 BGB vgl. oben, B. IV. 2. b) dd); zu § 831 BGB vgl. die Einordnung im BGB.
[641] Siehe nur *Medicus*, Schuldrecht II, Rdnr. 849; vgl. ferner auch *Schiemann* in: Erman, § 831 Rdnr. 2.
[642] *Medicus*, Schuldrecht II, Rdnr. 849.

tung dem „Geschäftsherrn" auferlegt werden, welcher zugleich das Risiko der Beweislast trägt.[643] Allerdings ist hier als weiterer Grund auch anzunehmen, daß diese Beweislastumkehr aufgrund der Einschaltung von Hilfspersonen erfolge. Durch diese erweitert der „Geschäftsherr" seinen Tätigkeitsbereich und seine Wirkungsmöglichkeiten und damit regelmäßig auch seine Verdienstmöglichkeiten. Umgekehrt muß er deshalb auch einer weitergehenden Haftung unterliegen. Wer mehr erreichen will und dafür mehr einsetzt, insbesondere andere Personen, schafft dadurch auch mehr Einflußmöglichkeiten und Gefahren bezüglich fremder Rechtsgüter. Und für diese Einflußmöglichkeit haftet der „Geschäftsherr". Seine erhöhten Verdienstmöglichkeiten korrespondieren hier mit der erhöhten Gefährdung (im Sinne von zumindest quantitativ höherer Einflußnahme) hinsichtlich fremder Rechtsgüter, für welche er einzustehen hat. Folglich erweitert sich auch seine Haftung. Kurz gesagt kann man feststellen, daß der „Geschäftsherr" für das Einschalten von Hilfspersonen einer erweiterten Haftung unterliegt.[644] Diese Haftung gründet sich hier auf eigenes Verschulden in Form des Auswahl- oder Überwachungsverschuldens.

§ 831 BGB enthält damit einen Rechtsgedanken, der dem der §§ 166 und 278 BGB entspricht. Lediglich die Ausgestaltung der Voraussetzungen und Folgen ist unterschiedlich, aber dennoch sehr ähnlich. Auch nach § 831 BGB soll für den Einsatz von Hilfspersonen gehaftet werden, allerdings im Zusammenhang mit unerlaubten Handlungen. Es erfolgt sodann keine Zurechnung des Verschuldens der Hilfsperson, sondern es wird auf ein eigenes Verschulden des Geschäftsherrn im Sinne des § 831 BGB abgestellt. In jedem Fall bringt aber § 831 BGB wie § 278 BGB in seiner Wirkung ein „Einstehenmüssen" des Geschäftsherrn für einen Gehilfen und damit auch für das Betriebsrisiko.[645] §§ 166 und 831 BGB betreffen das Auftreten des Geschäftsherrn gegenüber anderen durch Hilfspersonen.[646] Wesentlich sind eine „faktische Repräsentation durch die Hilfsperson" sowie ein Einfluß des Geschäftsherrn auf die Hilfsperson.[647] Der Geschäftsherr muß nach dem Rechtsgedanken des § 831 BGB die durch seine erhöhten Einflußmöglichkeiten geschaffenen Risiken tragen und entsprechend dafür einstehen.[648]

---

643 *Medicus*, Schuldrecht II, Rdnr. 849; vgl. ferner auch *Schiemann* in: Erman, § 831 Rdnr. 2.
644 Vgl. schon oben zu §§ 166, 278.
645 Vgl. hierzu auch schon *Birk*, JZ 1963, 354 (356 und 358); BGH, Urteil vom 24. Juni 1958, MDR 1958, 680.
646 Vgl. hierzu *Birk*, JZ 1963, 354 (356).
647 *Birk*, JZ 1963, 354 (358).
648 *von Caemmerer*, FS 100 Jahre Juristentag, 117, m.w.N.; *Birk*, JZ 1963, 354 (358).

So stellen auch die Redaktoren in ihren Vorentwürfen zum BGB Folgendes fest: „Als Regel gilt der Grundsatz, daß die Verpflichtung, für die Verletzung der Interessen Anderer außerhalb von Vertragsverhältnissen mit dem eigenen Vermögen einstehen zu müssen, nur Denjenigen trifft, welcher durch eigene Handlung oder Unterlassung die rechtswidrige Schädigung, um deren Ersatz es sich handelt, hervorgerufen hat (vgl. österr. G.B. § 1313; hess. Entw. Art. 210; bayr. Entw. Art. 60). Es giebt aber auch Fälle, in welchen Jemand die aus der unerlaubten Handlung eines Anderen entspringende Schadensersatzverbindlichkeit vertreten muß, und zwar entweder, indem er an die Stelle des Thäters tritt, also statt diesem für den Schaden haftet, wie in dem Falle, wenn der Thäter im Zustande mangelnder Freiheit der Willensbestimmung die Handlung vorgenommen hat, oder so, daß er neben dem Thäter und zugleich mit ihm wegen Schadensersatzes in Anspruch genommen werden kann."[649] Nun folgt das für diese Stelle besonders Interessante: „Eine solche Haftpflicht für die fremde Handlung kann eintreten ohne irgend welche Mitwirkung oder Theilnahme des Haftpflichtigen an der schadensbringenden That lediglich in Folge einer desfalligen gesetzlichen Anordnung oder einer vertragsmäßigen Uebereinkunft, oder aber tritt die Haftung ein in Folge der besonderen Natur des Verhältnisses, in welchem der Thäter zu dem Haftpflichtigen steht, vermöge dessen Dieser verpflichtet ist, unerlaubte Handlungen des Anderen zu verhindern."[650] Und weiter heißt es: „Die Fälle der letzteren Art lassen sich auf den Satz zurückführen, daß überall da Jemand für den durch einen Anderen gestifteten Schaden haftbar wird, wo zwischen ihm und dem Anderen ein solches Verhältnis besteht, daß er rechtlich verpflichtet und in der Lage war, die Entstehung des Schadens zu verhindern. Hiernach ist ein wesentlich entscheidendes Merkmal der hierher gehörigen Fälle, daß Derjenige, welcher für die schadenstiftende Handlung eines Anderen in Anspruch genommen werden soll, die Pflicht einer Aufsicht über denselben hat, so daß die Verbindlichkeit der Haftung für Schadensersatz in Folge schuldvoller Außerachtlassung dieser Pflicht entsteht."[651] Auf diese Ausführungen folgen Auszüge aus verschiedenen Gesetzen jener Zeit: preuß. L.R. I. 6 § 59, österr. B.G.B. §§ 1308 und 1309, code civil art. 1384, züricher G.B. §§ 1872, 1873, sächs. G.B. § 779, Bayern Art. 62 ff., Hessen Art. 211, 212, dresdner Entwurf Art. 216, schweiz. Gesetz über Obl. R. Art. 61.[652] Alle diese Gesetze ließen bestimmte Personen unter bestimmten Voraussetzungen für eine Aufsichtspflichtverletzung haften. Die Voraussetzungen waren bei den einzelnen Gesetzen aber sehr unterschiedlich.[653] Auch nach dem

[649] Vorentwürfe Redaktoren, Schuldrecht 1, S. 696.
[650] Vorentwürfe Redaktoren, Schuldrecht 1, S. 696.
[651] Vorentwürfe Redaktoren, Schuldrecht 1, S. 696.
[652] Vgl. Vorentwürfe Redaktoren, Schuldrecht 1, S. 696 f.
[653] Vorentwürfe Redaktoren, Schuldrecht 1, S. 697.

Vorentwurf der Redaktoren sollte der „Geschäftsherr“[654] nicht uneingeschränkt haften. So heißt es: „Im Allgemeinen wird man davon ausgehen müssen, daß Derjenige, welcher zu einem Geschäft, insbesondere zu einem schwierigen und mit Gefahr verbundenen, fremde Hilfe verwendet, neben der Verpflichtung zu vorsichtiger Auswahl seines Gehilfen, auch weiter verbunden ist, insoweit, als die Natur des betreffenden Geschäfts und die Umstände es gestatten, darüber zu wachen, daß nicht bei Ausführung seines Geheißes ein Schaden angerichtet werde (*Wäntig* a.a.O. § 29). Für alle Schäden dieser Art, welche durch gehörige Aufsicht hätten verhindert werden können, wird der Prinzipal verantwortlich zu machen sein.“[655] Zusammenfassend wird festgestellt: „Dabei beschränkt der Entwurf (...) die Haftpflicht in der einen Kategorie von Fällen auf das Bestehen einer häuslichen Gemeinschaft, bei einer anderen Kategorie auf diejenigen unerlaubten Handlungen, die in Ausübung aufgetragener Verrichtungen vorgenommen werden, und macht außerdem in verschiedenen Fällen die Haftpflicht davon abhängig, daß die schadenstiftende Handlung vorgenommen wurde, während der Aufsichtling in der Aufsicht des Pflichtigen sich befunden hat.“[656] Der Aufsichtspflichtige und der „Aufsichtling“ haften dann als Gesamtschuldner, wobei dem Aufsichtspflichtigen ein Anspruch auf vollen Wiederersatz gegen den verantwortlichen Thäter gegeben wird.[657]

Der Geschäftsherr im Sinne des § 831 BGB haftet somit für die Delikte seiner Verrichtungsgehilfen. Wie gerade dargelegt, kann darin eine Haftung für die Verwendung von Hilfspersonen gesehen werden. Allerdings gilt diese Haftung nicht so pauschal wie bei § 278 BGB. Der „Geschäftsherr“ (im Sinne des § 831 BGB) haftet vielmehr für die „fehlerhafte“ Verwendung von Hilfskräften. Der Verrichtungsgehilfe, den der „Geschäftsherr“ für eine von ihm zu verrichtende Aufgabe einsetzt, verletzt ein fremdes Rechtsgut. Neben der direkten Haftung des meist weniger solventen Gehilfen gibt es nun durch § 831 BGB die Möglichkeit der Haftung des „Geschäftsherrn“. Dieser haftet, wenn er eine Hilfsperson einsetzt, diese ein Delikt begeht und er dieses Delikt hätte verhindern können. Ein solches Verhindern kann möglich sein eben durch die bereits erwähnte sorgfältige Auswahl oder die Überwachung. Als sorgfältige Auswahl ist hier zu verstehen, daß der „Geschäftsherr“ einen Gehilfen wählt, der der zu bewerkstelligenden Aufgabe auch gewachsen ist. Der Gehilfe muß die Fähigkeiten haben, die zur Erfüllung der Aufgabe bzw. Verrichtung notwendig sind. Er muß dabei in der Lage sein, die Tätigkeit durchzuführen, ohne Dritte zu schädi-

[654] Diese Bezeichung hatte der Aufsichtspflichtige damals noch nicht.
[655] Vorentwürfe Redaktoren, Schuldrecht 1, S. 700.
[656] Vorentwürfe Redaktoren, Schuldrecht 1, S. 703.
[657] Vorentwürfe Redaktoren, Schuldrecht 1, S. 704.

gen.[658] Bezüglich des Zeitpunktes gilt hier nach der herrschenden Meinung der Zeitpunkt der Schadenszufügung.[659] Der „Geschäftsherr" hat somit auch weiterhin auf seine Hilfspersonen zu achten. Seine Pflicht zur Sorgfalt entfällt nicht nach der sorgfältigen Einstellung. Vielmehr haftet er wegen eigenem Verschulden auch dann, wenn der Gehilfe später wieder unzuverlässig werden sollte. Dies ist dann das eventuelle Überwachungsverschulden des „Geschäftsherrn".[660]

Als Grundsätze des § 831 BGB sind hier somit folgende festzuhalten: Der „Geschäftsherr" haftet für eigenes Verschulden. Dieses Verschulden bezieht sich auf den Einsatz nicht tauglicher Hilfspersonen, welche er fehlerhaft ausgewählt oder überwacht hat. Er haftet somit auch für zukünftige, nach der Auswahl erfolgte Schädigungen Dritter durch seine Gehilfen.

Hier kann man nun den Vergleich ansetzen zwischen der hier als Beispiel dienenden, oben beschriebenen Situation und dem eben Geschilderten. Der Dritte hat die Funktion eines Verrichtungsgehilfen. Geschäftsherr im Sinne des § 831 BGB ist der Geschäftsführer. Der Geschäftsführer setzt nun den Dritten als Gehilfen ein, um seine Verdienstmöglichkeiten zu erhöhen. Dabei erhöht er jedoch auch seine Einwirkungsmöglichkeiten hinsichtlich fremder Rechtsgüter, er schafft ein erhöhtes „Gefahrenpotential". Handelt der Dritte nun rechtswidrig und schädigt dadurch den eigentlichen Geschäftsherrn (im Sinne des § 687 Abs. 2 BGB, nach der anfangs erwähnten Terminologie), so entspricht dies auch der Situation des § 831 BGB, wenn der Dritte für den Geschäftsführer tätig wurde. Bei der drittwirkenden Geschäftsanmaßung handelt der Dritte für den Geschäftsführer. Diesem Geschäftsführer soll der Erlös des fremden Geschäfts zukommen. Ferner ist der Dritte als Gehilfe des Geschäftsführers tätig, wenn er ein Geschäft für den Geschäftsführer ausführt, welches typischerweise zu dessen Tätigkeitsbereich gehört. Der Dritte führt ein Geschäft, welches ansonsten der Geschäftsführer führen würde. So kann es zum Beispiel Aufgabe des Dritten sein, Sachen zu verkaufen (genügen würde grundsätzlich aber jede Tätigkeit des Dritten für den Geschäftsführer im Rechtskreis des Geschäftsherrn, da für die hier vorgesehene Zurechnung allein die Tätigkeit im fremden Rechtskreis ausreichend ist). Verkauft er nun fremde Sachen, so erfüllt er dabei seine Aufgaben gegenüber dem Geschäftsführer und zugleich eine Aufgabe, die ansonsten der Geschäftsführer selbst erledigen würde. Wenn er dabei aber wissentlich ein fremdes Geschäft als eigenes bzw. als das des Geschäftsführers be-

[658] *Medicus*, Schuldrecht II, Rdnr. 854.
[659] BGH, Urteil vom 18. Dezember 1952, BGHZ 8, 239 (243); *Medicus*, Schuldrecht II, Rdnr. 854; *Schiemann* in: Erman, § 831 Rdnr. 18.
[660] *Medicus*, Schuldrecht II, Rdnr. 854.

handelt, so handelt er so, wie er eigentlich nicht handeln dürfte. Von der Art her sollte der Dritte solche Geschäfte ausführen, jedoch sollte er dabei nicht rechtswidrig handeln. Dies wäre hier jedoch geschehen: Der Geschäftsführer hätte den Dritten für Geschäfte solcher Art eingestellt. Der Dritte sollte im Betrieb des Geschäftsführers, für den Geschäftsführer arbeiten. Durch die Einstellung und Beschäftigung des Dritten hat der Geschäftsführer seine Einwirkungsmöglichkeiten erweitert. Er hat es damit auch zugelassen, daß der Dritte auf die Sachen in seinem Geschäft und Geschäftsbereich einwirken kann und somit auch mit der Sache des Geschäftsherrn in Kontakt kommt.

Wird der Dritte nun in diesem Sinne gemäß seinem Aufgabengebiet tätig und kann dem Geschäftsführer hier ein Auswahl- oder Überwachungsverschulden nachgewiesen werden, so ist eine entsprechende Anwendung des § 831 BGB angemessen.

Somit ergeben sich folgende Gemeinsamkeiten, auf denen die entsprechende Anwendung des § 831 BGB aufgebaut ist: Der Geschäftsführer haftet wie der Geschäftsherr in § 831 BGB für eigenes Verschulden. Sein Verschulden bezieht sich dabei auf den Einsatz von Hilfspersonen zur Ausführung nicht erlaubter Geschäfte bzw. rechtswidriger Handlungen. Die Hilfsperson übt eine rechtswidrige Handlung aus, die dem Geschäftsführer zuzurechnen ist. Diese Zurechnung erfolgt über die Schuld des Geschäftsführers bei der Auswahl beziehungsweise Überwachung.

Die Haftung des Geschäftsführers auf Herausgabe des Erlangten gründet sich somit auf einen Tatbestand, welcher sich hinsichtlich seiner Handlung als Geschäftsanmaßung darstellt und hinsichtlich seiner Natur und des Verschuldens auf einen deliktischen Anspruch stützt. Die Rechtsfolge ist die in § 687 Abs. 2 BGB vorgesehene, mithin Herausgabe des Erlangten.

Anzunehmen ist somit eine Haftung nach § 687 Abs. 2 BGB in Verbindung mit § 831 BGB analog.

Eine Haftung nur analog § 831 BGB ist für den geschädigten Geschäftsherrn keine Hilfe, da er nach § 831 BGB nur seinen Schaden ersetzt bekommt, nicht aber Herausgabe des Erlangten erreichen kann. Von daher ist die Einbeziehung des § 687 Abs. 2 BGB notwendig. § 687 Abs. 2 BGB bezeichnet insoweit die Handlung und die Rechtsfolge. Über die entsprechende Anwendung des § 831 BGB werden nochmals die deliktische Natur der Handlung und insbesondere das Verschulden des Geschäftsführers erfaßt. Durch die Kombination der beiden Normen können sämtliche Beiträge und Positionen angemessen erfaßt werden. Insbesondere werden alle Beteiligten erfaßt. Eine Haftung des Geschäftsführers gemäß § 687 Abs. 2 BGB in Verbindung mit § 831 BGB analog ist daher angemessen.

Teilweise wird allerdings behauptet, eine Anwendung des § 831 BGB gleich welcher Art auf den § 687 Abs. 2 BGB sei durch die „unüberbrückbare" Differenz zwischen den jeweiligen Rechtsfolgen – Schadensersatz bzw. Herausgabe des Erlangten – nicht möglich[661]. In der Tat sind die Rechtsfolgen nicht identisch. § 831 BGB gewährt Schadensersatz, § 687 Abs. 2 BGB dagegen Herausgabe des Erlangten. Diese Problematik wurde jedoch oben schon angesprochen. Deswegen ist § 831 BGB auch nicht direkt auf § 687 Abs. 2 BGB anwendbar. Allerdings ist die Differenz zwischen den Rechtsfolgen nicht „unüberbrückbar", so daß die Möglichkeit einer entsprechenden Anwendung noch möglich ist. Die Ablehnung des § 831 BGB mag von daher kommen, daß man von einer unterschiedlichen Anwendung der Norm ausgeht. § 831 BGB soll hier schließlich nicht als eigenständiger Anspruch mit seinen eigenen Rechtsfolgen dienen. Will man § 831 BGB als eigenen Anspruch annehmen, so kann dies in der Tat zu Differenzen bei den Rechtsfolgen führen. Allerdings treten diese Schwierigkeiten bei der hier vorgesehenen entsprechenden Anwendung des § 831 BGB nicht auf.

Eine „Kombination" mehrerer Normen ist zudem nicht unüblich. Insbesondere auch zu § 687 Abs. 2 BGB gibt es verschiedene Anwendungsbeispiele.

Dies ist z.B. im Rahmen der dreifachen Berechnungsmethode bei Eingriffen in Immaterialgüterrechte der Fall. Die dreifache Berechnungsmethode stützt sich auf ein durch die Praxis des Reichsgerichts begonnenes und mittlerweile gefestigtes Gewohnheitsrecht.[662] Danach haftet derjenige, der in fremde Immaterialgüterrechte eingreift, diese also verletzt, nach der dreifachen Berechnungsmethode. Die Verletzung kann dabei vorsätzlich oder auch fahrlässig erfolgen.[663] Nach der dreifachen Berechnungsmethode kann der Verletzte dann Schadensersatz, Herausgabe des Gewinns oder eine Lizenzgebühr verlangen.[664] Die Voraussetzungen der Haftung bestimmen sich vorwiegend nach Deliktsrecht, während für die Rechtsfolgen z.B. § 687 Abs. 2 BGB herangezogen

---

[661] So *Ebert*, S. 159.

[662] *Seiler* in: MüKo (3.), § 687, Rdnr. 22, m.w.N.; *Dreier* in: Dreier/Schulze, § 97 Rdnr. 58, m.w.N.

[663] *Seiler* in: MüKo (3.), § 687, Rdnr. 23.

[664] *Dreier* in: Dreier/Schulze, § 97 Rdnr. 54 und 58, m.w.N.; *Seiler* in: MüKo (3.), § 687, Rdnr. 24.

wird.[665] Die Rechtsprechung nimmt teilweise allerdings auch eine Haftung analog § 687 Abs. 2 BGB an.[666] Sicherlich bezieht sich die dreifache Berechnungsmethode auf die Verletzung von Immaterialgüterrechten. Eine solche Verletzung liegt in den Fällen der Geschäftsanmaßung nicht unbedingt immer vor. Das ist hier aber auch nicht notwendig. Hier soll nur aufgezeigt werden, daß es möglich ist, im Rahmen einer Schadensberechnung gestützt auf § 687 Abs. 2 BGB analog auch Ansprüche zu erlangen. Die Rechtsprechung bezeichnet den Anspruch auf Herausgabe des Verletzergewinns ebenfalls als Schadensersatz[667], auch wenn vielmehr eine Herausgabepflicht entsprechend § 687 Abs. 2 BGB vorliegt.[668] Dies zeigt die Möglichkeit, die verschiedenen Normen in einem Zusammenhang zu gebrauchen. Es soll allerdings nicht verschwiegen werden, daß diese Art der Schadensberechnung auch Bedenken ausgesetzt ist.[669] Es zeigt sich aber, daß die Differenz hinsichtlich der Rechtsfolgen bei einer „Kombination“ somit nicht unüberbrückbar ist.

Andererseits kann nach dieser Berechnungsmethode, deren Voraussetzungen sich „überwiegend“ (!) nach Deliktsrecht bestimmen[670], auch Herausgabe des Erlangten verlangt werden kann. Es liegt damit ein deliktischer Anspruch mit der Rechtsfolge Herausgabe des Erlangten vor.

Von einem ähnlichen Anspruch mit einer ähnlichen Rechtsfolge geht auch der BGH teilweise aus.[671] Beispielhaft hierfür sind Fälle wie BGH NJW 1995, 1420.[672] In diesem Fall hatte ein Versandhändler Abbildungen für Brillen aus einem fremden Katalog übernommen und die Brillen dieses fremden Herstellers vertrieben, wodurch neben einem Gewinn bei dem Versandhändler auch ein Gewinnanstieg bei dem Hersteller zu verzeichnen war. Der BGH sprach dem klagenden Hersteller daher nur einen Anspruch (aus § 1 UWG a.F.) auf eine Lizenzgebühr wegen der Verwendung der Abbildungen zu, lehnte aber eine Schadensberechnung nach dem Verletzergewinn ab.

---

[665] *Seiler* in: MüKo (3.), § 687, Rdnr. 22.

[666] *Seiler* in: MüKo (3.), § 687, Rdnr. 22, m.w.N.; *Nipperdey* in: Staudinger (11.), § 687, Rdnr. 10, m.w.N.

[667] Vgl. BGH, Urteil vom 19. Januar 1973, BGHZ 60, 168 (173); ferner *Seiler* in: MüKo (3.), § 687 Rdnr. 22, m.w.N.

[668] *Thomas* in: Palandt, § 823 Rdnr. 161, m.w.N.; siehe auch *Seiler* in: MüKo (3.), § 687 Rdnr. 22, m.w.N.

[669] Worauf hier allerdings nicht vertieft eingegangen werden soll; siehe hierzu auch noch unten, B. VI. 6. Vgl. z.B. *Jakobs*, S. 90 ff., der bei Eingriffserwerb allerdings auf die Eingriffskondiktion abstellt, ferner *Dreier* in: Dreier/Schulze, § 97 Rdnr. 59, m.w.N.

[670] Siehe vorstehend sowie B. IV. 2. b) dd) und *Seiler* in: MüKo (3.), § 687, Rdnr. 22.

[671] Vgl. die Nachweise in BGH, Urteil vom 29. Mai 1962, NJW 1962, 1507 f.

[672] Urteil vom 2. Februar 1995.

In Fällen solcher Art geht es im Wesentlichen um einen Verstoß gegen § 1 UWG a.F. und um eine Verletzung von Immaterialgüterrechten. Die Rechtsprechung billigt dem Geschädigten dabei zu, die Höhe seines Anspruchs nach dem Verletzergewinn zu richten. Allerdings wird nur die Höhe des Anspruchs daran ausgerichtet. Ein eigenständiger Anspruch auf Herausgabe des Erlangten ist dies in diesem Zusammenhang nicht. Allein die Berechnungsmethode richtet sich nach dem Verletzergewinn, also nach dem, was der Verletzer, der Eingreifer, durch seine deliktische Handlung erlangt hat. Die Handlung des Eingreifers ist eine deliktische. So geht § 1 UWG von einer „gegen die guten Sitten" verstoßenden Handlung und einem daraus folgenden Anspruch auf Schadensersatz aus. Einen Anspruch auf Herausgabe des Verletzergewinns gibt § 1 UWG a.F. nicht. § 10 UWG n.F.[673] erlaubt nunmehr zwar eine Gewinnabschöpfung, allerdings nur die Herausgabe an den Bundeshaushalt. § 97 Abs. 1 UrhG[674] gibt bei Verschulden einen solchen Anspruch auf Herausgabe des Gewinns. Um aber nun den Schaden zu berechnen, gibt es neben der Möglichkeit, einen tatsächlich eingetretenen Schaden zugrunde zu legen, auch die Möglichkeit, eine Lizenzgebühr für die Benutzung zu fordern oder eben den Gewinn des Eingreifers herauszuverlangen. Als herauszugebender Gewinn wird hierbei der vom Verletzer aufgrund der verletzenden Tätigkeit erzielte Gewinn abzüglich eines Gemeinkostenanteils angesehen[675], wobei grundsätzlich die Fiktion zugrundegelegt wird, dem Verletzten sei durch die Handlung des Verletzers genau dieser Gewinn entgangen[676]. Nur der Vollständigkeit halber sei erwähnt, daß für die Durchsetzbarkeit dieses Anspruchs häufig auch ein Auskunftsanspruch des Verletzten angenommen wird[677]; § 97 Abs. 1 UrhG gibt einen solchen Anspruch direkt.

Ein deliktischer Anspruch mit der Rechtsfolge Herausgabe des Erlangten ist dies jedoch nicht. Der Anspruch ist zwar, wie eben bereits erwähnt, ein deliktischer. Der Eingreifer verletzt ein Recht eines anderen und begeht damit ein Delikt. Jedoch gibt z.B. § 1 UWG ebenso wie auch § 823 BGB nur einen Anspruch auf Schadensersatz. Der Eingriff in Immaterialgüterrechte hat allerdings für den Rechtsinhaber den Nachteil, daß ein Schaden nur schwer bis gar nicht nachgewiesen werden kann.[678] Daher gab und gibt die Rechtsprechung dem

---

[673] BGBl. I, Nr. 32 vom 7. Juli 2004, S. 1414 ff.

[674] BGBl. I, 1965 S. 1273 ff., zuletzt geändert durch Art. 1 des Gesetzes vom 10. September 2003, I 1774; 2004, 312.

[675] *Dreier* in: Dreier/Schulze, § 97 Rdnr. 67, m.w.N.

[676] *Dreier* in: Dreier/Schulze, § 97 Rdnr. 66, m.w.N.; das Entfallen der Fiktion ist jedoch nicht möglich, wenn der Herausgabeanspruch – wie in § 97 Abs. 1 Satz 2 UrhG – ausdrücklich gesetzlich normiert ist, vgl. *Dreier*, a.a.O.

[677] Vgl. z.B. BGH, Urteil vom 2. Februar 1995, NJW 1995, 1420 (1423).

[678] Siehe die Nachweise oben bei A. I.

Geschädigten die verschiedenen Berechnungsmethoden zur Hand, aus welchen er für die Berechnung seines Schadens wählen kann. Diese Berechnungsmethoden dienen jedoch nur der Berechnung des Schadens. Der Anspruch an sich, der sich aus dem deliktischen Verhalten des Eingreifers ergibt, ist ein Anspruch auf Schadensersatz, nicht auf Herausgabe des Erlangten. Die teilweise gewählte Überschrift für den bereits erwähnten Fall BGH NJW 1995, 1420 – Schadensberechnung bei Herausgabe des Verletzergewinns – mag daher täuschen. Entweder handelt es sich um Schadensersatz, dann ist der Ausdruck Herausgabe unpassend, oder es handelt sich um einen Anspruch auf Herausgabe des Erlangten, dann ist ein Schaden auf Seiten des Verletzten nicht notwendig. Die Wortwahl ist somit zumindest unpassend, eventuell sogar verwirrend. In der Sache geht es aber nur um eine deliktische Handlung mit der Rechtsfolge Schadensersatz, lediglich die Berechnung kann nach unterschiedlichen Maßstäben durchgeführt werden. Es ist daher auch nicht überzeugend, wenn von einem „Anspruch auf Gewinnherausgabe“ gesprochen wird.[679] Der Anspruch nach der dreifachen Schadensberechnungsmethode geht – außer bei der ausdrücklich in § 97 Abs. 1 Satz 2 UrhG geregelten Herausgabe „an Stelle des Schadensersatzes“ – nicht auf Gewinnherausgabe, sondern auf Schadensersatz. Eine „Gewinnherausgabe“ spielt nur im Rahmen der Schadensberechnung eine Rolle.

Diese Fälle zeigen jedoch – auch wenn sie die Kombination verschiedener Möglichkeiten nicht aufzeigen und damit nur bedingt als Beispiel dienen können –, daß eine Verquickung verschiedener Gesichtspunkte zumindest teilweise möglich ist, wenn hier bei den genannten Fällen auch nur in der Form, daß nur bei der Berechnung eines Schadensersatzanspruchs andere Aspekte wie z.B. der Verletzergewinn zu berücksichtigen sind. Auch wenn vorliegend kein Schadensersatzanspruch begründet werden soll, ist hier festzuhalten, daß unterschiedliche Ansatzpunkte bei der Feststellung der Rechtsfolge beachtet werden können.

Wesentlicher Vorteil des § 831 BGB gegenüber den §§ 278, 166 BGB ist jedoch – wie bereits erwähnt – seine deliktsrechtliche Natur. Ebenso wie § 687 Abs. 2 BGB entstammt § 831 BGB dem Deliktsrecht. Eine gewisse Ähnlichkeit der beiden Normen ist damit bereits gegeben.[680] Auch der Anwendungsbereich

---

[679] So *Wenckstern*, AcP 200 (2000), 261; allerdings kommt *Wenckstern* schon im nächsten Satz wieder auf die Schadensberechnung zurück.

[680] Vgl. *Ebert*, S. 159 und schon oben, B. IV. 2. b) dd); vgl. auch zum Verhältnis des § 831 zu §§ 987 ff. BGB *Birk*, JZ 1963, 354 (355); *Baur*, § 5 II 1. c) bb) , S. 35; *Leptien* in: Soergel (12.), § 166, Rdnr. 16; *ders.* in: Soergel (13.), § 166, Rdnr. 17; *Westermann*, JuS 1961, 82

würde sich vorliegend bei einer entsprechenden Anwendung des § 831 BGB auf die Geschäftsanmaßung decken. So hat der Geschäftsherr im Sinne des § 831 BGB, der Geschäftsführer im Sinne des § 687 Abs. 2 BGB, sich weiterer Personen, des Dritten, bedient und damit seine Handlungsmöglichkeiten erweitert. Er hat damit auch ein größeres Haftungsrisiko zu tragen. Andererseits bieten auch die §§ 278, 166 BGB eine Haftungsmöglichkeit wegen des Einsatzes von Hilfspersonen aufgrund einer Geschäftskreiserweiterung. Jedoch richten sich diese Vorschriften nach rechtsgeschäftlichem Handeln. Die deliktische Natur spielt dabei keine Rolle.

Allerdings ist zumindest die Vorschrift des § 278 BGB nach der Übernahme der Geschäftsanmaßung auch anwendbar, da dann ein gesetzliches Schuldverhältnis bereits besteht. Für weiteres, späteres Verschulden kann der Geschäftsführer somit nach der durch ihn erfolgten Übernahme der Geschäftsanmaßung haften. Notwendig wäre jedoch eine Übernahme durch den Geschäftsführer, was in den für diese Fallgruppe anzunehmenden Fällen nicht zutrifft.

Sofern es auf eine Kenntnis ankommt, ist von der Kenntnis des Dritten auszugehen. Diese ist dem Geschäftsführer entsprechend § 166 BGB zuzurechnen.[681] Daß über § 166 BGB nur eine Wissenszurechnung, aber keine Zurechnung einer Handlung möglich ist, wurde bereits ausgeführt.[682] Für den fehlenden Fremdgeschäftsführungswillen, genauer den Willen, das Geschäft als eigenes zu führen, kann es aber ausreichen, daß der Dritte als Handelnder hiervon Kenntnis hat. Dies ist dem Geschäftsführer zuzurechnen.

Dieses Zusammenspiel des § 831 BGB mit §§ 278, 166 BGB ergibt sich aus dem den jeweiligen Normen zugrundeliegenden Rechtsgrundsatz. Dieser ist bereits mehrfach für die §§ 166, 278 BGB erwähnt worden.[683] Der Rechtsgrundsatz, wonach derjenige, der die Vorteile aus der Tätigkeit eines Gehilfen zieht, auch die Nachteile in Kauf nehmen muß und damit in der Haftung steht für das Handeln des Gehilfen, gilt auch für § 831 BGB.[684] Dieser Grundsatz bestimmt weitestgehend die Haftung für fremdes Handeln. Ein solches fremdes Handeln liegt jedoch auch hier vor.

---

und Fn. 12; *Medicus*, BR, Rdnr. 581, m.w.N.; kritisch *Reinhardt*, GS Rudolf Schmidt, S. 122 und 123.

[681] Vgl. oben, B. V. 2. a) aa) (1) a.E.

[682] Vgl. oben, B. V. 2. b) dd) (2).

[683] Vgl. oben, B. V. 2. b) dd) und ee).

[684] Vgl. BGH, Urteil vom 9. Februar 1955, BGHZ 16, 259 (264), für §§ 166 und 831, wobei § 831 BGB im Urteil vom 9. Februar 1960, BGHZ 32, 53, bereits nicht mehr erwähnt ist. Der BGH verweist zudem auf die Repräsentation als wesentliches Element der Zurechnung. Vgl. ferner *Seiler*, JZ 1967, 529, m.w.N.

Dieser Rechtsgedanke der Haftung für Gehilfen ist auch in der gesamten Rechtsordnung anerkannt. So ist in § 302 AktG eine Verlustübernahme bei abhängigen Gesellschaften durch das herrschende Unternehmen vorgeschrieben. Zum Regelungszweck heißt es in der Regierungsbegründung, § 302 AktG diene dem Schutz der abhängigen Gesellschaft und ihrer Gläubiger. Weiter wird ausgeführt: „Wer die Geschicke der Gesellschaft bestimmen kann oder ihren ganzen Gewinn erhält, muß auch für Verluste einstehen."[685]

Auch in dem bereits erwähnten § 8 Abs. 2 UWG ist ein entsprechender Rechtsgedanke enthalten. § 8 Abs. 2 UWG soll ebenfalls verhindern, daß sich jemand hinter einem von ihm abhängigen Dritten verstecken kann.[686] Als Gründe hierfür werden unter anderem angeführt, daß Ansprüche gegen den in der Regel solventeren Unternehmer gegeben sein sollen, daß der Unternehmer durch die Erweiterung seines Geschäftskreises den Nutzen aus der Tätigkeit des Dritten ziehe und daß das Risiko von Verstößen zu dem von ihm beherrschbaren Gefahrenkreis gehört.[687]

Gleiches wird auch durch § 100 UrhG bezweckt, der § 13 Abs. 4 UWG a.F. nachgebildet ist.[688] Auf die Rechtssätze "ex qua persona quis lucrum capit, eius factum praestare debet"[689] und „qui facit per alium, facit per se"[690] wurde bereits im Rahmen des § 166 BGB hingewiesen.[691] Auch die ausländischen Rechtsordnungen, wie dargestellt z.B. das französische Recht und das angelsächsische Recht, enthalten diese Grundsätze.

(b) Ebenfalls zuzulassen ist vorliegend die Exkulpation nach § 831 Abs. 1 Satz 2 BGB.[692] Den Geschäftsführer trifft lediglich ein Auswahl- und Überwachungsverschulden (culpa in eligendo sowie culpa in custodiendo). Da es allerdings auf sein eigenes Verschulden ankommt, wird ihm das Verschulden seiner Hilfsperson, des Dritten, auch nicht zugerechnet. Er haftet für eigenes Verschulden und kann sich daher auch für dieses Verschulden exkulpieren. Frem-

---

685 Siehe *Hüffer*, § 302 Rdnr. 2, m.w.N.; ferner BGH, Urteil vom 14. Dezember 1987, BGHZ 103, 1 (10), m.w.N.

686 *Köhler* in: Baumbach/Hefermehl, § 8, 2.32, m.w.N.; vgl. auch schon zu § 13 Abs. 4 UWG a.F. *Hefermehl* in: Baumbach/Hefermehl (17.), § 13 Rdnr. 60, m.w.N.

687 *Köhler* in: Baumbach/Hefermehl, § 8, 2.32, m.w.N.; vgl. auch *von Caemmerer*, FS 100 Jahre Juristentag, 119, m.w.N.

688 *Dreier* in: Dreier/Schulze, § 100 Rdnr. 1, m.w.N.

689 D.50.17.149.

690 Regulae Iuris Bonifacii VIII in Libro Sexto Corporis Iuris Canonici 1298 von Bonifatius VIII.

691 Vgl. oben, B. V. 2. b) dd).

692 So auch *Baur*, § 5 II 1. c) bb), S. 35, für § 990 BGB.

des Verschulden kann ihm nicht zugerechnet werden, da § 278 BGB – wie dargelegt – keine Anwendung findet. Über § 831 BGB ist allerdings nur eigenes Verschulden als Haftungsgrund möglich.[693] Diese Folge, die Möglichkeit der Exkulpation, ist auch nicht unangemessen, da für ein deliktisches Handeln ein Verschulden zu fordern ist. Ohne ein Verschulden kann kein deliktischer Anspruch aus Geschäftsanmaßung begründet werden. Die drittwirkende Geschäftsanmaßung ist kein Fall der Gefährdungs- oder Zufallshaftung. Die Exkulpationsmöglichkeit ergibt sich zudem aus der Anwendung des § 831 BGB selbst. So besteht kein Grund, lediglich den § 831 Abs. 1 Satz 1 BGB anzuwenden. In diesem Fall würde man den Geschäftsführer für jede Handlung des Dritten haften lassen. § 831 BGB stellt jedoch auf ein eigenes Verschulden ab. Da § 831 Abs. 1 Satz 2 BGB aber nur einen Entlastungsbeweis enthält, ist er untrennbar mit dem vorgehenden Satz 1 verbunden.[694] § 831 BGB soll insgesamt nur eine Haftung für eigenes Verschulden begründen, so daß der Geschäftsführer auch in der Lage sein muß, sein fehlendes Verschulden zu beweisen. § 831 BGB stellt nur ein Verschuldensvermutung auf, die jedoch nicht endgültig oder unwiderlegbar ist.

Die Exkulpation ist allerdings ausgeschlossen bei Handlungen im Rahmen des § 31 BGB.[695] § 31 BGB rechnet dem Verein oder der juristischen Person[696] das Handeln ihres verfassungsmäßig berufenen Vertreters als eigenes Handeln zu. Das Handeln des Vertreters ist kein Handeln für den Verein, sondern ein Handeln des Vereins. „Nach der auf Gründen der Zweckmäßigkeit und Billigkeit sowie auf dem Verkehrsbedürfnis beruhenden Vorschrift des § 31 BGB soll die juristische Person, die erst durch die ihrer Auswahl unterliegenden Vertreter die Möglichkeit gewinnt, am Rechtsverkehr teilzunehmen, auch die Nachteile tragen, die diese Art der rechtsgeschäftlichen Betätigung mit sich bringt, ohne die Möglichkeit zu haben, geschädigte Dritte auf den häufig unergiebigen Weg der Belangung ihrer Vertreter verweisen zu können."[697] Da es sich um eigenes Handeln des Vereins handelt, kommt auch eine Entlastung – die hier nur von eigenem Verschulden für eine eigene Handlung erfolgen könnte – nicht in Betracht. Der Verein haftet damit grundsätzlich für seine Organe.[698] Da der Verein durch seine Organe handelt, bedarf es hier auch keiner gesonderten Zurechnung, da stets ein Handeln des Vereins selbst vorliegt. Handelt somit der Dritte

---

693 Vgl. *Thomas* in: Palandt, § 831, Rdnr. 3; *Birk*, JZ 1963, 354 (356).

694 Vgl. *Schmelzeisen*, AcP 136 (1932), 156.

695 Vgl. nur *Thomas* in: Palandt, § 831 Rdnr. 4.

696 § 31 BGB gilt für alle juristischen Personen, vgl. nur *Heinrichs* in: Palandt, § 31 Rdnr. 3.

697 BGH, Urteil vom 8. Juli 1986, BGHZ 98, 148 (157), m.w.N.

698 Wegen der einzelnen Voraussetzungen des § 31 BGB, die an dieser Stelle nicht weiter ausgebreitet werden sollen, sei auf die entsprechende Literatur verwiesen.

als Organ des Vereins, haftet der Verein grundsätzlich für die Geschäftsanmaßung des Organs.

Der Geschäftsführer haftet somit dem Geschäftsherrn nach § 687 Abs. 2 BGB in Verbindung mit § 831 BGB analog auf Herausgabe des durch die Handlung des Dritten Erlangten.

c) Eigenmächtiges Handeln des eigenständigen Dritten
Steht der Dritte mit dem Geschäftsführer nicht in einer Verbindung, so kann er nicht als eine dem Verrichtungsgehilfen des Geschäftsführers ähnliche Person angesehen werden. Dies wurde oben bereits dargelegt. Zudem widerspricht es den Grundsätzen der §§ 278, 166, 831 BGB, wonach man für den Einsatz von Hilfspersonen wegen deren oder auch wegen eigenem Verschulden bzw. Wissen haftet. Das Verhalten des hier unabhängigen Dritten, der auch zu dem Geschäftsführer vor der Geschäftsanmaßung in keiner Beziehung stand, kann nicht über die vorgenannten Grundsätze dem Geschäftsführer zugerechnet werden. Auch eine eigene Haftung des Geschäftsführers, der die Geschäftsanmaßung des Dritten weder veranlaßt noch unterstützt hat, kann in diesen Fällen nicht in Betracht kommen. Der Geschäftsführer hat keine Zugriffsmöglichkeiten auf den Dritten, und bei ihm liegt kein eigenes Verschulden vor. Die Weitergabe des Erlangten an den Geschäftsführer macht den Geschäftsführer daher nicht nach den vorgenannten Grundsätzen haftbar. Für ihn und auch den Dritten muß eine andere Haftung angenommen werden. Hierbei sind verschiedene Konstellationen denkbar.

aa) Auszugehen ist vorliegend davon, daß der Dritte eine Sache des Geschäftsherrn an eine vierte Person veräußert. Der Erlös aus diesem Verkauf kommt sodann dem Geschäftsführer zu. Der Vierte kann nun zum einen gutgläubig und damit gegenüber dem Geschäftsherrn wirksam erwerben. Es kann aber auch angenommen werden, daß der Vierte nicht gutgläubig erwerben kann, jedoch nicht mehr zu ermitteln ist und der Geschäftsherr daher die Verfügung genehmigt, somit also wirksam werden läßt. Auszugehen ist vorliegend von einer wirksamen Verfügung.

In diesem Fall erscheint § 816 BGB anwendbar. So ist der Dritte, der die Geschäftsanmaßung ausführt, in der Regel ein Nichtberechtigter. Er begeht die Geschäftsanmaßung durch einen Eingriff in fremde Rechte, den Verkauf der Sache des Geschäftsherrn. Der Geschäftsherr hat sodann gegen den Dritten einen Anspruch aus § 816 Abs. 1 Satz 1 BGB, wenn der Dritte aus der Verfügung etwas erhält. Erhält der Geschäftsführer den rechtlichen Vorteil, den Erlös, unentgeltlich, allein durch Weitergabe des Dritten, so trifft ihn eine Herausgabepflicht nach § 822 BGB, wenn der Dritte seinerseits von der Verpflichtung zur Herausgabe frei wird. Dies ist allerdings ausgeschlossen, wenn der Dritte nach § 819 Abs. 1 BGB unredlich handelt – was bei der Geschäftsanmaßung regelmäßig anzunehmen ist – und daher nicht gemäß § 818 Abs. 3 BGB entreichert sein kann.[699] Der Anspruch richtet sich dann nur gegen den Dritten, der die Geschäftsanmaßung und auch die Verfügung als Nichtberechtigter begangen und dafür etwas erlangt hat.[700]

Wendet der Dritte dem Geschäftsführer das Erlangte zu, ohne mit diesem in einer Beziehung zu stehen und ohne etwas von diesem zu erhalten, besteht bei Entreicherung des Dritten ein Anspruch des Geschäftsherrn gegen den Geschäftsführer aus § 822 BGB. Eine Entreicherung ist jedoch bei der Geschäftsanmaßung nicht anzunehmen, so daß der Dritte dem Geschäftsherrn weiterhin haftet.

bb) Es ist aber auch möglich, daß der Dritte die Geschäftsanmaßung begeht, indem er eine Sache des Geschäftsherrn an den Geschäftsführer selbst veräußert und dieser die Sache sodann an einen nicht mehr zu ermittelnden Vierten weiterveräußert. In Betracht kommt dann sowohl eine Haftung des Dritten u.a. aus Geschäftsanmaßung sowie aus § 816 Abs. 1 BGB als auch eine Haftung des Geschäftsführers aus § 816 Abs. 1 Satz 1 BGB. Entscheidend für die Wirksamkeit der Verfügung kann es dabei jeweils sein, daß der Geschäftsherr die Verfügung noch genehmigt.

Haftet nun der Dritte dem Geschäftsherrn aus Geschäftsanmaßung, so könnte man überlegen, dem Dritten einen Anspruch auf Abtretung nach § 255 BGB gegenüber dem Geschäftsherrn bezüglich etwaiger Ansprüche gegen den Geschäftsführer zuzugestehen. Die Abtretungspflicht des § 255 BGB beruht auf der Überlegung, daß der Ersatzgläubiger die Leistung nicht doppelt erhalten soll und daß einer der beiden Ersatzpflichten dem Schaden näher steht als der andere, weshalb dieser in den Genuß des gegen den ersteren gerichteten Anspruchs kommen soll.[701]

Voraussetzung hierfür wäre jedoch ein Ersatzanspruch des Geschäftsherrn gegen den Geschäftsführer, den der Geschäftsherr nach der Erfüllung durch den Dritten an diesen abtreten kann. Ein solcher Anspruch kann grundsätzlich nur

---

[699] Vgl. *Sprau* in: Palandt, § 822 Rdnr. 7 ff., insbesondere Rdnr. 9, m.w.N.

[700] Hier kann es dann dazu kommen, daß der Geschäftsführer zwar etwas erlangt, es aber nicht herausgeben muß, da der Dritte dem Geschäftsherrn weiterhin haftet. Vgl. *Sprau* in: Palandt, § 822 Rdnr. 9.

[701] Vgl. hierzu Motive II, S. 24 ff. sowie *Selb*, FS Larenz, S. 517 ff.

bestehen, wenn der Geschäftsführer selbst das Erlangte weiterveräußert und hierfür etwas erhält. Voraussetzung dazu wäre aber, daß der Geschäftsführer nicht bloß einen Erlös in Geld erhält, sondern eine Sache des Geschäftsherrn. Der Geschäftsherr könnte sich dann an den Geschäftsführer halten mit einem Anspruch aus § 816 Abs. 1 Satz 1 BGB. Wenn der Geschäftsherr nun den Dritten in Anspruch nimmt, könnte dieser sich mit einem Zurückbehaltungsrecht und einem Anspruch auf Abtretung des Ersatzanspruches aus § 255 BGB wehren. Das gleiche Recht könnte dem Geschäftsführer zustehen, wenn der Geschäftsherr ihn statt des Dritten in Anspruch nimmt. Jedoch kann § 255 BGB allenfalls auf den ersten Blick Anwendung finden. § 255 BGB, der eine Norm des Schadensersatzrechts ist, ist schon dem Wortlaut nach nur auf Schadensersatzansprüche anwendbar, jedoch nicht auf Herausgabeansprüche nach § 816 BGB.[702] Dies gilt unabhängig davon, ob der Anspruch aus § 816 BGB sich auch „auf Grund des Eigentums“[703] ergibt. Denn der Dritte kann sich, sofern er einen Diebstahl begangen hat, zumindest hinsichtlich eines redlichen Käufers des Diebesguts nicht auf § 255 BGB berufen, da anderenfalls der redliche Käufer dem Dieb entgegenhalten könnte, er habe die Sache gutgläubig erworben und bezahlt und sei daher von Ansprüchen freizuhalten.[704] Unabhängig davon, ob der Geschäftsführer das Erlangte hier durch einen Kauf oder einen sonstigen Erwerb erhalten hat, ist § 255 BGB schon deshalb nicht anwendbar, weil er einen Schadensersatzanspruch voraussetzt, welcher über § 816 BGB und auch §§ 687 Abs. 2 Satz 1, 681, 667 BGB nicht zu erlangen ist.

Eventuell bestehen aber Ansprüche des Geschäftsführers oder des Dritten untereinander aus § 426 BGB. So nimmt der BGH[705] einen Anspruch des redlichen Käufers von Diebesgut aus Bereicherungsrecht an, wenn der Dieb bereits zuvor Ersatz an den Eigentümer geleistet hat. Der Anspruch des Käufers richtet sich sodann gegen den Eigentümer. Da der Käufer und der Dieb wie Gesamtschuldner zu behandeln seien und die Zahlung des letzteren die Schuld des ersteren tilge, könne der dem Eigentümer aus § 816 BGB haftende Käufer bereits bezahlte Gelder wieder zurückverlangen. „Nach Ansicht des Senats sind bei einer Fallgestaltung, wie sie hier vorliegt, jedoch ausreichende Gründe gege-

[702] BGH, Urteil vom 27. März 1969, BGHZ 52, 39 (45); Urteil vom 8. Januar 1959, BGHZ 29, 157 (162); *Sprau* in: Palandt, § 816 Rdnr. 25.
[703] Vgl. hierzu BGH, Urteil vom 27. März 1969, BGHZ 52, 39 (42), m.w.N.
[704] BGH, Urteil vom 27. März 1969, BGHZ 52, 39 (42); *Heinrichs* in: Palandt, § 255 Rdnr. 4. Hier kann man zudem eine teleologische Reduktion des § 255 BGB annehmen. So soll grundsätzlich der haften, der dem Schaden letztendlich näher steht, vgl. *Oetker* in: MüKo, § 255 Rdnr. 3; *Reeb*, Jus 1970, 215. Dies ist hier der Dritte, der den Diebstahl begangen hat, bzw. – auf den Fall hier angewendet – die Geschäftsanmaßung begangen hat.
[705] Urteil vom 27. März 1969, BGHZ 52, 39 (43 ff.), im Anschluß an *von Caemmerer*, JR 1959, 462 (463 f.) als Anmerkung zu BGH, Urteil vom 8. Januar 1959, JR 1959, 461.

ben, die Vorschrift des § 422 Abs. 1 Satz 1 BGB, nach der die Erfüllung durch einen Gesamtschuldner auch für die übrigen Schuldner wirkt, wenigstens entsprechend anzuwenden."[706] „Grundsätzliche Bedenken gegen die Anwendung der Gesamtschuldregeln bestehen danach nicht."[707]

Überträgt man dies auf den Geschäftsführer, so steht auch diesem ein Anspruch aus Bereicherungsrecht zu, wenn er ebenso wie der Dritte Ersatz an den Geschäftsherrn geleistet hat. Der Anspruch des Geschäftsführers richtet sich sodann gegen den Geschäftsherrn. Hat der Geschäftsführer noch keinen Ersatz geleistet, ist sein Anspruch durch die Zahlung des anderen Gesamtschuldners, des Dritten, erloschen. Hat der Geschäftsführer Ersatz geleistet, hat er sodann im Innenverhältnis einen Anspruch gegen den Dritten aus § 426 BGB. Im Verhältnis Käufer zu Verkäufer lassen sich solche Ansprüche wegen §§ 434, 435 BGB leicht begründen. Auch zwischen Geschäftsführer und Drittem kann Gleichstufigkeit der Ansprüche und damit ein Gesamtschuldverhältnis vorliegen. Da ein einheitlicher Schuldgrund, wie sich auch an den vorstehenden Ausführungen gezeigt hat, nicht erforderlich ist, können auch unterschiedliche Haftungsgründe in Betracht kommen.[708] Erhält der Dritte von dem Geschäftsführer jedoch etwas für die Hergabe des Erlangten an den Geschäftsführer, so kann der Anspruch gegen den Dritten vorliegend auf Delikt sowie auf § 816 Abs. 1 Satz 1 BGB beruhen, der gegen den Geschäftsführer ebenfalls auf § 816 Abs. 1 Satz 1 BGB. Ein Gesamtschuldverhältnis mit gleichstufigen Ansprüchen wird man daher grundsätzlich annehmen können.[709] Ferner kann er auch nicht von dem Geschäftsherrn verlangen, daß dieser seine Ansprüche gegen den Geschäftsführer abtritt, da auf eine solche Abtretung § 255 BGB – wie dargestellt – auch nicht anwendbar wäre. Die Gesamtschuld geht insoweit auch vor.[710] Schließlich steht der Dritte auch dem Schaden näher und muß vorliegend daher an erster Stelle haften.[711] Eine Abtretung von Ansprüchen des Geschäftsherrn gegen den Geschäftsführer an den Dritten ist daher nicht möglich. Ein Ausgleich im Innenverhältnis zulasten des Geschäftsführers findet nicht statt.

cc) Es ist damit festzuhalten, daß in den Fällen des eigenmächtigen Handelns eines eigenständigen Dritten der Geschäftsführer nur haftet, wenn er das Erlangte unentgeltlich von dem entreicherten Dritten erhalten hat. Die Haftung

---

[706] BGH, Urteil vom 27. März 1969, BGHZ 52, 39 (43), m.w.N.
[707] BGH, Urteil vom 27. März 1969, BGHZ 52, 39 (45).
[708] Vgl. nur *Heinrichs* in: Palandt, § 421, Rdnr. 9 ff., m.w.N.
[709] Vgl. *Heinrichs* in: Palandt, § 421, Rdnr. 10.
[710] BGH, Urteil vom 29. Juni 1972, BGHZ 59, 97 (102), m.w.N.; *Heinrichs* in: Palandt, § 255 Rdnr. 2, m.w.N.
[711] Vgl. *Oetker* in: MüKo, § 255 Rdnr. 3; *Reeb*, JuS 1970, 215.

ergibt sich jedoch nur aus § 822 BGB. Eine Haftung des Geschäftsführers aus Geschäftsanmaßung gemäß § 687 Abs. 2 BGB ist in keiner Form möglich. Der Dritte kann aus Delikt sowie aus § 687 Abs. 2 BGB haften, bei Erhalt einer Gegenleistung für die Weitergabe des Erlangten auch aus § 816 Abs. 1 Satz 1 BGB.

VI. Rechtsfolgen

1. Allgemeines

Je nach untersuchter Fallgruppe ergeben sich unterschiedliche Ergebnisse. Bei der Geschäftsführung ohne Auftrag wird diese sowohl begründet, wenn der Dritte im Auftrag des Geschäftsführers handelt als auch, wenn der Dritte als Gehilfe des Geschäftsführers eigenständig handelt. In letzterem Fall ist allerdings der Umweg über die – zumindest stillschweigende – Abtretung notwendig. Bei der Geschäftsanmaßung ist eine Haftung des Geschäftsführers nach § 687 Abs. 2 BGB im Rahmen der Veranlassung anzunehmen, bei der Geschäftsanmaßung des Gehilfen eine Haftung entsprechend § 687 Abs. 2 BGB in Verbindung mit § 831 BGB analog. Im Rahmen dieser Haftung finden sodann hinsichtlich der Wissenszurechnung und des Verschuldens für Hilfspersonen wie gewohnt die §§ 166, 278 BGB Anwendung. Wie bei der Geschäftsführung ohne Auftrag ist auch bei der Geschäftsanmaßung keine Haftung des Geschäftsführers gegeben, wenn der Dritte nicht Gehilfe des Geschäftsführers ist und eigenständig handelt. In diesen Fällen kommt allenfalls Bereicherungsrecht als Anspruchsgrundlage gegen den Geschäftsführer in Betracht.

2. Gesamtschuld

Wenn nun aber Ansprüche zwischen den drei Parteien entstehen, stellt sich die Frage, wie sich das Verhältnis zwischen Geschäftsführer und Drittem gestaltet. So ist bereits ausgeführt worden, daß der Dritte und der Geschäftsführer in bestimmten Konstellationen Gesamtschuldner sein können.[712] Im Innenverhältnis zwischen Geschäftsführer und Drittem sollte derjenige die Hauptlast tragen und damit letztendlich haften, der den Mangel in der Beziehung – auch zum Geschäftsherrn – verursacht hat. Dies war in dem Fall BGHZ 52, 39 der Dieb, der dem Eigentümer (der hier dem Geschäftsherrn entspräche) Sachen entwendet hatte. Der redliche Käufer konnte somit bereits an den Eigentümer gezahlte Gelder wieder zurückverlangen.

Mit *von Caemmerer*[713] ist hier davon auszugehen, daß die Leistung des einen Schuldners grundsätzlich die Schuld des anderen miterfüllt. Der Berechtigte, regelmäßig der Eigentümer oder hier der Geschäftsherr, ist durch die Leistung eines der Schuldner bereits befriedigt. Der Geschäftsherr würde anderenfalls mehr erhalten, als er ursprünglich verloren hatte und als ihm als Schaden entstanden ist. Auch dies spricht bereits aus praktischen und auch Gerechtigkeitserwägungen dafür, hier mit *von Caemmerer* eine Gesamtschuld anzunehmen.

---

[712] Vgl. oben, B. V. 2. c) bb) zu BGHZ 52, 39.

[713] *Von Caemmerer*, JR 1959, 462 (463 f.), Anmerkung zu BGH, Urteil vom 8. Januar 1959, JR 1959, 461 = BGHZ 29, 157.

Auch der BGH erkennt dies in der oben erwähnten Entscheidung vom 27. März 1969[714] an.

Sofern der Dritte nur auf Veranlassung des Geschäftsführers eine Geschäftsführung ohne Auftrag ausführt, haftet nur der Geschäftsführer. Hier stellen sich keine weiteren Probleme. Sofern der Dritte eigenmächtig eine Geschäftsführung ohne Auftrag als Gehilfe des Geschäftsführers ausführt, ist der Dritte bei Weiterleitung der Sache an den Geschäftsführer auch außen vor und kann sowohl Abtretung seiner Ansprüche als auch Befreiung von Ansprüchen anderer Beteiligter erreichen. Bei der Geschäftsanmaßung auf Veranlassung des Geschäftsführers ist ebenfalls nur der Geschäftsführer haftbar. Bei der eigenmächtigen Geschäftsanmaßung des Dritten als Gehilfen des Geschäftsführers stellt sich jedoch die Frage, ob der Dritte aufgrund seiner unerlaubten Handlung auch selbst haftet. Falls er selbst haftet, wäre auch die Frage nach einer Gesamtschuld wieder gegeben.

Diese Fallgruppe – eigenmächtige Geschäftsanmaßung des Dritten als Gehilfe des Geschäftsführers – soll nachfolgend geprüft werden, wobei auch die Stellung des Dritten nochmals zu untersuchen ist.

Der Dritte begeht im Rahmen der Geschäftsanmaßung regelmäßig ein Delikt. So gehört auch die Verfügung über fremdes Eigentum, was z.B. zu der Entziehung einer Sache führt, zu einer Eigentumsverletzung nach § 823 Abs. 1 BGB.[715] Zumindest eine Haftung des Dritten nach § 816 BGB – falls ein Verschulden nicht gegeben ist – kann man vorliegend bejahen. Eine Geschäftsanmaßung des Dritten selbst wird man mangels vorhandenen Willens, das fremde Geschäft für sich selbst zu führen – der Dritte führt hier das Geschäft für den Geschäftsführer – nicht annehmen können. Allerdings kann auch eine Geschäftsanmaßung des Dritten selbst vorliegen, wenn der Dritte das Geschäft des Geschäftsherrn auch für sich selbst führt und einen Teil des Erlangten einbehält. In diesem Fall hat auch der Dritte etwas erlangt und könnte Ansprüchen aus Geschäftsanmaßung ausgesetzt sein. Grundsätzlich wird man diesen Anspruch aus Geschäftsanmaßung gegen den Dritten auch auf das gesamte Erlangte gehen lassen müssen, da der Dritte die fehlende Herausgabemöglichkeit bezüglich der Sache des Geschäftsherrn, über die er verfügt hat, analog § 848 BGB vertreten muß.[716]

---

[714] BGHZ 52, 39, hier insbesondere S. 43.

[715] Vgl. BGH, Urteil vom 12. März 1996, NJW 1996, 1535 (1537).

[716] Für die Prüfung, insbesondere auch die obige unter B. V. 2., sollte jedoch angenommen werden, daß sich der Geschäftsherr an den solventeren und immerhin im Besitz des Erlang-

Der Geschäftsführer haftet dem Geschäftsherrn auf Herausgabe des durch die Geschäftsanmaßung des Dritten Erlangten. Der Dritte selbst haftet dem Geschäftsherrn ebenfalls aus Geschäftsanmaßung, soweit bei ihm noch etwas verbleibt, was aus der Geschäftsanmaßung erlangt wurde, anderenfalls aus Delikt oder § 816 BGB. Da eine völlige Identität von Leistungsinhalt und Leistungsumfang nicht erforderlich ist[717], erscheint eine gesamtschuldnerische Haftung von Geschäftsführer und Dritten gegenüber dem Geschäftsherrn damit möglich, soweit sich die Ansprüche decken. Für den Geschäftsherrn hätte dies den Vorteil, daß er jeden der beiden ganz oder teilweise in Anspruch nehmen kann.

Ein solches Gesamtschuldverhältnis wird teilweise auch bei ähnlichen Fällen angenommen. So spricht nach *Wenckstern* „vieles dafür, daß eine gesamtschuldnerische Gewinnhaftung mehrerer Geschäftsanmaßer aus § 840 BGB in der Regel zu sachgerechten Ergebnissen führt".[718] Eine gesamtschuldnerische Haftung wird auch von *Beuthien* für die Geschäftsführung ohne Auftrag angenommen, der sich dabei auf den Gesetzgeber beruft.[719] Und in der Tat hat der Gesetzgeber bei einem Handeln mehrerer eine Beurteilung nach allgemeinen Vorschriften vorgesehen. So heißt es: „Haben Mehrere als Geschäftsführer ohne Auftrag gemeinschaftlich ein Geschäft für einen Anderen besorgt, so beurtheilt sich ihre Haftung nach den allgemeinen Grundsätzen. Es besteht kein Bedürfnis, ihre Haftung als Gesammtschuldner allgemein auszusprechen, ...".[720] Im sächsischen Gesetzbuch von 1863/65 war dies in § 1350 für den Fall, daß mehrere Geschäftsführer handeln, entsprechend festgehalten.[721] Für eine Gesamtschuld entsprechend § 840 BGB im Rahmen von Urheberrechtsverletzungen hat sich auch der BGH bereits 1959 ausgesprochen.[722] Dort ging es um eine Urheberrechtsverletzung von Autor und Herausgeber eines Buches. Wäh-

---

ten befindlichen Geschäftsführer wendet und nicht an den Dritten, der zudem regelmäßig nur für den Geschäftsführer handelt.

§ 848 BGB enthält einen allgemeinen Rechtsgrundsatz und kann daher vorliegend Anwendung finden, vgl. nur *Thomas* in: Palandt, § 848 Rdnr. 1, a.E.

717 BGH, Urteil vom 27. März 1969, BGHZ 52, 39 (45); Beschluß vom 1. Februar 1965, BGHZ 43, 227 (233); OLG Düsseldorf, Urteil vom 11. November 1994, NJW 1995, 2565 (2565); *Heinrichs* in: Palandt, § 421 Rdnr. 5, m.w.N.

718 *Wenckstern*, AcP 200 (2000), S. 268.

719 *Beuthien* in: Soergel, vor § 677, Rdnr. 11: Motive II, S. 858 a.E.

720 Motive II, S. 858.

721 § 1350: „Mehrere Geschäftsführer, welche die Geschäftsführung gemeinschaftlich übernommen haben, haften als Gesammtschuldner. (§§ 1019 bis 1037.)"

722 BGH, Urteil vom 30. Januar 1959, LM § 41 LitUrhG Nr. 2 Blatt 5.

rend diese Entscheidung früher teilweise noch kritisiert wurde[723], findet sie heute Zustimmung[724].

§ 421 BGB definiert den Begriff „Gesamtschuldner". Für eine Reihe von Fällen wird eine gesamtschuldnerische Haftung durch Gesetz ausdrücklich angeordnet, so z.B. auch für die §§ 830, 840 BGB.[725] Als unerlaubte Handlungen ist dabei jede Haftung aus wirklichem oder vermutetem Verschulden zu verstehen; der Begriff ist somit weit zu fassen.[726] Neben den Tatbeständen der §§ 823 ff. BGB, zu denen auch § 839 BGB zählt[727], wird jede Haftung erfaßt, die auf wirklichem oder vermutetem Verschulden beruht, ebenso die Gefährdungshaftung.[728] Die Vorschrift gilt insbesondere für Arbeitgeber und Arbeitnehmer, die dem Verletzten nach §§ 823, 831 BGB haften[729], also als Geschäftsherr nach § 831 BGB und als Verrichtungsgehilfe nach § 823 BGB[730]. Da die Geschäftsanmaßung zwar quasideliktisch, nicht aber eine unerlaubte Handlung im Sinne des § 840 BGB ist, kommt eine direkte Anwendung des § 840 BGB nicht in Betracht.[731] Zudem spricht § 840 BGB nur von einem Schaden, nicht aber von der Herausgabe des Erlangten.

Jedoch stellen die gesetzlich genannten Fälle keine abschließende Regelung dar.[732] So können die §§ 421 ff. BGB auch entsprechend angewandt werden, soweit die Interessenlage übereinstimmt.[733] Auch § 840 BGB wird grundsätz-

---

723 *Däubler*, JuS 1969, 53. *Däubler* stützt sich bei seiner Kritik unter anderem auf die Motive (II, S. 858), während diese von *Beuthien* (a.a.O., Fn. 392) gerade zur Begründung des Gesamtschuldverhältnisses angeführt werden. Wie es sich durch den Ausschnitt aus den Motiven auch zeigt, wird eine gesamtschuldnerische Haftung zumindest bei der Geschäftsführung ohne Auftrag angenommen. Insofern ist die Kritik *Däublers* nicht mehr aktuell beziehungsweise sogar unzutreffend.

724 *Seiler* in: MüKo (3.), § 687, Rdnr. 24.

725 Weitere Fälle vgl. *Heinrichs* in: Palandt, § 421, Rdnr. 13; vgl. auch *Brox*, Allgemeines Schuldrecht, Rdnr. 428 a.E.

§ 840 Abs. 1 BGB: „Sind für den aus einer unerlaubten Handlung entstehenden Schaden mehrere nebeneinander verantwortlich, so haften sie als Gesamtschuldner."

726 Vgl. *Thomas* in: Palandt, § 840, Rdnr. 1.

727 *Thomas* in: Palandt, § 840, Rdnr. 1, m.w.N. aus der Rechtsprechung.

728 BGH, Urteil vom 26. November 1982, BGHZ 85, 375 (386 f.), m.w.N.; *Thomas* in: Palandt, § 840, Rdnr. 1.

729 *Thomas* in: Palandt, § 840, Rdnr. 2.

730 *Medicus*, Schuldrecht II, Rdnr. 934.

731 Vgl. nur *Thomas* in: Palandt, § 840 Rdnr. 3, wonach bei der lediglich vertraglichen Haftung eines Beteiligten § 840 BGB nicht anwendbar ist. Hier ergeben sich allerdings Ausnahmen, wenn eine rechtliche Zweckgemeinschaft vorliegt, vgl. *Thomas*, a.a.O., m.w.N.

732 *Brox*, Allgemeines Schuldrecht, Rdnr. 429; vgl. die entsprechende Anwendung von § 840 BGB durch den BGH, Urteil vom 30.01.1959, LM § 41 LitUrhG Nr. 2 Blatt 5.

733 *Heinrichs* in: Palandt, § 421, Rdnr. 13, m.w.N. aus der Rechtsprechung.

lich weit ausgelegt.[734] Von daher ist es notwendig, die einzelnen Voraussetzungen eines Gesamtschuldverhältnisses zu überprüfen und mit der Lage im bei der Geschäftsanmaßung gegebenen Fall zu vergleichen.

Für das Vorliegen einer Gesamtschuld müssen einige Mindestvoraussetzungen gegeben sein.

a) Ein Anspruch gegen mehrere Schuldner

So muß sich der Anspruch des Gläubigers gegen mehrere Schuldner richten.[735] Jeder der Schuldner muß dabei auf das Ganze verpflichtet sein.[736] Hier hat der Geschäftsherr einen Anspruch gegen den Geschäftsführer aus § 687 Abs. 2 BGB in Verbindung mit § 831 BGB analog sowie gegen den Dritten, wobei ihm der Anspruch gegen den Dritten regelmäßig nichts nützen dürfte, da sich das Erlangte beim Geschäftsführer befindet. Der Geschäftsherr hat jedoch einen Anspruch gegen mehrere Schuldner. Sobald er das Erlangte erhalten hat, sei es von dem Dritten oder von dem Geschäftsführer, und soweit sich die Forderungen des Geschäftsherrn gegen Geschäftsführer und Drittem decken[737], ist sein Anspruch befriedigt.

b) Nur einmalige Forderungsberechtigung

Der Geschäftsherr darf die Leistung lediglich einmal fordern dürfen.[738] Dies gilt für den Geschäftsherrn im Fall der Geschäftsanmaßung: Er kann die Herausgabe des Erlangten lediglich einmal fordern. Dies ergibt sich aus der Tatsache, daß nur die Herausgabe des Erlangten geschuldet ist und danach nichts mehr geschuldet wird. Einen weiteren Anspruch hat der Geschäftsherr nicht. Ausnahmsweise kann dieser Anspruch auch bei beiden – sowohl bei dem Geschäftsführer als auch bei dem Dritten, sofern dieser auch für sich handelt – auf Herausgabe des Erlangten gehen, bezieht sich also auf einen bestimmten Gegenstand. Dieser kann dann nicht mehrmals gefordert werden. Die Voraussetzung einer nur einmaligen Forderungsberechtigung läge in diesem Fall somit vor. Gleiches gilt für den – hier anzunehmenden – Fall, daß der Dritte die Sache veräußert, hierfür Geld erlangt und dieses an den Geschäftsführer weiterleitet. Auch hier hat der Geschäftsherr nur einen Anspruch auf Herausgabe des Erlangten gegen den Geschäftsführer oder auf Schadensersatz gegen den Dritten. Leistet der Geschäftsführer, liegt bei dem Geschäftsherrn kein Schaden mehr vor, für welchen er Ersatz vom Dritten verlangen könnte. Leistet der Ge-

---

[734] Vgl. nur *Thomas* in: Palandt, § 840 Rdnr. 1.
[735] *Heinrichs* in: Palandt, § 421, Rdnr. 1.
[736] *Heinrichs* in: Palandt, § 421, Rdnr. 1.
[737] Siehe hierzu schon oben sowie nachfolgend unter c).
[738] *Heinrichs* in: Palandt, § 421, Rdnr. 3.

schäftsführer zuerst, muß dieser im Innenverhältnis gegen den Dritten vorgehen.[739]

Problematisch ist es jedoch, wenn sich gegen den Geschäftsführer ein Anspruch auf Herausgabe des Erlangten ergibt, sofern es sich um eine Sache handelt, und bei dem Dritten nur ein Anspruch auf Schadensersatz, z.B. nach § 823 Abs. 1 BGB, der auf Geld geht.[740] Auch wenn der Dritte das Erlangte nicht besitzt, kann der Geschäftsherr den Anspruch auf Herausgabe des Erlangten nicht erfolgreich gegen den Dritten durchsetzen. Jedoch würde der Geschäftsherr in diesen Fällen auch keinen Anspruch auf eine mehrfache Leistung haben. Sofern er von dem Geschäftsführer das Erlangte erhält, hat er keinen Schaden mehr, den er gegenüber dem Dritten geltend machen kann. Sofern er gegenüber dem Dritten einen Schadensersatzanspruch durchgesetzt hat, würde er bei Herausgabe des Erlangten ebenfalls über Gebühr einen Ersatz für sein Eigentum erhalten. Auch in diesen Fällen kann der Geschäftsherr daher die Forderung nur einmal durchsetzen können.

Der Große Senat für Zivilsachen des BGH hat in einem Beschluß vom 1. Februar 1965[741] eine gemeinsame Haftung von Architekt und Bauunternehmer trotz unterschiedlicher Anspruchsart angenommen. In dem dem Vorlagebeschluß zugrunde liegenden Fall wurde ein Architekt gemäß § 635 BGB a.F. auf Schadensersatz in Geld in Anspruch genommen, während ein Bauunternehmer dagegen nur zur Beseitigung des Mangels nach § 633 Abs. 2 BGB a.F. verpflichtet war. Der Große Senat für Zivilsachen gelangte zu dem Ergebnis, daß der Architekt und der Bauunternehmer auch bei dieser Fallgestaltung Gesamtschuldner sind und § 426 Abs. 1 BGB hier unmittelbar anzuwenden sei. Die Verpflichtungen des Architekten und des Bauunternehmers stünden sich also bei der vorliegenden Sachlage nicht nur deshalb besonders nahe, weil sie durch eine enge Zweckgemeinschaft verbunden sind, die auf die plangerechte und mangelfreie Errichtung des Bauwerkes gerichtet ist, es wohne ihnen vielmehr darüber hinaus eine besonders enge Verwandtschaft auch deshalb inne, weil ihre inhaltliche Verschiedenheit hart an der Grenze zur inhaltlichen Gleichheit (Identität) liege. So könne auch der Architekt nachbessern, während sich der Anspruch gegen den Bauunternehmer in einen Schadensersatzanspruch umwandeln könne. Auch vorliegend könne der Bauherr nur Nachbesserung oder Schadensersatz verlangen, nicht aber beides. Daraus folge, daß die jeweilige Leistung vom Architekten und Bauherrn dem anderen zugute kommt. Daß Ar-

---

[739] Hierzu noch nachfolgend unter 3.
[740] Dieses Problem wurde in der Entscheidung des BGH vom 27. März 1969, BGHZ 52, 39 (44 f.), offengelassen.
[741] BGHZ 43, 227.

chitekt und Bauunternehmer etwas Verschiedenes schulden, stünde der Ausgleichung nach § 426 Abs. 1 Sitz 1 BGB nicht entgegen. Auch bei einem Gesamtschuldverhältnis, bei dem die mehreren Schuldner zunächst dieselbe Leistung schulden, könne es sein, daß der Ausgleichsanspruch einen anderen Inhalt hat, als der gegen den ausgleichspflichtigen Schuldner bestehende Anspruch des Gläubigers. Das sei schon der Fall, wenn mehrere Schuldner als Gesamtschuldner eine unteilbare Sache schulden und die Leistung von dem einen erbracht wird. Hier könne der Ausgleichsanspruch nur dahin gehen, daß der Schuldner, der nicht geleistet hat, dem anderen einen Wertausgleich zahlt. Zusammenfassend begründet der BGH seinen Beschluß wie folgt: „Im Hinblick darauf, daß Architekt und Bauunternehmer in einer engen rechtlichen Zweckgemeinschaft verbunden sind, daß die von ihnen geschuldeten Leistungen nicht völlig verschieden sind, daß vielmehr auch die Verbindlichkeit desjenigen, der den Mangel in natura zu beseitigen hat, zu einer Verpflichtung, Schadensersatz in Geld zu leisten, werden kann, ist hier ein Gesamtschuldverhältnis anzunehmen, obwohl Architekt und Bauunternehmer verschiedene Leistungen schulden." Zum Innenverhältnis zwischen Architekt und Bauunternehmer stellt der BGH am Schluß noch fest, daß für die Frage des Ausgleichs die „Elastizität des für die Ausgleichsbemessung heranzuziehenden § 254 BGB" der Praxis bessere Lösungen ermögliche „als sie aus den Vorschriften über Geschäftsführung ohne Auftrag und über ungerechtfertigte Bereicherung zu gewinnen sein würden."

In einer Entscheidung vom 19. Dezember 1968[742] hat der VII. Zivilsenat des BGH diese Rechtsprechung weitergeführt:

> „Schon mit der Entstehung der mangelhaften Werkleistung ist zwischen den Parteien das zum Ausgleich führende Gesamtschuldverhältnis erwachsen. (…) Wenn also beide wegen eines Mangels am Bauwerk gegenüber dem Bauherrn haften und die Leistung des einen dem anderen wenigstens teilweise zugute kommen kann, dann sind sie insoweit Gesamtschuldner. In Bezug auf die Erfüllung dieser Verbindlichkeit besteht zwischen ihnen eine rechtliche Zweckgemeinschaft. Der Zweck dieser Gemeinschaft ist, daß Architekt und Bauunternehmer jeder auf seine Art für die Beseitigung desselben Mangels einzustehen haben, den der Bauherr dadurch erlitten hat, daß jeder von ihnen seine vertraglich geschuldeten Pflichten mangelhaft erfüllt hat."

Für den vorliegenden Fall bedeutet dies, daß beide, Geschäftsführer und Dritter, dem Geschäftsherrn für den Eingriff in dessen Rechtskreis und insbesondere Rechtsgüter haften. Diese Haftung, hier insbesondere die Identität der An-

---

[742] BGHZ 51, 275.

sprüche, ergibt sich aus dem bestehenden gemeinsamen Zweck der Gemeinschaft von Geschäftsführer und Drittem. Beide sollen die Rechtsgüter des Geschäftsherrn nicht beeinträchtigen. Bei Leistung von Schadensersatz wird der Geschäftsführer sodann von seiner Verpflichtung, das Erlangte herauszugeben, frei. Die vom BGH erwähnte Anwendung des § 254 BGB ist im Rahmen der Arbeitnehmerhaftung zwischen Geschäftsführer und Drittem möglich.

c) Dasselbe Leistungsinteresse

Der Geschäftsherr hat hier auch gegenüber beiden das gleiche Leistungsinteresse. Von beiden möchte er die Herausgabe des aus der Geschäftsanmaßung Erlangten erreichen. Daß die Ansprüche sich in der Höhe entsprechen, ist nicht Voraussetzung.[743] Eine Gesamtschuld kann jedoch nur insoweit bestehen, als sich die Ansprüche decken.

d) Nicht notwendig derselbe Entstehungsgrund

Die Forderungen müssen nicht auf demselben Rechtsgrund beruhen.[744] Der Entstehungsgrund ist hier nicht zwingend identisch, aber aufgrund der deliktischen Natur sehr ähnlich. Bei beiden gründet er letztendlich auf der Geschäftsanmaßung nach § 687 Abs. 2 BGB und damit auf einem Eingriff in fremde Rechte.

e) Innere Verbundenheit

Notwendig ist ferner eine Form der inneren Verbundenheit der Forderungen.[745] Dabei muß es sich aber nicht um eine Zweckgemeinschaft handeln, bei der die Schuldner einen gemeinsamen Zweck verfolgen.[746] Dies würde die Fälle einer Gesamtschuld fast völlig auf vertragliche Verhältnisse beschränken.[747] Auszugehen ist vielmehr von einer Gleichstufigkeit oder Gleichrangigkeit der Ver-

---

743 BGH, Urteil vom 27. März 1969, BGHZ 52, 39 (45); Beschluß vom 1. Februar 1965, BGHZ 43, 227 (233); OLG Düsseldorf, Urteil vom 11. November 1994, NJW 1995, 2565 (2565); *Heinrichs* in: Palandt, § 421 Rdnr. 5, m.w.N.

744 *Heinrichs* in: Palandt, § 421, Rdnr. 5; *Larenz*, Schuldrecht I, § 37 I, S. 498, m.w.N.; BGH, Urteil vom 27. März 1969, BGHZ 52, 39 (44), m.w.N.

745 *Heinrichs* in: Palandt, § 421, Rdnr. 6, m.w.N.

746 So früher die Rechtsprechung, vgl. BGH, Beschluß vom 31. Mai 1954, BGHZ 13, 360 (365), m.w.N. zur Rechtsprechung des Reichsgerichts; Urteil vom 23. November 1955, BGHZ 19, 114 (123); Beschluß vom 1. Februar 1965, BGHZ 43, 227 (229); Urteil vom 27. März 1969, BGHZ 52, 39 (43); Urteil vom 29. Juni 1972, BGHZ 59, 97 (100 f.); und teilweise die ältere Literatur, vgl. z.B. *Klingmüller*, Jherings Jahrbücher 64, S. 58 und 75 f.; *Enneccerus-Lehmann*, § 90 II 2.; in BGHZ 52, 39 (44) wird allerdings bereits der Zweck schon in dem Schutz fremden Eigentums gesehen und damit weiter gefaßt, ähnlich bei BGHZ 59, 97 (100). Vgl. hierzu auch *Reeb*, JuS 1970, 214 (217).

747 Vgl. *Larenz*, Schuldrecht I, § 37 I, S. 499.

pflichtungen.[748] Die Frage nach dem Vorliegen einer solchen Gleichstufigkeit läßt sich aber nicht einfach beantworten.[749] Eine Gleichstufigkeit hat der BGH z.B. angenommen, wenn zwei Werkunternehmer zu einer gemeinsamen Mängelbeseitigung verpflichtet sind.[750] Eine Gleichstufigkeit ist z.B. abzulehnen, wenn es einen endgültig zur Leistung Verpflichteten und daneben einen nur zum vorläufigen Eintreten Verpflichteten gibt.[751] Eine solche Gleichstufigkeit wird teilweise durch Gesetz angeordnet, auf der anderen Seite kann sie aber auch rechtsgeschäftlich vereinbart werden.[752] Dann ergibt sie sich aus der dem Inhalt oder dem Sinn und Zweck des Vertrages.[753] Besteht weder ein Vertrag noch eine gesetzliche Anordnung[754], so kann eventuell eine Analogie zu gesetzlichen Regelungen möglich sein[755].

Eine vertragliche Regelung ist hier zwischen den Beteiligten in der Regel nicht getroffen. Eine rechtsgeschäftliche Vereinbarung über das Bestehen eines Gesamtschuldverhältnisses besteht somit nicht. Auch eine eventuell bestehende vertragliche Beziehung, aufgrund derer der Geschäftsherr den Gegenstand der Geschäftsanmaßung hat in Besitz nehmen lassen, kann eine solche rechtsgeschäftliche Vereinbarung nicht ersetzen. Durch den Vertrag werden der Geschäftsherr und der Geschäftsführer regelmäßig keine Haftungsfragen geklärt haben. Trifft dies allerdings doch zu, so ist von dieser Regelung auszugehen, wobei der Dritte wegen des Verbots des Vertrages zu Lasten Dritter kaum einbezogen werden kann. Normalerweise dürfte jedoch keine Vereinbarung darüber bestehen. Davon ist zumindest auch hier auszugehen. Es verbleibt somit nur die Möglichkeit, über eine entsprechende Anwendung eines gesetzlich vorgesehenen Falles und der diesbezüglichen Norm eine Lösung zu finden. In Betracht kommt hier der oben bereits erwähnte § 840 Abs. 1 BGB.[756]

---

[748] *Heinrichs* in: Palandt, § 421, Rdnr. 7, m.w.N., auch aus der Rechtsprechung; *Larenz*, Schuldrecht I, § 37 I, S. 497 f., m.w.N.; ferner *Brox*, Allgemeines Schuldrecht, Rdnr. 429, m.w.N.

[749] Vgl. *Larenz*, Schuldrecht I, § 37 I, S. 498; ferner auch *Brox*, Allgemeines Schuldrecht, Rdnr. 429.

[750] BGH, Urteil vom 26. Juni 2003, NJW 2003, 2980.

[751] *Heinrichs* in: Palandt, § 421, Rdnr. 8; *Larenz*, Schuldrecht I, § 37 I, S. 499.

[752] Vgl. *Heinrichs* in: Palandt, § 421, Rdnr. 8, m.w.N.

[753] *Larenz*, Schuldrecht I, § 37 I, S. 498.

[754] Zu weiteren Lösungsmöglichkeiten, z.B. bei auf Schadensersatz gerichteten Schulden, siehe *Dilcher*, JZ 1967, 110 (113 ff.).

[755] So *Larenz*, Schuldrecht I, § 37 I, S. 498; *Heinrichs* in: Palandt, § 421, Rdnr. 8, m.w.N. aus der Rechtsprechung; *Brox*, Allgemeines Schuldrecht, Rdnr. 429.

[756] Vgl. *Brox*, Allgemeines Schuldrecht, Rdnr. 429.

Wie bereits festgestellt, ist eine Regelung für die Fälle der Geschäftsanmaßung nicht vorhanden. Insoweit besteht eine Lücke im Gesetz. Eine entsprechende Anwendung des § 840 BGB erscheint dadurch angebracht, daß § 840 BGB von unerlaubten Handlungen spricht und schon dieser Begriff weit ausgelegt wird.[757] Wie oben gezeigt, sind die Handlungen, welche der Dritte und auch der Geschäftsführer begehen, deliktischer Natur.[758] Sie sind somit auch unerlaubte Handlungen im weiteren Sinne. Der Unterschied zu den unerlaubten Handlungen und damit auch der wesentliche Grund für die nicht gegebene Möglichkeit, § 840 BGB direkt anzuwenden, ist, daß § 840 BGB von einem Schaden spricht. Bei der Geschäftsanmaßung ist die Rechtsfolge jedoch ein Anspruch auf Herausgabe des Erlangten, nicht auf Schadensersatz. § 840 BGB kann daher auch bei weiter Auslegung nicht direkt angewendet werden. Eine entsprechende Anwendung ist jedoch grundsätzlich möglich. So wird § 840 BGB auch in anderen Fällen entsprechend angewendet. Der BGH wendet § 840 BGB z.B. entsprechend an, wenn nur eine Person aus Delikt, die andere dagegen aus Vertrag haftet, sofern eine rechtliche Zweckgemeinschaft vorliegt.[759] Auch in einem Fall, in dem die eine Partei nur aus § 906 Abs. 2 Satz 2 BGB auf Ausgleich haftete, wendete der BGH § 840 BGB entsprechend an.[760] Die haftenden Personen müssen auch nicht miteinander in Verbindung stehen, solange nur alle denselben Schaden selbständig verursacht haben.[761] Diese Fälle gehen somit sogar über das hinaus, was im hier vorliegenden Fall gegeben ist. So handelt es sich bei den Fällen der Geschäftsanmaßung um Ansprüche deliktischer Natur, während in dem eben genannten Fall noch nicht einmal deliktische Ansprüche auf beiden Seiten vorkommen müssen. Dies allein sagt noch nichts über die Anwendbarkeit auch hier im Fall, ist jedoch bereits ein starkes Anzeichen dafür.

§ 840 BGB stellt auf einen Schaden ab, der durch eine unerlaubte Handlung entstanden und von mehreren zu verantworten ist. Durch dieses Gesamtschuldverhältnis erhält der Geschädigte eine starke Stellung, welche ihm die Sicherung seiner Ansprüche gewährleisten soll.[762] Die Interessenlage beim Geschäftsherrn ist damit vergleichbar: Er möchte das zu seinen Lasten aus der Geschäftsanmaßung Erlangte erhalten. Liegt hier ein Gesamtschuldverhältnis vor,

---

757 Vgl. *Thomas* in: Palandt, § 840, Rdnr. 1.

758 Vgl. oben, B. IV. 2. b) dd).

759 BGH, Urteil vom 15. April 1969, VersR 1969, 737 (737 f.); nach *Thomas* in: Palandt, § 840, Rdnr. 3.

760 BGH, Urteil vom 26. November 1982, BGHZ 85, 375 (386 f.), m.w.N.; *Medicus*, BR, Rdnr. 917; *Thomas* in: Palandt, § 840, Rdnr. 1.

761 BGH, Urteil vom 13. Mai 1955, BGHZ 17, 214 (221), m.w.N.

762 Vgl. z.B. *Heinrichs* in: Palandt, § 421, Rdnr. 1; BGH, Urteil vom 26. November 19982, BGHZ 85, 375 (386), m.w.N.

so kann er sich an den solventeren Anspruchsgegner halten. Wurde aus der Geschäftsanmaßung eine Sache erlangt, also kein Geld oder eine ähnliche Form von geldwertem Vorteil, so kann durch die Annahme einer Gesamtschuld zwischen Geschäftsführer und Drittem zudem verhindert werden, daß das Erlangte zwischen diesen beiden wieder verschoben wird. Auch dadurch ist eine Sicherung des Geschäftsherrn möglich. Die Interessenlage ist somit vergleichbar.

Ferner entspricht die Natur der Geschäftsanmaßung im weitesten Sinne auch der Natur der in § 840 BGB verlangten Handlung. Die Geschäftsanmaßung fällt als quasideliktische Handlung unter die unerlaubten Handlungen im weitesten Sinne. Wegen der unterschiedlichen Rechtsfolgen ist hier jedoch immer noch eine Analogie notwendig, auch wenn die Handlungen an sich fast identisch sind. Die Interessenlage stimmt somit mit dem bei § 840 BGB vorgesehenen Fällen überein. § 840 BGB kann hier daher entsprechend angewendet werden, so daß der Geschäftsführer und der Dritte als Gesamtschuldner anzusehen sind.

Durch diese entsprechende Anwendung ist hier auch das Vorliegen einer inneren Verbundenheit im Sinne einer Gleichstufigkeit anzunehmen. Die Verpflichtungen von Drittem und Geschäftsführer stehen somit nicht in dem Verhältnis zueinander, daß der eine der beiden nur zur Vorleistung verpflichtet ist. Beide Verpflichtungen stehen vielmehr auf einer Stufe. Infolgedessen ist hier ein Gesamtschuldverhältnis der beiden anzunehmen. Der Geschäftsführer und der Dritte haften folglich dem Geschäftsherrn auf Herausgabe des Erlangten oder – im Falle des Dritten – auf Schadensersatz als Gesamtschuldner.

3. Ansprüche zwischen Geschäftsführer und Drittem

Hat nun einer der beiden – Geschäftsführer oder Dritter – an den Geschäftsherrn geleistet, können eventuell Ansprüche des Geschäftsführers oder des Dritten untereinander aus § 426 BGB bestehen. So nimmt der BGH[763] einen Anspruch des redlichen Käufers von Diebesgut aus Bereicherungsrecht gegen den Eigentümer an, wenn der Dieb bereits zuvor Ersatz an den Eigentümer geleistet hat. Der Käufer und der Dieb seien insoweit wie Gesamtschuldner zu behandeln und die Zahlung des letzteren tilge auch die Schuld des ersteren.[764] Damit kann der Geschäftsführer für den Dritten erfüllen und umgekehrt der Dritte für den Geschäftsführer.

Für einen Ausgleich zwischen Geschäftsführer und Drittem muß jedoch auch ein Anspruch des Geschäftsführers gegen den Dritten gegeben sein. Auch ein

[763] Urteil vom 27. März 1969, BGHZ 52, 39 (43 ff.).

[764] Siehe hierzu die vorstehende Fußnote sowie schon oben unter B. V. 2. c) bb). Zur Frage der Erfüllung vgl. außerdem insgesamt vorstehend zu 2.

Anspruch des Dritten gegen den Geschäftsführer, sofern der Dritte zuerst erfüllt hat, kommt in Betracht. Da der Geschäftsherr jedoch regelmäßig gegenüber dem Geschäftsführer seine Ansprüche durchsetzen wird, da er die Herausgabe des Erlangten erreichen möchte, welches sich bei dem Geschäftsführer befindet, wird es in der Regel auf Ansprüche des Geschäftsführers gegen den Dritten ankommen.

Der Ausgleichsanspruch ergibt sich grundsätzlich aus § 426 Abs. 1 BGB.[765] Danach sind Gesamtschuldner im Verhältnis zueinander zu gleichen Anteilen verpflichtet, soweit nicht ein anderes bestimmt ist. § 426 BGB ist ein selbständiger Anspruch, der bereits mit der Begründung der Gesamtschuld entsteht.[766] Der Geschäftsführer kann damit zumindest einen Ausgleich im Verhältnis 1:1, also einen hälftigen Ausgleich erreichen. Eine andere Verteilung ist jedoch möglich und soll nachfolgend untersucht werden.

a) Für die vorgenannte Fallgestaltung ist davon auszugehen, daß der Dritte ein Gehilfe des Geschäftsführers ist und zu dessen Leuten gehört. Es können sich somit vertragliche Ansprüche des Geschäftsführers gegen den Dritten ergeben, z.B. aus §§ 611, 280 BGB wegen Schlechterfüllung. Im Rahmen solcher Ansprüche sind allerdings die unterschiedlichen Haftungsmaßstäbe zu beachten, die zu einer arbeitsrechtlichen Beschränkung der Haftung führen können. Der Arbeitnehmer haftet im Rahmen seiner Tätigkeit für seinen Arbeitgeber nicht unbeschränkt für von ihm verursachte Schäden, sondern haftet je nach Art der Schäden und des Verschuldens zu einem bestimmten Anteil (wobei eine volle oder auch gar keine Haftung nicht ausgeschlossen ist) und hat gegebenenfalls einen – nicht abdingbaren[767] – Freistellungsanspruch gegenüber dem Geschädigten gegen seinen Arbeitgeber.[768] Der Anspruch des Arbeitnehmers geht auf Aufwendungsersatz und ergibt sich aus § 670 BGB.[769] Er wird damit begründet, daß der Arbeitnehmer nicht der strengen Haftung ausgesetzt sein soll, gegen welche er sich nicht versichern kann, wenn er aufgrund seiner Arbeit zu gefahrgeneigter Arbeit verpflichtet ist.[770] Hinzu kommt, daß die volle Haftung

---

[765] Vgl. *Heinrichs* in: Palandt, § 426 Rdnr. 13 a.E., m.w.N.

[766] BGH, Urteil vom 21. März 1991, BGHZ 114, 117 (122), m.w.N.; Urteil vom 27. Juni 1961, BGHZ 35, 317 (325), m.w.N.; *Heinrichs* in: Palandt, § 426 Rdnr. 3, m.w.N.; *Brox*, Allgemeines Schuldrecht, Rdnr. 431.

[767] BAG, Urteil vom 5. Februar 2004, Az.: 8 AZR 91/03, Ziffer 30 ff., abrufbar unter www.bundesarbeitsgericht.de; *Küttner*, Nr. 30 Arbeitnehmerhaftung, Rdnr. 25, m.w.N.

[768] Zu den Einzelheiten siehe *Putzo* in: Palandt, § 611, Rdnr. 156 f., m.w.N.; *Küttner*, Nr. 30 Arbeitnehmerhaftung, Rdnr. 8 ff.; *Schaub*, § 85, Rdnr. 5 ff.

[769] *Schaub*, § 85, Rdnr. 1, m.w.N.

[770] *Küttner*, Nr. 30 Arbeitnehmerhaftung, Rdnr. 10, m.w.N.

für den Arbeitnehmer die Existenzvernichtung bedeuten kann.[771] Mittlerweile wird die Haftungsmilderung für jede Art von Tätigkeit und nicht nur für gefahrgeneigte Arbeit angenommen.[772] Der Umfang der Haftungserleichterung bestimmt sich nach dem Grad des Verschuldens.[773]

Hat der Dritte somit vorsätzlich gehandelt und einen Schaden bei dem Geschäftsführer verursacht, haftet er dem Geschäftsführer im Innenverhältnis auf Ersatz dieses Schadens. Hat der Dritte allerdings keinen Schaden verursacht, kann der Geschäftsführer hier auch nichts von dem Dritten verlangen. So mag es sein, daß das Erlangte das Vermögen des Geschäftsführers zwar vermehrt hat, er bei Herausgabe an den Geschäftsherrn jedoch nicht schlechter steht als zuvor. In diesem Fall besteht auch kein Ausgleichsanspruch oder, genauer: der Ausgleichsanspruch beläuft sich auf Null. Dies ließe sich hier eventuell darüber begründen, daß der Geschäftsführer das Erlangte selbst durch unredliches Verhalten erworben habe und bei dem Verlangen nach Schadensersatz gegen Treu und Glauben verstoßen würde.[774] Das Erlangte wäre damit auch kein schützenswertes Vermögen, so daß dem Geschäftsführer bei Herausgabe kein Schaden entsteht, da er dies „ohnehin" bzw. „sowieso" nicht hätte behalten dürfen. Andererseits ist hier auch zu berücksichtigen, daß der Geschäftsführer seinen Schaden nicht dem Geschäftsherrn entgegenhält, sondern diesen gegenüber dem Dritten geltend machen möchte. Der Dritte selbst hat jedoch auch durch ein unredliches Verhalten erst dafür gesorgt, daß das Erlangte zu dem Geschäftsführer gelangt. Auch sein Verhalten ist daher angemessen zu berücksichtigen. Es verbleibt daher bei der Abwägung des jeweiligen Verschuldens im Rahmen der Arbeitnehmerhaftung über § 254 BGB, wodurch eine angemessene Verteilung gewährt werden kann. Bei einer nur fahrlässigen Begehung würde sich der Anspruch entsprechend des jeweiligen Verschuldens mindern. Eine bloß fahrlässige Begehung ist bei der Geschäftsanmaßung jedoch nicht denkbar, da das Bewußtsein von der Fremdheit des Geschäfts gegeben sein muß. Nicht entscheidend ist damit auch eine Bös- oder Gutgläubigkeit des Geschäftsführers hinsichtlich des Erlangten.

b) Anwendbar erscheint vorliegend auch § 830 Abs. 1 Satz 2 BGB. Dieser gibt dem Geschädigten grundsätzlich eine Beweiserleichterung.[775] Allerdings stellt

---

[771] *Küttner*, Nr. 30 Arbeitnehmerhaftung, Rdnr. 10, m.w.N.
[772] *Küttner*, Nr. 30 Arbeitnehmerhaftung, Rdnr. 11, m.w.N.
[773] Zu den weiteren Einzelheiten vgl. *Küttner*, Nr. 30 Arbeitnehmerhaftung, Rdnr. 12 ff., m.w.N.
[774] Vgl. nur *Heinrichs* in: Palandt, § 242 Rdnr. 43 ff., mit zahlreichen Beispielen und Nachweisen; u.a. BVerwG, Urteil vom 23. November 1993, NJW 1994, 954 (955).
[775] *Thomas* in: Palandt, § 830 Rdnr. 7.

er auf einen Schaden ab und kann damit grundsätzlich nur entsprechend angewendet werden. Die entsprechende Anwendung des § 830 Abs. 1 Satz 2 BGB in Fällen, in denen der Geschädigte mit der gleichen Beweisnot konfrontiert ist wie bei der unerlaubten Handlung, ist jedoch anerkannt, insbesondere bei der Gefährdungshaftung, aber auch bei vertraglichen Ansprüchen.[776] Allerdings ist in den Fällen, die es hier zu untersuchen gilt, in der Regel kein Beweisproblem hinsichtlich des Schadens gegeben. So ist der Geschäftsführer im Besitz des Erlangten, der Dritte schuldet nur Schadensersatz. Von dem Geschäftsführer kann der Geschäftsherr nur die Herausgabe verlangen. Eine Beweiserleichterung hinsichtlich der Schadensverursachung ist in solchen Fällen nicht notwendig. Es besteht daher im Rahmen der drittwirkenden Geschäftsanmaßung auch kein Bedarf für eine Beweiserleichterung, da es zu Beweisschwierigkeiten regelmäßig schon nicht kommt. Da der Dritte nicht selbst aus einer Geschäftsanmaßung haftet, kommt für ihn nur Schadenersatz in Betracht und damit etwas anderes als beim Geschäftsführer. Unterschiedliche Ansprüche können jedoch unter § 830 BGB nicht zusammengefaßt werden. Für § 830 BGB fehlt es zudem vor allem an einer gemeinschaftlichen oder zumindest getrennt voneinander erfolgten Begehung. Der Geschäftsführer begeht hier regelmäßig selbst keine eigene Pflichtverletzung gegenüber dem Geschäftsherrn, da er nicht selbst handelt. Ihm wird nur die Pflichtverletzung seines Gehilfen zugerechnet.[777]

c) Passender und wichtiger erscheint an dieser Stelle eine Anwendung des § 848 BGB. Allerdings ist der Dritte nicht mehr im Besitz der Sache (sofern er über eine Sache des Geschäftsherrn verfügt hat) und schuldet statt Rückgabe nunmehr Schadensersatz. Die Folge des § 848 BGB ist bei ihm daher bereits eingetreten. Der Geschäftsführer hat regelmäßig das Ergebnis der Verfügung über die Sache erhalten und schuldet damit auch nur Herausgabe des Erlangten, nicht aber Rückgabe der Sache. Sofern die Handlung ihm auch über Deliktsrecht zuzurechnen ist, ist die Folge des § 848 BGB ebenfalls bereits eingetreten und verpflichtet zum Schadensersatz.

d) Soweit es um Schadensersatzansprüche geht, ist grundsätzlich eine Verteilung des Schadens über § 254 BGB möglich.[778] Hier haftet zwar der Dritte auf Schadensersatz, nicht jedoch der Geschäftsführer, der nur auf Herausgabe des Erlangten haftet. Dennoch wird man über eine entsprechende Anwendung des §

---

[776] *Thomas* in: Palandt, § 830 Rdnr. 14, m.w.N.

[777] Der Geschäftsführer haftet für eigenes Verschulden, welches von der Pflichtverletzung zu unterscheiden ist.

[778] BGH, Urteil vom 29. Juni 1972, BGHZ 59, 97 (103), m.w.N.; Beschluß vom 1. Februar 1965, BGHZ 43, 227 (231), m.w.N.; *Heinrichs* in: Palandt, § 426 Rdnr. 10, m.w.N.

254 BGB die Haftung zwischen Geschäftsführer und Drittem aufteilen können. So ist § 254 BGB analog anzuwenden, wenn in sonstigen, nicht gesetzlich geregelten Fällen beiderseitiges Verschulden vorliegt, welches gegeneinander abzuwägen ist.[779] Dies gilt auch bei Ansprüchen aus § 667 BGB und Geschäftsführung ohne Auftrag.[780] In den vorgenannten Fällen fand jedoch ein Ausgleich regelmäßig zwischen Schädiger und Geschädigtem statt, nicht zwischen zwei Schädigern. Dennoch ist für diese Fallgestaltung eine gesetzliche Regelung nicht vorgesehen, so daß eine Lücke besteht, welche über § 254 BGB geschlossen werden kann. Der jeweilige Verursachungsbeitrag kann dabei so gewichtet werden, daß letztendlich auch nur einer der beiden – Geschäftsführer oder Dritter – allein haftet.[781] Entscheidend ist in erster Linie der Verursachungsbeitrag, in zweiter Linie sodann das Maß des Verschuldens.[782] Dies ist jeweils Fallfrage. Diese Regelung entspricht auch den oben schon dargestellten Grundsätzen zur Arbeitnehmerhaftung.[783]

e) Möglich ist jedoch auch eine alleinige Haftung des Dritten über § 840 Abs. 2 BGB, welcher eine Bestimmung im Sinne des § 426 Abs. 1 Satz 1 BGB enthält und einer anderen Verteilung vorgehen würde. Eine direkte Anwendung des § 840 Abs. 2 BGB ist vorliegend nicht möglich, da der Geschäftsführer hier keinen Schadensersatz schuldet. Da der Geschäftsführer jedoch in entsprechender Anwendung des § 831 BGB auf Herausgabe nach § 687 Abs. 2 BGB haftet, kommt eine entsprechende Anwendung in Betracht. Bei Dienst- und Arbeitsverhältnissen ist jedoch nach den oben dargestellten Grundsätzen zur Arbeitnehmerhaftung[784] eine Anwendung des § 840 Abs. 2 BGB ausgeschlossen.[785] Hier ist eine Haftungsverteilung nur wie dargestellt über § 254 BGB möglich. Der angestellte Dritte haftet dem Geschäftsführer daher nur bei vorsätzlichen und grob fahrlässigen Verstößen in voller Höhe. Dies ist bei einer vom Dritten begangenen Geschäftsanmaßung jedoch regelmäßig anzunehmen.

---

[779] *Heinrichs* in: Palandt, § 254 Rdnr. 6, m.w.N.

[780] BGH, Urteil vom13. Juni 1995, BGHZ 130, 87 (95 f.), m.w.N.; Urteil vom 3. Oktober 1989, BGHZ 108, 386 (391), m.w.N.; Urteil vom 27. November 1962, BGHZ 38, 270 (278 f.); ferner *Heinrichs* in: Palandt, § 254 Rdnr. 6, m.w.N.

[781] Vgl. BGH, Beschluß vom 1. Februar 1965, BGHZ 43, 227 (231), m.w.N; *Heinrichs* in: Palandt, § 254 Rdnr. 52, m.w.N.

[782] Vgl. nur *Heinrichs* in: Palandt, § 254 Rdnr. 46 und 47, jeweils m.w.N.

[783] Siehe oben, B. V. 1. b) cc) (3) (c).

[784] Siehe oben, B. V. 1. b) cc) (3) (c).

[785] Vgl. nur *Heinrichs* in Palandt, § 840, Rdnr. 11.

4. Verjährung

Die Ansprüche aus § 687 Abs. 2 BGB verjährten nach altem Recht gemäß § 195 a.F. BGB nach 30 Jahren.[786] Nunmehr gelten jedoch die allgemeinen Verjährungsfristen gemäß §§ 194 ff. BGB n.F. § 196 BGB n.F. mit der zehnjährigen Verjährungsfrist ist auf die Geschäftsanmaßung nach § 687 Abs. 2 BGB nicht anwendbar, da von § 196 BGB n.F. nur dingliche Ansprüche erfaßt werden, nicht aber schuldrechtliche.[787] Die Verjährung beträgt somit grundsätzlich drei Jahre (§ 195 BGB n.F.) und beginnt gemäß § 199 BGB n.F. am Schluß des Jahres, in welchem der Anspruch entstanden und bekannt ist.

Eventuelle Ausgleichsansprüche zwischen dem Geschäftsführer und dem Dritten beurteilen sich nach § 426 BGB und verjähren grundsätzlich ebenfalls nach § 195 BGB innerhalb der Regelfrist von drei Jahren. Früher galt auch hier die lange Regelfrist von 30 Jahren.[788]

Nach § 852 BGB n.F., der inhaltlich dem § 852 Abs. 3 BGB a.F. entspricht, sind auch nach Eintritt der Verjährung Ansprüche nicht ausgeschlossen. Ein Schadensersatzanspruch bleibt bestehen. Allerdings handelt es sich nunmehr inhaltlich nur um Bereicherungsansprüche. Der Umfang des Anspruchs bestimmt sich nunmehr nach §§ 812 ff. BGB.[789] Der Anspruch nach § 852 Satz 1 BGB n.F. verjährt gemäß § 852 Satz 2 BGB n.F. in zehn Jahren ab Entstehung, unabhängig hiervon aber spätestens 30 Jahre nach Begehung der unerlaubten Handlung. Diese Vorschrift des § 852 BGB n.F. könnte nun grundsätzlich auch auf den Anspruch aus § 687 Abs. 2 BGB Anwendung finden. So gilt § 852 BGB n.F. grundsätzlich für alle Tatbestände aus unerlaubter Handlung und Gefährdung.[790] Der BGH führt hierzu aus: „Für Ansprüche aus solcher Haftung (Haftung wegen unerlaubter Handlung im weiteren Sinne) gilt nach der ständigen Rechtsprechung des Reichsgerichts und des Bundesgerichtshofs, falls wie hier nicht etwas anderes bestimmt ist, die Verjährungsvorschrift des § 852 BGB. Sie erfaßt nicht nur die im Bürgerlichen Gesetzbuch geregelten Fälle der Haftung aus unerlaubten Handlungen, die im übrigen Fälle schuldloser Schädigung umfassen (§§ 829,833 Satz 1 BGB), sondern enthält einen allgemein auf Ansprüche aus unerlaubten Handlungen aller Art, eingeschlossen die Anspru-

[786] *Seiler* in: MüKo (3.), § 687, Rdnr. 21 a.E., m.w.N.; *Wittmann* in: Staudinger, § 687, Rdnr. 5; *Beuthien* in: Soergel, § 687, Rdnr. 6; ; *Wenckstern*, AcP 200 (2000), 264, m.w.N.

[787] *Heinrichs* in: Ergänzungsband zu Palandt, § 196 Rdnr. 2.

[788] BGH, Urteil vom 9. März 1972, BGHZ 58, 216 (218); *Heinrichs* in Palandt, § 426, Rdnr. 3; *Thomas* in: Palandt, § 840, Rdnr. 8.

[789] BGH, Urteil vom 14. Februar 1978, BGHZ 71, 86 (98 ff.) unter III. 5. c), m.w.N.; ferner *Thomas* in: Palandt Ergänzungsband, § 852 Rdnr. 2.

[790] *Thomas* in: Palandt Ergänzungsband, § 852 Rdnr. 1.

che aus Gefährdungshaftung, anwendbaren Rechtssatz."[791] Dieser Rechtssatz kann vorliegend auch bei quasideliktischen Handlungen greifen, da diese ebenfalls eine unerlaubte Handlung im weiteren Sinne darstellen. Aufgrund der Angleichung der Verjährung durch die Schuldrechtsreform ergeben sich solche Probleme der Anwendbarkeit zumindest bei der Frage der Verjährung selbst nicht mehr. Aber auch hinsichtlich der Anwendbarkeit des § 852 BGB n.F. bestehen keine durchgreifenden Bedenken. § 852 BGB n.F. erfordert die gleichen Voraussetzungen wie ein Anspruch aus unerlaubter Handlung. Bei Vorliegen der Voraussetzungen kann § 852 BGB n.F. daher auch auf quasideliktische Ansprüche Anwendung finden. „Nach dem mit § 852 Abs. 3 BGB verfolgten Zweck soll derjenige, der durch eine unerlaubte Handlung einen anderen geschädigt und dadurch sein eigenes Vermögen vermehrt hat, nicht im Genuß dieses unrechtmäßig erlangten Vorteils bleiben (vgl. BGH NJW 1965,1914,1915). Eine vergleichbare Lage besteht bei den in den §§ 812 ff BGB geregelten Ansprüchen nicht. Der ungerechtfertigten Bereicherung nach diesen Bestimmungen haftet nicht der Makel des schuldhaft begangenen Unrechts gegenüber einem geschützten Rechtsgut desjenigen an, dessen Vermögen vermindert worden ist."[792] Dieser Zweck des § 852 BGB n.F. besteht auch bei der Anwendung auf quasideliktische Ansprüche wie der Geschäftsanmaßung. Diese stellt zudem regelmäßig ein Delikt dar, so daß Unterschiede kaum auftreten. § 852 BGB n.F. ist daher auch auf die Geschäftsanmaßung anwendbar und gestattet einen Anspruch auf Herausgabe der Bereicherung auch nach Eintritt der Verjährung.

5. Prozessuales

a) Beweislast

Für die Beweislast ergeben sich keine zu den üblichen Regeln abweichenden Grundsätze. Der Anspruchsteller muß die ihm günstigen Tatsachen vortragen und beweisen. Bei der eigenmächtigen Geschäftsanmaßung des angestellten Dritten hat der Geschäftsherr die widerrechtliche Schadenszufügung sowie seinen Schaden zu beweisen. Allerdings unterliegt auch der Nachweis, daß dies durch eine Hilfsperson geschah, dem Geschäftsherrn.[793] Der Geschäftsführer (entsprechend dem Geschäftsherrn im Sinne des § 831 BGB) muß die Rechtswidrigkeit und sein Verschulden ausräumen.[794]

---

[791] BGH, Urteil vom 28. Oktober 1971, BGHZ 56, 170 (176), m.w.N.

[792] BGH, Urteil vom 14. Februar 1978, BGHZ 71, 86 (99 f.), m.w.N.

[793] Vgl. nur *Thomas* in: Palandt, § 831 Rdnr. 22 zu § 831 BGB.

[794] Vgl. nur *Thomas* in: Palandt, § 831 Rdnr. 23 zu § 831 BGB.

b) Zuständigkeiten

Eine örtliche Zuständigkeit als besonderer Gerichtsstand nach § 32 ZPO ergibt sich auch bei der Geschäftsanmaßung. Der Begriff der unerlaubten Handlung in § 32 ZPO ist grundsätzlich weit auszulegen.[795] Er umfaßt auch Bereicherungsansprüche, soweit sie an die Stelle eines Schadensersatzanspruchs getreten sind, z.B. bei § 852 BGB n.F., oder Gefährdungshaftung.[796] Wesentlich ist der Zweck des § 32 ZPO, wonach die Sachnähe auch für die (zusätzliche) örtliche Zuständigkeit entscheidend sein soll.[797] Auch bei der Geschäftsanmaßung kann die Sachnähe einen Gerichtsstand am Begehungsort der Geschäftsanmaßung begründen. Zudem handelt es sich bei der Geschäftsanmaßung ebenfalls um eine unerlaubte Handlung im weiteren Sinne. Dies ist bereits ausführlich dargestellt worden. Es bestehen daher keine Gründe, dem Anspruchsteller der Geschäftsanmaßung den besonderen Gerichtsstand des § 32 ZPO zu versagen.

6. Spezialgesetze[798]

Auch bei Immaterialgüterrechten sind Eingriffe denkbar, die zu einer Haftung aus § 687 Abs. 2 BGB führen. Dies ergibt sich schon aus § 97 Abs. 3 UrhG, der Ansprüche aus anderen Vorschriften unberührt läßt. Möglich sind damit Ansprüche nach §§ 812 ff. BGB, UWG, §§ 823 ff. BGB, § 1004 BGB und § 687 Abs. 2 BGB.[799] § 687 Abs. 2 BGB hat gegenüber § 97 Abs. 1 UrhG den Vorteil, daß der Anspruch keinen Schadensersatzanspruch darstellt, so daß ein Gewinnentgang als Schaden nicht Voraussetzung ist.[800] Der Anspruch aus § 687

---

[795] BGH, Urteil vom 6. November 1973, NJW 1974, 410 (411); Urteil vom 20. März 1956, NJW 1956, 911 (911), m.w.N.; *Patzina* in: MüKo ZPO, § 32 Rdnr. 2; *Vollkommer* in: Zöller, § 32 Rdnr. 4; *Hartmann* in: Baumbach/Lauterbach, § 32 Rdnr. 6, m.w.N.

[796] *Hartmann* in: Baumbach/Lauterbach, § 32 Rdnr. 7 und 9, m.w.N.; *Putzo* in: Thomas/Putzo, § 32 Rdnr. 2.

[797] *Hartmann* in: Baumbach/Lauterbach, § 32 Rdnr. 1.

[798] Beispielhaft § 97 UrhG – Anspruch auf Unterlassung und Schadenersatz:

(1) Wer das Urheberrecht oder ein anderes nach diesem Gesetz geschütztes Recht widerrechtlich verletzt, kann vom Verletzten auf Beseitigung der Beeinträchtigung, bei Wiederholungsgefahr auf Unterlassung und, wenn dem Verletzer Vorsatz oder Fahrlässigkeit zur Last fällt, auch auf Schadenersatz in Anspruch genommen werden. An Stelle des Schadenersatzes kann der Verletzte die Herausgabe des Gewinns, den der Verletzer durch die Verletzung des Rechts erzielt hat, und Rechnungslegung über diesen Gewinn verlangen.

(2) Urheber, Verfasser wissenschaftlicher Ausgaben (§ 70), Lichtbildner (§ 72) und ausübende Künstler (§ 73) können, wenn dem Verletzer Vorsatz oder Fahrlässigkeit zur Last fällt, auch wegen des Schadens, der nicht Vermögensschaden ist, eine Entschädigung in Geld verlangen, wenn und soweit es der Billigkeit entspricht.

(3) Ansprüche aus anderen gesetzlichen Vorschriften bleiben unberührt.

[799] Vgl. *Dreier* in: Dreier/Schulze, § 97 Rdnr. 86 und für hier vor allem Rdnr 92 ff.

[800] *Dreier* in: Dreier/Schulze, § 97 Rdnr. 93, m.w.N., auch zur Frage des Aufwendungsersatzes nach § 684 Satz 1 BGB.

Abs. 2 BGB ist jedoch lediglich von geringerer praktischer Bedeutung, da der Verletzte regelmäßig den Nachweis der Bösgläubigkeit erbringen muß.[801] Durch die Angleichung der Verjährung von § 195 BGB und § 102 UrhG (jeweils drei Jahre) ergibt sich auch in dieser Hinsicht kein Vorteil des § 687 Abs. 2 BGB.

Im Rahmen von Immaterialgüterrechten – wozu § 97 UrhG hier beispielhaft herangezogen werden kann[802] – ist bei rechtswidrigen und schuldhaften Eingriffen zudem die dreifache Schadensberechnung anerkannt, wonach neben dem konkreten Schadensersatz auch eine Schadensberechnung im Wege der Lizenzanalogie und Herausgabe des Verletzergewinns möglich sind.[803] Diese Berechnungsmöglichkeiten sind häufig kritisiert worden. So wird angeführt, sowohl die Lizenzanalogie als auch die Gewinnherausgabe hätten keinerlei Bezug zu den §§ 249 ff. BGB.[804] Hinsichtlich der Lizenzanalogie ist dies streitig, da man diese hier auch als bereicherungsrechtlich deuten kann.[805] Vor allem aber bei der Gewinnherausgabe ist eher § 687 Abs. 2 BGB einschlägig.[806] Bei allen Berechnungsmethoden soll es sich nach Ansicht der Rechtsprechung allerdings lediglich um unterschiedliche Methoden der Berechnung der Schadenshöhe handeln, nicht aber um einen jeweils unterschiedlichen Schadens-

---

801 *Dreier* in: Dreier/Schulze, § 97 Rdnr. 94; auch Ansprüche aus Bereicherungsrecht haben im Urheberrecht regelmäßig wenig Bedeutung, vgl. *Dreier* in: Dreier/Schulze, § 97 Rdnr. 91, m.w.N.

802 In § 97 Abs. 1 Satz 2 ist die Gewinnherausgabe allerdings ausdrücklich gesetzlich normiert.

803 *Dreier* in: Dreier/Schulze, § 97 Rdnr. 54 und 58, m.w.N.; *Seiler* in: MüKo (3.), § 687 Rdnr. 24. Vgl. ferner schon Reichsgericht, Urteil vom 15. November 1937, RGZ 156, 321 (325 f.), m.w.N. auch zu den einzelnen Voraussetzugen. Bei schuldhaften Eingriffen ist eine Gewinnherausgabe schon bei Fahrlässigkeit möglich. Bei schuldlosen Eingriffen, bei denen sich die Ansprüche nach Bereicherungsrecht bestimmen, ist grundsätzlich nur der Wert des Erlangten nach § 818 Abs. 2 BGB herauszugeben. Dies umfaßt lediglich eine angemessene Lizenzgebühr, nicht jedoch den Gewinn. Vgl. BGH, Urteil vom 18. Dezember 1986, BGHZ 99, 244 (248 f.); Urteil vom 24. November 1981, BGHZ 82, 299 (306 ff.), jeweils m.w.N. a.A. (Herausgabe des Eingriffserwerbs nach §§ 812 ff. BGB aufgrund subjektiver Wertbemessung aus Sicht des Kondiktionsschuldners) *Reichard*, AcP 193 (1993), 597, m.w.N. Zur Frage der Rechnungslegung bei Patentverletzungen vgl. Reichsgericht, Urteil vom 3. Februar 1909, RGZ 70, 249 (251). Nach dieser Entscheidung entspricht der Anspruch im übrigen dem des gemeinen Rechts, welcher sich aus D.3.5.5.5. ergab.

804 *Dreier* in: Dreier/Schulze, § 97 Rdnr. 59, m.w.N.; vgl. *Larenz/Canaris*, Schuldrecht, § 72 III. 3. c), wonach eine solche Gewinnhaftung, auch nach § 97 Abs. 1 Satz 2 UrhG, „deliktsrechtlich ein dogmatischer Fremdkörper“ sei und eine „Parallelerscheinung“ zu § 687 Abs. 2 BGB.

805 *Dreier* in: Dreier/Schulze, § 97 Rdnr. 59, m.w.N.

806 *Dreier* in: Dreier/Schulze, § 97 Rdnr. 59, m.w.N.; siehe auch *Larenz/Canaris*, a.a.O., Fußnote 48.

grund, so daß auch nur ein Wahlrecht, nicht eine Wahlschuld nach § 262 BGB gegeben ist.[807] Für das Urheberrecht wird dem Charakter der Gewinnherausgabe, die eher mit § 687 Abs. 2 BGB als mit §§ 249 ff. BGB zu vergleichen ist, durch den Zusatz „an Stelle des Schadensersatzes" in § 97 Abs. 1 Satz 2 UrhG entsprochen.[808] Grundgedanke ist hier, daß die Nutzung des Urheberrechts und damit auch ein daraus folgender Gewinn eher dem Urheber und Rechteinhaber zuzuordnen ist als der Tätigkeit des Verletzers.[809]

Abgesehen von § 97 UrhG – der einen Anspruch auf Gewinnherausgabe schon bei Fahrlässigkeit vorsieht – ist jedoch bei sonstigen Immaterialgüterrechten eine Gewinnherausgabe nach ständiger Rechtsprechung nur über die dreifache Schadensberechnung möglich. Die Rechtsprechung beharrt hier allerdings auf dem Charakter als Schadensersatzanspruch und versagt einen Anspruch auf Gewinnherausgabe, wenn kein Zusammenhang zwischen Verletzergewinn und Gewinnergang auf seiten des Verletzten ergibt.[810] Hier kann daher nur ein Anspruch direkt aus § 687 Abs. 2 BGB in Betracht kommen. Im Rahmen dieser Prüfung ist dann auch eine Haftung entsprechend den oben dargestellten Grundsätzen nicht ausgeschlossen.

Dies steht auch nicht im Widerspruch zu § 100 UrhG, § 14 Abs. 7 MarkenG oder § 8 UWG n.F.[811] Schon nach § 100 Satz 2 UrhG bleiben weitergehende Ansprüche nach anderen Vorschriften unberührt, so daß eine Zurechnung möglich bleibt.[812] § 14 Abs. 7 MarkenG normiert zudem ausdrücklich die Haftung des Angestellten oder Beauftragten bei Verschulden, kann somit selbst als Zurechnungsnorm dienen.[813]

---

[807] Vgl. BGH, Urteil vom17. Juni 1992, NJW 1992, 2753 (2755); *Dreier* in: Dreier/Schulze, § 97 Rdnr. 68, m.w.N.

[808] *Dreier* in: Dreier/Schulze, § 97 Rdnr. 66, m.w.N.

[809] *Dreier* in: Dreier/Schulze, § 97 Rdnr. 66.

[810] *Dreier* in: Dreier/Schulze, § 97 Rdnr. 66, m.w.N.

[811] Siehe auch § 2 Abs. 1 Satz 2 UKlaG, neugefaßt durch Bekanntmachung vom 27. August 2002 I 3422, 4346; zuletzt geändert durch § 20 Abs. 4 Gesetz vom 3. Juli 2004, I 1414.

[812] So auch *Dreier* in: Dreier/Schulze, § 100 Rdnr. 1. Zu § 8 UWG n.F. siehe *Köhler* in: Baumbach/Hefermehl, § 8 Rdnr. 2.36.

[813] § 14 Abs. 7 MarkenG: „Wird die Verletzungshandlung in einem geschäftlichen Betrieb von einem Angestellten oder Beauftragten begangen, so kann der Unterlassungsanspruch und, soweit der Angestellte oder Beauftragte vorsätzlich oder fahrlässig gehandelt hat, der Schadensersatzanspruch auch gegen den Inhaber des Betriebs geltend gemacht werden." Entsprechendes wird durch § 128 Abs. 3 MarkenG normiert. Gesetz vom 25. Oktober 1994, BGBl I 1994, 3082, (1995, 156), zuletzt geändert durch § 20 Abs. 5 G v. 3. Juli 2004, I 1414.

C. Schlußbetrachtung und Ausblick

I. Es zeigt sich, daß die Zurechnung von Gehilfenhandlungen teilweise nicht ohne weiteres möglich ist. Auch wenn dies angemessen, sozusagen recht und billig erscheint und schließlich auch erstrebenswert sein mag, ist doch nicht in jedem Fall eine Zurechnung möglich. Insbesondere in der bereits eingangs erwähnten Entscheidung des BGH vom 25. November 1976[814] hat der Geschäftsführer nicht durch seine Leute gehandelt, was sicherlich möglich ist, sondern seine Leute haben – so hat es zumindest der BGH angenommen – an seiner Stelle gehandelt. Ihr Handeln muß dann aber erst dem Geschäftsführer zugerechnet werden können, um Ansprüche für oder gegen den Geschäftsführer zu begründen. Gerade auch im Hinblick auf das Arbeitsrecht ist aufgrund der Fürsorge- und Treuepflichten die Begründung von Ansprüchen über die Möglichkeit der Abtretung gegeben. Ohne eine solche Abtretung ließen sich solche Ansprüche aus Geschäftsführung ohne Auftrag jedoch nur schwer begründen. Bei der Geschäftsanmaßung ist eine Zurechnung notwendig und möglich.

II. 1962 hat *Baur* festgestellt, daß sich hinsichtlich der dogmatischen Einordnung der Haftung für Verrichtungsgehilfen in Deutschland keine einhellige Meinung entwickelt hat.[815] Auch im anglo-amerikanischen Recht habe man sich bis dahin keine tieferen Gedanken gemacht.[816] Hier gilt der oben bereits erwähnte Satz, daß derjenige, der den Vorteil aus einer Tätigkeit des Gehilfen zieht, auch die Nachteile hinnehmen muß.[817] Im französischen Recht, dessen Art. 1384 code civil bereits angeführt wurde, haben sich verschiedene Theorien zur Frage der Haftung für Verrichtungsgehilfen herausgebildet, die jedoch (nach *Baur*) allesamt nicht vollends zu überzeugen vermögen.[818] § 831 BGB stellt bisher auf ein Auswahlverschulden des Geschäftsherrn (im Sinne des § 831 BGB) ab. Ebenso wie bei §§ 278, 166 BGB findet sich hier aber auch der Rechtsgedanke, der auch in den anderen Rechtsordnungen angeführt wird. So hat der Geschäftsherr (im Sinne des § 831 BGB) neben den Vorteilen auch die Nachteile des Gehilfenhandeln zu tragen, er ist in der Regel solventer als der Gehilfe, wird von seinem Gehilfen „repräsentiert", da dieser für ihn handelt, und hat mögliche Ansprüche durch seine eigene fehlerhafte Auswahl verschuldet. Gleiches gilt auch für den Geschäftsführer. Durch den Entwurf eines neuen § 831 BGB sollte der Geschäftsherr (im Sinne des § 831 BGB) nun für jedes

---

[814] BGHZ 67, 368 = NJW 1977, 530.
[815] Karlsruher Forum, Beih. VersR 1962, 14 ff.
[816] *Baur*, Karlsruher Forum, Beih. VersR 1962, 14.
[817] *Baur*, Karlsruher Forum, Beih. VersR 1962, 14; siehe ferner oben, B. V. 2. b) dd) (3).
[818] *Baur*, Karlsruher Forum, Beih. VersR 1962, 14 f.

Delikt des Gehilfen haften, wobei der Gehilfe sämtliche Merkmale selbst erfüllen muß.

Die Änderungen bei der Haftung für Gehilfen, die immer noch im Rahmen einer Verrichtung handeln müssen, helfen bei der Geschäftsführung ohne Auftrag oder Geschäftsanmaßung, bei denen eine Verrichtung nicht zwangsläufig vorliegt, nicht immer weiter. So macht es für den Geschäftsführer keinen Unterschied, ob der Gehilfe nunmehr selbst alle Merkmale eines Delikts erfüllt oder nicht. Bereits unter dem aktuellen § 831 BGB wird dies regelmäßig der Fall sein.

Ebenfalls diskutiert wurde eine Übernahme des § 687 Abs. 2 BGB in das Bereicherungsrecht als einer besonderen Form der Gewinnhaftung. So sollte die Eingriffskondiktion wie folgt geregelt werden:

> „§ 2.1 (1) Wer in das Eigentum, ein sonstiges Recht oder vermögenswertes Rechtsgut eines andern ohne dessen Zustimmung durch Verfügung, Verbrauch, Gebrauch, Verbindung, Vermischung, Verarbeitung oder in sonstiger Weise eingreift, hat dem Berechtigten den gemeinen Wert zu erstatten.
>
> …
>
> § 2.4 Setzt sich der Eingreifer vorsätzlich oder grobfahrlässig über die Berechtigung des andern hinweg, so kann dieser auch einen den gemeinen Wert übersteigenden Gewinn verlangen. Der Eingreifer hat darüber Auskunft zu erteilen, welchen Gewinn ihm der Einsatz des fremden Guts gebracht hat.“[819]

§ 687 Abs. 2 BGB selbst wäre damit entbehrlich, da er in das Bereicherungsrecht integriert wird.[820] Auch bei einer Übertragung der Gewinnhaftung in das Bereicherungsrecht wäre jedoch die Problematik der Zurechnung von Gehilfenhandlungen weiterhin gegeben. Zumindest der damalige Gesetzesvorschlag,

---

[819] Vgl. *König* in: BMJ-Gutachten II, S. 1523 und 1557 ff.; *Helm* in: BMJ-Gutachten III, S. 377; siehe zu den Reformvorschlägen allgemein neben den Gutachten des BMJ auch die Aufsätze in NJW 1982, 2017 ff. sowie NJW 1992, 2377 ff. Weitere Besprechungen finden sich in AcP 182 (1982), 80 ff. sowie AcP 183 (1983) 327 ff. In verschiedenen europäischen Rechtsordnungen wird ein Anspruch auf Gewinnabschöpfung auch schon nach Deliktsrecht gewährt, so daß eine Gewinnhaftung nach § 687 Abs. 2 BGB nicht notwendig ist, vgl. *von Bar*, Gemeineuropäisches Deliktsrecht, S. 515.

[820] Vgl. *König* in: BMJ-Gutachten II, S. 1523 und 1557 ff.; kritisch *Helm* in: BMJ-Gutachten III, S. 387 f. und 406 f.; teilweise wird bereits jetzt behauptet, § 687 Abs. 2 BGB sei aufgrund des mit der Eingriffskondiktion deckungsgleichen Anwendungsgebiets entbehrlich, vgl. *Ebert*, S. 38, m.w.N.

der immerhin von 1981 stammt, stellt auf den Eingreifer ab. Dies ist hier der Dritte, während der Geschäftsführer „bereichert" ist. Eine Haftung für dritte Personen, durch welche man einen Vorteil erlangt, ohne daß eine Beziehung zu dem letztendlich geschädigten Geschäftsherrn besteht, ist weiterhin nicht vorgesehen.

Selbstverständlich wäre auch zu untersuchen, in welchem Umfang eine solche Haftung rechtspolitisch wünschenswert ist. § 687 Abs. 2 BGB ist – entgegen der Rechtsprechung zu § 816 BGB – im allgemeinen Zivilrecht die einzige Norm, auf welche Ansprüche aus Gewinnherausgabe gestützt werden können. Eine solche Gewinnhaftung ist heutzutage allgemein anerkannt und sicherlich auch notwendig, gerade im Hinblick auf die gegebene Arbeitsteilung.[821] Der Grundsatz der Gewinnherausgabe in § 687 Abs. 2 BGB könnte als allgemeiner Rechtsgrundsatz neu geregelt werden[822], wäre jedoch beizubehalten. Ein wichtiger Ausgleich wird auch durch das Bereicherungsrecht erreicht, wenn eine Zurechnung des Gehilfenhandelns nicht möglich ist, welches jedoch Ansprüche nicht in dem gleichen Umfang gewähren kann wie bei einem Anspruch aus Geschäftsanmaßung. § 687 Abs. 2 BGB, dessen Bedeutung durch teilweise Übernahme einzelner Merkmale der Geschäftsanmaßung in andere Ansprüche gesunken ist,[823] kann durch eine Besinnung auf die Grundsätze der Gewinnhaftung wieder eine neue Bedeutung gegeben werden.

---

[821] Vgl. *Seiler* in: MüKo (3.), § 687 Rdnr. 21; *Helm* in: BMJ-Gutachten III, S. 360; *Lieb*, NJW 1982, 2034 (2040).; ferner das Urteil des BGH vom 14. Mai 2004, Az. V ZR 120/03, abrufbar unter www.bundesgerichtshof.de, wonach es einen Zurechnungsgrund der arbeitsteiligen Organisation gibt.

[822] Vgl. *Helm* in: BMJ-Gutachten III, S. 387 und 406. Dringendsten Änderungsbedarf sah die Kommission jedoch – sicherlich zurecht – im Verjährungsrecht und damit einhergehend im allgemeinen Leistungsstörungsrecht sowie Gewährleistungsrecht, da geklärt werden mußte, welche Ansprüche in welcher Zeit verjähren sollen, vgl. BMJ, Abschlußbericht, S. 15.

[823] Vgl. *König* in: BMJ-Gutachten II, S. 1556; ferner *Ebert*, S. 38 ff., m.w.N.; vgl. auch *Reichard*, AcP 193 (1993), 602 zur schadensersatzrechtlichen Seite.

D. Zusammenfassung

1. Untersucht wurden verschiedene Konstellationen sowohl zur Geschäftsführung ohne Auftrag als auch zur Geschäftsanmaßung. Der Handelnde wird als Dritter und der, dessen Geschäft es angeht, als Geschäftsherr bezeichnet. Der Empfänger bzw. Anspruchsteller bezüglich Aufwendungsersatz bei der Geschäftsführung ohne Auftrag bzw. der Empfänger des Erlangten bei der Geschäftsanmaßung wird als Geschäftsführer bezeichnet. Diese Bezeichnung erhält er regelmäßig in den vorhandenen Entscheidungen, da er letztendlich der Anspruchsteller und das Gegenüber zum Geschäftsherrn sein soll. Als Beispielsfall für die Geschäftsführung ohne Auftrag kann hierbei insbesondere das Urteil des BGH vom 25. November 1976, BGHZ 67, 368 = NJW 1977, 530 dienen.

2. Konkurrenzen zur Geschäftsführung ohne Auftrag, wodurch diese verdrängt wird, so daß Ansprüche aus Geschäftsführung ohne Auftrag nicht in Betracht kommen, liegen regelmäßig nicht vor. Hinsichtlich der Geschäftsanmaßung ist dies teilweise umstritten. Auch hier werden jedoch für die hier zu untersuchenden Fallgestaltungen keine Ansprüche aus Geschäftsanmaßung ausgeschlossen.

3. Ebenfalls notwendig ist es, sich mit der Versionsklage auseinanderzusetzen, da diese vom Gesetzgeber abgelehnt wurde und auch hierdurch nicht wieder eingeführt werden soll. Ansprüche aus Geschäftsanmaßung kommen daher nur in Betracht, wenn diese nicht durch den bewußten Verzicht auf die Versionsklage ausgeschlossen sind. Die Versionsklage behandelt jedoch regelmäßig andere Fallgestaltungen, insbesondere die Mehrung fremden Vermögens durch eine Handlung des Versionsklägers selbst mit einer Mittelsperson des Versionsbeklagten. Bei der Geschäftsanmaßung ist vielmehr ein Eingriff in fremde Rechte gegeben. Die drittwirkende Geschäftsanmaßung wird daher nicht durch die abgelehnte Versionsklage ausgeschlossen.

4. Das römische Recht wie auch die Gesetzesentwürfe des 19. Jahrhunderts behandeln die Einbeziehung dritter Personen nur am Rande. Es zeigt sich jedoch, daß bei der Geschäftsführung ohne Auftrag eine Haftung des Geschäftsführers für seine Leute üblich war. Bei der Geschäftsanmaßung wird regelmäßig nicht unterschieden, für wen der Handelnde tätig wird. Entweder wird der Handelnde lediglich selbst als Anspruchsgegner des Geschäftsherrn angesehen oder er wird gleich dem Geschäftsführer zugerechnet, so daß dieser allein aus der Geschäftsanmaßung haftet.

5. Durch eine Einordnung der Rechtsnatur von Geschäftsführung ohne Auftrag und Geschäftsanmaßung läßt sich eine spätere Zurechnung erleichtern. Die Geschäftsführung ohne Auftrag ist seit alters her als quasivertraglich bezeichnet und weist daher enge Verbindungen zum Vertragsrecht auf. Die Geschäftsanmaßung dagegen ist – trotz gewisser Ähnlichkeiten zur Eingriffskondiktion – als quasideliktisch einzuordnen.

6. Bei einer Veranlassung der Geschäftsführung ohne Auftrag des Dritten durch den Geschäftsführer erfolgt eine Zurechnung direkt über die Vorschriften der Geschäftsführung ohne Auftrag. Durch die Veranlassung übernimmt der Geschäftsführer die Geschäftsbesorgung selbst und läßt sie lediglich durch den Dritten ausführen. Eine gesonderte Zurechnung hierfür ist nicht notwendig, es werden die Vorschriften der Geschäftsführung ohne Auftrag wie üblich angewendet.

7. Bei der Geschäftsbesorgung des angestellten Dritten ohne Veranlassung des Geschäftsführers ist eine direkte Anwendung der Vorschriften über die Geschäftsführung ohne Auftrag nicht möglich. Der Dritte ist vielmehr als Geschäftsführer gegenüber dem Geschäftsherrn tätig und erwirbt die Ansprüche aus Geschäftsführung ohne Auftrag. Beschädigt er dabei Sachen des Geschäftsführers, setzt er sich Ansprüchen des Geschäftsführers aus, von welchen er vom Geschäftsherrn – als Aufwendungsersatz – jedoch freizustellen ist. Der Geschäftsführer muß sich die Ansprüche des Dritten von dem Dritten abtreten lassen und kann sodann gegenüber dem Geschäftsherrn Ersatz seiner „Aufwendungen“, hier der durch die Handlung des Dritten verursachten Schäden, verlangen. Handelt der Dritte im Rahmen des Arbeitsverhältnisses und beschädigt hierbei Sachen des Geschäftsherrn, hat er aufgrund des Arbeitsverhältnisses Freistellungsansprüche gegen den Geschäftsführer. Die Abwicklung erfolgt somit zuerst im Verhältnis Dritter zu Geschäftsführer bzw. Dritter zu Geschäftsherr, wird aber durch die Freistellungsansprüche in Verbindung mit der notwendigen Abtretung – welche in dem bereits zugrundeliegenden Rechtsverhältnis enthalten ist – letztendlich zwischen Geschäftsführer und Geschäftsherr abgewickelt. Dies führt auch zu gerechten Lösungen, da Geschäftsführer und Geschäftsherr regelmäßig jeweils solventer sind und letztendlich ihre Rechte betroffen wurden.

8. Bei einer eigenmächtigen Geschäftsführung ohne Auftrag des eigenständigen Dritten bestehen zwischen Geschäftsführer und Geschäftsherr keine Ansprüche aus Geschäftsführung ohne Auftrag. Der Dritte haftet

selbst für die Verursachung von Schäden. Zwischen Geschäftsführer und Geschäftsherr ergeben sich nur Bereicherungsansprüche.

9. Bei der durch den Geschäftsführer veranlaßten Geschäftsanmaßung ist diese ebenso wie bei der Geschäftsführung ohne Auftrag durch den Geschäftsführer selbst übernommen und lediglich durch den Dritten ausgeführt, so daß die Ansprüche des Geschäftsherrn aus Geschäftsanmaßung direkt gegenüber dem Geschäftsführer entstehen.

10. Bei der eigenmächtigen Geschäftsanmaßung durch den Dritten haftet der Geschäftsführer dem Geschäftsherrn aus § 687 Abs. 2 BGB in Verbindung mit § 831 BGB analog. Der Geschäftsführer muß sich hier das Verhalten seines Dritten zurechnen lassen. Dies beruht auf den Rechtsgrundsätzen, daß man bei Erweiterung seiner Handlungsmöglichkeiten auch für die Gefahrerhöhung einstehen muß (Utilitätsgrundsatz) sowie daß man sich nicht hinter Handlungen selbst eingesetzter Hilfspersonen verstecken darf („clean hands" und „qui facit per alium facit per se"). Es zeigt sich hier auch die Nähe der Geschäftsanmaßung zum Deliktsrecht. Zuzulassen ist jedoch eine Exkulpation des Geschäftsführers, da über § 831 BGB nur eine Haftung für vermutetes Verschulden erfolgt.

11. Bei der eigenmächtigen Geschäftsanmaßung des eigenständigen Dritten haftet der Geschäftsführer nur aus § 822 BGB und nur, wenn er das Erlangte unentgeltlich von dem entreicherten Dritten erhalten hat. Eine Entreicherung wird jedoch wegen § 819 Abs. 1 BGB regelmäßig nicht vorliegen. Der Dritte kann aus Delikt sowie aus § 687 Abs. 2 BGB haften, bei Erhalt einer Gegenleistung für die Weitergabe des Erlangten auch aus § 816 Abs. 1 Satz 1 BGB.

12. Im Falle einer Geschäftsanmaßung des angestellten Dritten ist zwischen Geschäftsführer und Drittem eine Gesamtschuld anzunehmen. Der Dritte haftet dem Geschäftsführer jedoch regelmäßig im Innenverhältnis auf Ausgleich der durch die Inanspruchnahme durch den Geschäftsherrn entstandenen Schäden.

13. Für sämtliche Ansprüche gilt die regelmäßige Verjährungsfrist des § 195 BGB n.F. von drei Jahren ab Kenntnis zum Jahresende. Prozessual ist eine Geltendmachung von Ansprüchen aus Geschäftsanmaßung für den Geschäftsherrn über § 32 ZPO auch am Ort der Handlung möglich. Hinsichtlich erfolgter Eingriffe in Immaterialgüterrechte bestehen keine Besonderheiten.

Martin Weger

Haftungsgrundlagen bei kompetenzwidriger Geschäftsführung im Personen- und Kapitalgesellschaftsrecht

Ein Beitrag zur Transformation des bürgerlich-rechtlichen Rechtsinstituts der Geschäftsführung ohne Auftrag in das Gesellschaftsrecht

Frankfurt am Main, Berlin, Bern, Bruxelles, New York, Oxford, Wien, 2005.
XXVIII, 338 S.
Schriftenreihe zum deutschen und europäischen Gesellschafts- und Wirtschaftsrecht. Herausgegeben von Günter Christian Schwarz. Bd. 4
ISBN 3-631-53155-9 · br. € 56.50*

Die Geltendmachung von Schadensersatzansprüchen von Anteilseignern gegen das Management bei kompetenzwidriger Geschäftsführung ihrer Unternehmen ist derzeit „en vogue". Dabei treten vermehrt Fallgestaltungen auf, bei denen nicht am Unternehmen beteiligte Dritte wesentlichen Einfluß auf die Geschäftsführung nehmen oder sich (z.B. bei Turnaround-Finanzierungen) unberechtigterweise Geschäftschancen der Gesellschaft zu eigen machen. Die Untersuchung stellt die Haftung aufgrund der zivilrechtlichen Geschäftsführung ohne Auftrag als geeignetes Regreßinstitut vor, um die kompetenzwidrige Inanspruchnahme von Geschäftsführungsbefugnissen im Personen- und Kapitalgesellschaftsrecht einem geeigneten haftungsrechtlichen Strukturprinzip zuzuführen und verbessert damit wesentlich den Schutz der Vermögensinteressen der Anteilseigner im Innen(haftungs)verhältnis.

FSC
www.fsc.org
MIX
Papier | Fördert
gute Waldnutzung
FSC® C083411

Kolibri 360 GmbH
Ferdinand-Jühlke-Straße 7
99095 Erfurt, Deutschland
produktsicherheit@kolibri360.de

Druck:
CPI Druckdienstleistungen GmbH
im Auftrag der
Kolibri 360 GmbH
Ferdinand-Jühlke-Str. 7
99095 Erfurt